제3판

아동관찰 및 행동연구

안선희 · 문혁준 · 김양은 · 김영심 · 안효진 · 이경옥 · 신혜원

창지사

머리말

어린이집 교사의 역할에 대해 학자들마다 다양한 의견을 제시하고 있으나 아동을 관찰하고 분석하는 일이 그중 가장 중요한 역할이라고 말할 수 있다. 관찰을 통해 아동의 흥미와 관심을 발견할 수 있고 이를 기초로 아동과 소통할 수 있으며 아동에게 적합한 경험과 활동을 계획할 수 있기 때문이다. 뿐만 아니라 주의 깊고 자세한 관찰은 아동에게 안전한 환경을 제공하고 건강도 유지할 수 있게 해 준다. 이러한 이유로 어린이집 교사의 양성과정에 "아동관찰 및 행동연구"의 교과목이 포함되었을 것으로 본다.

"아동관찰 및 행동연구"를 배우는 목적은 아동을 보다 잘 이해하기 위해 필요한 지식과 기술을 습득하는 데 있다. 아동을 제대로 보살피고 지도하기 위해서는 교사가 아동의 발달 수준, 행동, 생각, 느낌 등을 정확하게 파악할 수 있는 전문적인 지식과 기술을 갖추고 있어야 한다. 그런데 이러한 기술은 저절로 생기는 것은 아니라 체계적인 학습과 훈련을 통해서 형성된다. 어린이집 교사에게 아동관찰 기술이란 우리 눈에는 흑백으로만 보이는 엑스레이 필름을 보고 질병 유무를 판독하는 의사의 능력과 같은 것이라고 할 수 있다. 이러한 역량을 습득하는 데 조금이나마 도움이 되기를 바라면서 대학에서 "아동관찰 및 행동연구"를 강의하거나 연구해 온 여러 교수들이 뜻을 함께하여 본서를 준비하게 되었다.

본서는 정확하고 체계적인 방식으로 아동을 관찰하고 연구하기 위해 필요한 개념, 원리, 기술 등을 보다 쉽게 이해하는 데 초점을 맞추었다. 전체 14개의 장으로 구성하였으며, 첫 번째 장에서는 관찰과 연구를 하는 목적, 관찰절차, 관찰의 문제점 등을 소개함으로써 아동관찰과 연구에 대한 전반적인 이해를 높이고자 하였다. 그 다음 여섯 개의 장은 일화기록법, 연속기록법, 체크리스트, 평정척도법, 시간표집법, 사건표집법의 여러 가지 관찰유형을 다루었다. 각 관찰방법의 특징과 장단점을 기술하였고 관찰양식과 예시를 가능한 많이 보여 주려고 하였다. 관찰을 하는 방법은 목적에 따라 다양할 수 있으며 각 방법은 나름대로의 장단점을 가지고 있다. 따라서 아동에 관한 정확하고 풍부한 정보를 수집하기 위해서는 한 가지 방법이 아니라 여러 관찰방법을 병행해서 사용하는 것이 바람직할 것이다. 이어서 아동의 행동, 발달과 성장을 이해하기 위해 사용되는 조사법, 사례연구, 실험연구, 대안적 평가와 포트폴리오 평가, 아동검사를 소개하였다. 특히, 평가는 대안적 평가와 포트폴리오 평가로 구분하여 두 개의 장에 걸쳐 다룸으로써 학습자가 평가에 대한 개념과 절차를 숙지하는 데 충분한 내용을 담고자 하였다.

본서의 초판을 내고 1년 반 만에 미흡한 부분을 수정하고 보완하여 개정판을 발행하게 되었다. 이번 개정판에는 1장 '아동관찰 및 행동연구의 이해'에 행동연구의 이해 부분을 추가하였고 '일과운영과 영유아관찰'이라는 한 장을 새롭게 포함시켜 일과시간대별로 다양한 방법을 통해 아동을 관찰하고 분석하는 것을 배울 수 있도록 하였다.

개정판을 내면서도 여전히 부족한 부분이 눈에 띄지만 다음 개정을 통해 다시 보완하고 발전시키기로 하였다. 저자들의 자그마한 노고의 결과가 아동학을 공부하는 학생들에게 유용하게 이용된다면 그보다 기쁠 수는 없을 것이다. 마지막으로 본서의 발간을 위해 여러모로 애써 주시고 지원해 주신 창지사 사장님과 편집부 직원 여러분께 진심으로 깊은 감사를 전한다.

2021년 1월

저자일동

차 례

c·h·a·p·t·e·r 05 _ 평정척도법

c·h·a·p·t·e·r 06 _ 시간표집법

c·h·a·p·t·e·r 07 _ 사건표집법

c·h·a·p·t·e·r 08 _ 조사법

c·h·a·p·t·e·r 09 _ 사례연구

c·h·a·p·t·e·r 10 _ 실험연구

c·h·a·p·t·e·r 11 _ 대안적 평가

c·h·a·p·t·e·r 12 _ 포트폴리오 평가

01

아동관찰 및 행동연구의 이해

1. 아동관찰에 대한 이해

관찰은 아동을 대상으로 하는 연구나 평가 중에 가장 오랜 역사를 가지며, 가장 타당성을 인정받고 있는 방법 중 하나이다. 아동의 행동을 관찰하여 기록으로 남겼던 초기의 연구들은 아동의 행동을 자세히 기술해 놓은 일기형식을 띠었으며 18세기 후반 Pestalozzi에 의해 처음 수행되었다. 이후 일부 학자들이 자신의 자녀를 대상으로 관찰법을 수행하였으나 객관적이거나 실증적이지 못한 한계점이 있었다. 그러나 Piaget는 세 자녀들에 대해서 체계적이고 세심한 관찰을 통해 인지발달 이론을 정립하였으며, Gesell 또한 주의 깊게 통제된 실험실에서 일방경과 영사기를 사용하여 영유아기의 운동 능력, 사회적 행동, 성격 특성에 관한 관찰연구를 수행하였다.

1) 관찰의 목적 및 필요성

관찰은 아동의 행동 및 사물 현상이나 동태 따위를 주의 깊게 살펴보는 것으로 자신이 관찰되는 것을 덜 의식하는 아동에게 관찰법이 많이 쓰인다.

유아교육 및 보육현장에서 아동을 대상으로 하는 관찰의 목적을 구체적으로 살펴보면 다음과 같다.

첫째, 아동의 흥미를 파악할 수 있다. 이는 교사가 아동의 흥미에 기초하여 교육적 경험들을 계획하고 실행하도록 도와준다. 둘째, 교사는 개개 아동의 발달 수준을 발달 규준에 비추어 파악하고 기록할 수 있다. 셋째, 각 아동의 발달 정도에 대한 지식은 개별화된 교수방법의 계획 및 운영이 가능하게 해 준다. 넷째, 아동의 반응을 통해 교사 자신의 교수 실제를 평가하고 교사로서의 전문성 계발의 기초가 되는 교사발달 프로그램을 고안하는 데 도움을 준다. 다섯째, 교실운영에서의 다양한 문제들을 분석하고 해결방안을 찾는 데 도움을 준다. 여섯째, 관찰 기록은 동료교사, 부모, 원장 간의 의견교환을 위한 유용한 자료로 활용될 수 있다. 일곱째, 교사는 특정 발달 영역에서 지연을 보이는 아동을 발견함으로써 조기 중재 및 치료의 효과를 극대화시킬 수 있으며, 아동이 보이는 문제행동의 원인을 파악할 수 있다.

〈표 1-1〉 관찰의 목적

목적	내용	사례
안전	잠재적인 위험상황을 보고 상해를 예방하는 등 안전을 제공한다.	그림을 그리려고 기다리고 있는 아동이 그림을 그리고 있는 아동과 싸우고 있는 것을 관찰하였다. 교사가 급히 뛰어가서 중재한다.
신체 건강	아픔이나 질병의 신호를 인식한다.	그림을 그리고 있던 아동의 귀 뒤에 작은 반점이 있는 것을 발견하였다. 이는 2주 전에 그 아동의 형이 수두를 했다는 기억과 함께 판단하여 다른 아동과 고립시키고 부모에게 전화를 건다.
도움 제공	도움이 필요한 상황을 알려 준다.	한 아동이 이젤 앞에서 그림을 그리려고 하나 종이가 다 떨어지고 없다는 것을 보게 된다. 교사가 종이를 가져와서 종이를 큰 집게에다 고정시켜 준다.
지도	잠재적인 문제를 안내하거나 지도한다.	그림을 그리고 있는 아동이 벽 쪽으로 접근할 때 교사가 "종이 위에다 그림을 그리자"라고 말한다.
흥미 발견	아동의 흥미영역을 발견한다.	한 아동이 극놀이영역을 선택해서 그 놀이영역에 있는 다른 아동에게 말을 거는 것을 관찰한다.
학습 양식과 교수전략	아동의 인성, 학습스타일을 알려 주며, 교수전략에 대한 실마리를 제공한다.	그림을 그리는 아동을 관찰함으로써 그 아동에게 더 효과적인 학습방식을 알게 된다.
학습경험 확장	가르치기 적절한 순간을 포착한다.	영어문자로 가득한 그림을 관찰한 후에 교사는 알파벳 모형 자석을 가져다주어 그 아동이 가지고 놀게끔 한다.
교육과정 계획	주요 경험과 활동을 계획하도록 정보를 제공한다.	이젤 페인팅을 경험한 아동에게 다음 주에는 물감을 소개한다.
아동과의 의사소통	교사들은 아동과 언어적 상호작용을 함으로써 아동의 생각하는 과정을 탐구한다.	교사가 그림을 그리는 아동에게 "그림을 아주 열심히 그렸구나. 어떻게 그것을 그렸는지, 무엇을 먼저 그렸는지 말해 주겠니?" 하고 질문한다.
가족과의 의사소통	아동의 일상에 대한 부모와의 대화는 내 아이가 주의 세심한 보살핌을 받고 있음을 말해 준다.	하루의 관찰된 행동 혹은 포트폴리오의 기록을 가지고 부모들과 상의하는 것은 그 아동에 대한 긍정적이고 방대한 정보를 가져다준다.
측정과정	관찰 지식을 토대로 이후 변화가 기대되고 예측된다.	교사는 그림을 그리는 아동이 선을 그리는 것을 본 기억이 있고 도형 안에 색깔을 칠하는 것을 보게 된다. 이는 몇 주 전에 비해 소근육 조절을 잘 할 수 있음을 말해 준다.
타당화 확보	아동이 현재 어느 시점에 있는지를 보여 준다.	아동이 오른손으로, 그 다음에 왼손으로, 다시 오른손으로 바꾸어 그림을 그린다. 이는 아동이 특별히 쓰는 손이 없다고 평가하게 한다.

출처: Nilsen(2001).

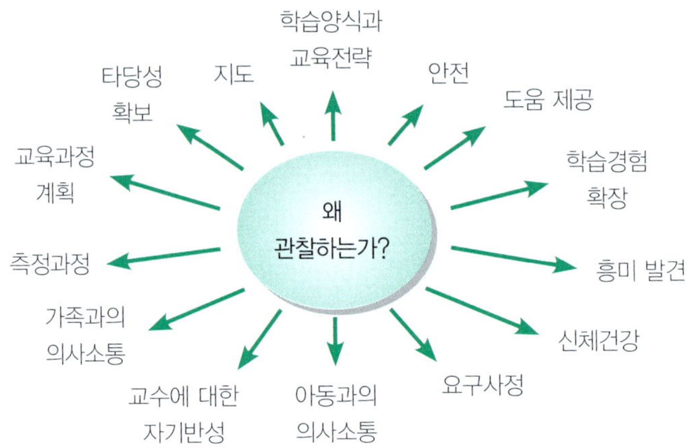

[그림 1-1] 관찰의 목적

출처: Nilsen(2001).

관찰은 모든 연구에서 자료수집의 일차적인 방법으로 조직적이고 체계적이어야 한다. 아동을 연구하는 데 있어 관찰법이 선호되는 이유는 아동의 발달적 특성 때문이다. 첫째, 언어적 제약이다. 아동은 눈빛, 목소리, 몸짓 등으로 의사소통을 하기 때문에 아동의 비언어적 행동에 대한 관찰은 연구자에게 중요한 정보를 제공한다. 둘째, 짧은 주의집중이다. 아동 스스로의 선택이 아닌 외부에서 제시된 상황에 장시간 주의를 집중한다는 것은 아동에게 매우 어려운 과제이다. 셋째, 자연 상황이 아닌 인위적 상황에서 아동은 자신의 능력을 최대한으로 발휘하지 못할 가능성이 높다.

이상의 이유들 때문에 아동을 대상으로 한 관찰 기록은 실험실 상황이나 검사 상황에서 얻을 수 없는 풍부하고 전체적인 자료들을 제공해 준다는 장점을 가진다.

2) 관찰의 요소

관찰의 요소에는 객관적인 기술, 해석, 평가가 포함되며, 이 세 가지 과정은 분명히 구분되어야 한다. 해석과 평가는 객관적인 관찰 기록에서 얻어지는 2차적인 자료로 실제 행동에 대한 객관적인 기술 없이 이루어진 해석이나 평가는 그 타당성을 인정받을 수 없다.

객관적인 기술은 관찰자의 해석, 평가, 느낌, 추론 등이 가능한 배제되도록 연구자의 편견을 의식하고 통제하려고 노력해야 한다. 이러한 과정을 통해 동일한 장면을 관찰한 다른 사람에게 동의를 얻을 수 있다. 해석은 눈앞에 보이는 것을 넘어서 관찰한 것에 의미를 부여하고 설명하고자 한다. 즉, 행동의 원인 또는 그 행동을 할 때의 감정 등을 추측해 보고 기록된 자료의 의미를 찾아보는 과정이다. 평가는 축적된 관찰자료를 바탕으로 현재 상태와 앞으로의 방향에 대한 결론을 내리는 단계로 가치를 평가하고 부여한다. 특히, 아동의 행동, 특징, 인성 등에 관찰자의 가치나 태도를 쉽게 적용시킬 수 있으므로 평가를 내릴 때는 각별한 주의가 요구된다.

관찰을 서술적으로 기록할 때 주의해야 하는 것은 기술, 해석, 평가를 분명히 구분할 줄 알아야 하며, 해석이나 평가는 반드시 객관적이고 충분한 관찰 기록에 근거해야 한다는 것이다. 관찰은 누구나 할 수 있지만 정확한 평가와 판단을 위해 자신의 주관성을 배제하고 객관성을 최대한 보장하는 전문가적 자질이 절대적으로 필요하다.

Tip! 관찰 시 주의사항

- 관찰자가 현상을 보는 즉시 참여대상의 행동에 대한 원인이나 이유를 쉽게 추론할 수 있다 하더라도 자신의 추론을 기록하지 말고 관찰 현상을 가능한 한 자세하게 기록하여 많은 자료들이 모인 후 추론해야 한다.
- 관찰은 실시 여부보다 관찰의 방법이 더 중요하다. 관찰에서 핵심은 관찰할 대상과 내용을 정하고 그것을 객관적이고 자세하게 기록하는 것이다.

3) 관찰의 절차

아동을 체계적이고 객관적으로 관찰하기 위해서는 관찰의 절차에 대한 정확한 지식이 필요하다. 관찰자는 아동을 관찰하고자 할 때 무엇을 관찰할 것인가, 언제 · 얼마 동안 · 어디에서 관찰할 것인가, 어떻게 관찰하고 관찰한 내용을 어떻게 기록할 것인가, 관찰로 얻은 자료를 어떻게 분석할 것인가를 생각해야 한다.

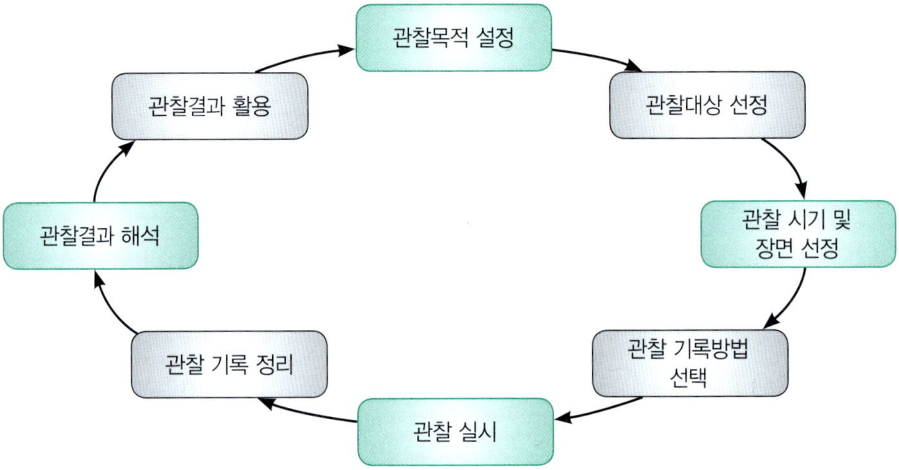

[그림 1-2] 관찰의 절차

하루일과 중 자유놀이시간, 간식시간, 바깥놀이시간 등 다양한 맥락에서 관찰이 이루어질 수 있으며, 보편적으로 관찰대상은 아동이지만 교사의 교수행동, 교사와 아동의 상호작용, 물리적 환경 등도 관찰이 가능하다.

기본적으로 관찰은 목적이 있어야 하며, 체계적이고, 정확하며, 상세하게 이루어져야 한다는 것을 염두에 두고 관찰계획에서부터 실제 관찰, 관찰결과의 활용 등이 유기적으로 조직되도록 해야 한다.

(1) 관찰 전 활동

아동을 관찰하기 위한 관찰 전 활동은 관찰에 대한 계획을 세우는 것이다. 관찰 계획은 관찰의 목적, 대상, 방법, 평가 등 실제에 대한 종합적인 설계도이므로 매우 중요하다. 관찰계획에서는 관찰목적을 설정하는 것이 가장 우선되어야 한다. 이는 관찰의 목적에 따라서 관찰의 대상, 장면, 상황, 방법, 기간 등이 달라지기 때문이다.

그 다음으로 관찰계획에는 관찰 행동의 표집이 포함된다. 관찰 행동 표집이란 참여대상을 선정하여 그 대상의 행동을 범주화하고 행동단위를 결정하는 것이다. 이때 관심 있는 행동을 가장 잘 대표할 수 있는 표본을 얻도록 하는 것이 중요한데, 시간적 차원에서 연속성과 공간적 차원에서 대표성을 고려해야 한다(황해익 · 임재택, 1996).

〈표 1-2〉 시간적 차원의 연속성과 공간적 차원에서의 대표성

유형	내용
시간적 차원의 연속성	관찰 시기 또는 시간에 관한 문제이다. 예를 들면, 아동의 놀이행동에 대한 관찰을 하고자 할 때 오전 자유놀이시간에 할 것인지, 오후 자유놀이시간에 할 것인지, 한 아동을 10분 계속 관찰하면서 기록할 것인지, 아니면 1분 관찰한 후 30초 기록할 것인지 등 시간적 차원의 연속성에 대한 결정을 내려야 한다.
공간적 차원의 대표성	관찰할 때 대상의 어떤 행동에 초점을 두며 행동단위를 얼마나 세분화할 것인가에 관한 문제이다. 이를 위해 관찰대상의 행동에 대한 분명한 정의와 그 하위 행동범주를 설정해야 한다. 예를 들어, 아동의 또래괴롭힘 행동을 관찰하면서 직접적 또래괴롭힘이나 간접적 또래괴롭힘을 모두 포함할 것인지, 둘 중 한 가지만 초점을 맞출 것인지 등을 의미한다.

관찰행동 표집에 이어 관찰장면이 선정되어야 한다. 즉, 관찰자가 보고자 하는 행동이 가장 빈번히 발생하는 장소와 상황을 선택하는 것이다. 예를 들어, 아동의 가상놀이나 이와 관련된 행동을 보고자 한다면 역할놀이영역을, 블록놀이의 단계를 관찰하려면 쌓기놀이영역을, 소근육 발달 정도를 관찰하려면 조작영역을 선택하는 것이 바람직할 것이다.

관찰장면이 선정되면 그 관찰장면을 기록할 방법을 선택해야 한다. 직접 관찰하여 기록할 것인지, 아니면 매체를 통해 관찰하며 기록할 것인지, 일화기록을 할 것인지, 아니면 사건표집 또는 시간표집을 할 것인지, 혹은 평정척도법 또는 행동목

록법을 사용할 것인지 등을 결정해야 한다. 또한 모든 상황을 관찰할 수 없듯이 모든 내용을 기록하는 것은 불가능하기 때문에 적절한 관찰 기록방법을 선택해야 한다. 기록방법에는 서술형, 약호형, 기계에 의한 기록이 있다.

〈표 1-3〉 관찰의 기록방법

방법	내용	예
서술형	고정된 양식이 없이 행동과 사건을 그대로 이야기하듯 기록하는 방법이다. 특별한 사전 준비물이 필요 없으며, 사건이 발생한 주변 상황에 대한 정보 및 사건의 전후 관계를 파악할 수 있다는 장점이 있다.	유아전기, 표본기록, 일화기록, 서술식 사건표집 등
약호형	관찰하려는 행동에 대한 조작적 정의를 한 뒤 그러한 행동이 출현하였을 때 어떤 부호로 기록할 것인지를 사전에 결정하는 방법으로 행동의 시작과 끝이 분명한 경우에 적절하다.	체크리스트, 평정척도, 시간표집 등
기계에 의한 기록	여러 가지 기기를 이용하여 정확하며 신속하게 관찰의 결과를 기록해 두는 방식이다.	녹음기, 사진기, 비디오, 카세트, 컴퓨터 등

(2) 관찰활동

관찰계획에서 결정한 목적에 따라 관찰장면과 상황을 선정하여 관찰을 실제로 실시하고 기록하는 단계이다.

① 관찰

관찰의 가장 중요한 기본 도구는 관찰자의 오감이며, 관찰은 직접 관찰현장에서 실시하거나 녹화 또는 녹음 등을 통해 실시할 수 있다. 아동들이 노는 모습을 보고, 말소리를 듣고, 주변에서 나는 냄새를 맡고, 아동들이 만든 음식의 맛을 보는 일련의 행동 모두가 관찰에 속한다. 목표행동이 일어났을 때 이를 놓치지 않고 정확히 기록하기 위해서는 관찰자가 실제 관찰에 임하기 전에 관찰의 내용과 방법을 충분히 숙지해야 한다.

Tip! 현장관찰을 위한 일반적인 지침

- 익숙하지 않은 교실에서 관찰할 경우에는 배치도와 상황표가 도움이 된다. 상황표에는 물리적인 상황, 시설 · 설비, 교재 · 교구, 성인-아동 비율, 남아와 여아의 수 등이 적혀 있으면 좋다.
- 관찰 시 교사 또는 교실 전체에 방해가 되지 않도록 눈에 띄지 않는 곳에 앉는다.
- 특정한 대상을 관찰하고자 할 때, 특히 교사를 관찰할 때 관찰자는 교사에게 관찰의 목적을 충분히 설명하고 이해와 양해를 미리 구해야 한다.
- 한 번의 관찰로 어떤 결론을 유출하는 것보다 반복적으로 여러 번 관찰을 실시하는 것이 바람직하다.
- 아동이나 부모 또는 외부인 앞에서 관찰한 내용에 대해 언급하지 않는다.

출처: Caruso & Fawcett(2006).

② 기록

기록은 관찰과 동시에 실시할 수도 있고, 관찰 후 기록할 수도 있다. 그러나 관찰 기록은 가능하면 행동 발생 당시에 상세하고 정확하게 기술해야 하며, 관찰자의 개인적 의견이나 느낌과 추론 등이 포함되지 않도록 해야 한다. 즉각적인 기록이 이루어지지 못할 경우, 시간이 경과함에 따라 특정 장면만을 기억하거나 기억이 희미해지는 등의 오류가 발생할 확률이 높아진다. 따라서 사후에 기록해야 할 경우에는 관찰장면에 대한 핵심적인 어휘를 기록해 둔 후 가능한 빨리 기록을 완성하는 것이 좋다.

기록을 할 때 도움이 되는 몇 가지 준비물에는 작은 수첩, 접착식 메모, 목걸이형 펜, 주머니 달린 앞치마, 미니 녹음기 등이 있다.

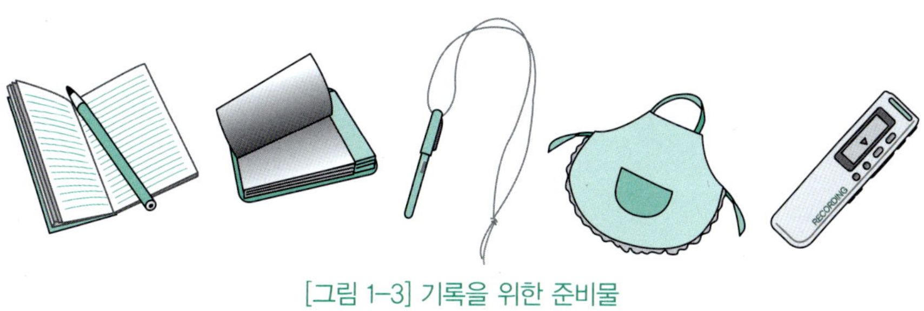

[그림 1-3] 기록을 위한 준비물

(3) 관찰 후 활동

관찰 후 활동은 관찰계획에 따라 기록한 자료에 대한 추론과 평가, 결과 활용을 포함한다.

추론은 객관적 서술을 넘어 관찰한 행동의 원인, 그 행동을 할 때의 감정 등을 추측해 보는 것으로 어떤 행동이나 사건의 원인, 개인적 동기, 행동의 목적을 설명하려는 시도를 말한다. 즉, 실제로 보지 못한 이면에 대해 추측하는 단계이다.

추론 단계에서는 참여대상에 대한 사전 정보나 발달 이론에 대한 지식 등 관찰자의 주관이 개입될 위험이 많으므로, 추론을 내리려면 한 가지 행동이 아닌 다양한 상황에서 나타나는 행동에 근거하여 신중하게 해야 한다. 추론을 지지해 주는 관찰 기초 증거 자료가 많아지면 추론은 신뢰성과 타당성을 더 지니게 된다.

평가는 객관적으로 관찰 기록한 자료의 내용이 아동의 어떤 특성을 나타내는지를 결정하는 것으로 아동의 행동이 바람직한가, 바람직하지 않은가 또는 긍정적인가, 부정적인가 또는 정상적인 발달인가, 발달지체인가를 판단한다.

〈표 1-4〉 관찰 기록의 예

기록:	수진이가 칠판에 분필로 그림을 그리고 있다. 수진이는 동그라미를 그리며 그 옆에 있던 민수에게 "민수야, 내가 그린 과자를 좀 봐" 한다. 민수는 "내가 그 과자를 먹어야지"하며 칠판으로 다가가 손으로 수진이가 그린 그림을 지워 버린다. 수진이는 민수에게로 달려와서 밀쳐 버린다. 이때 수진이가 들고 있던 분필이 바닥에 떨어지며 여러 조각으로 갈라진다. 이를 본 수진이는 교사에게 달려가 "선생님, 민수가 내 분필을 부러뜨렸어요" 한다.
추론:	수진이는 자기가 동그라미를 잘 그릴 수 있다는 것이 기뻤고 민수에게 자랑을 하고 싶었다. 반면 민수는 수진이가 그린 그림보다는 수진이와의 상호작용에 더 관심이 있었고 그 방법의 일환으로 그림을 지웠다. 민수의 이 행동이 수진이를 화나게 하였고 공격적인 행동을 보이게까지 하였다. 분필이 부러졌을 때 수진이는 자신이 한 행동을 받아들이지 않고 민수에게 책임전가를 하였다.

평가: 수진이나 민수 모두 그들 나이에 적합한 행동을 보이지 못하였다. 수진이는 화가 났을 때 민수를 밀치는 대신 말로 하는 방법과 자신이 한 일은 그 결과가 나쁘더라도 받아들일 줄 아는 태도를 배울 수 있어야 한다. 민수 역시 다른 사람이 열심히 그린 것을 지워 버리는 것이 자기가 원하는 긍정적인 반응을 가져오지 않는다는 것을 배워야 한다. 친구들이 자기의 그림을 보라고 했을 때 어떻게 반응을 하면 되는지를 배울 수 있는 기회를 준다.

출처: 이정환 · 박은혜(1995).

결과 활용 단계는 관찰자료에 근거한 교육적 개선을 위한 추후 활동 단계로, 모든 관찰자료는 다양한 교육활동에 피드백되어야 한다. 즉, 관찰한 내용을 바탕으로 개별 아동에게 적합한 교육활동을 준비하거나, 교사의 교수법을 수정하거나, 정기적인 부모 면담에 활용할 수 있다.

관찰 전 활동	계획	• 관찰의 목적 • 관찰행동의 표집(시간적 연속성, 공간적 대표성 고려) • 관찰장면의 선정 • 기록방법 선택
관찰 활동	관찰 기록	• 모든 감각기관 활용 • 관찰 내용은 반드시 기록(동시 혹은 사후) • 객관적 기록
관찰 후 활동	추론 평가 결과 활용	• 행동의 동기, 원인, 목적 등을 추측 • 행동에 대한 가치 부여 • 교육과정에 반영, 아동 평가, 부모 면담

[그림 1-4] 관찰의 절차

출처: 황해익 · 송연숙 · 정혜영(2008).

4) 관찰 매체

관찰 매체를 사용하여 관찰을 하는 것은 개인이 1회의 관찰을 통해 기록, 추론, 해석하는 데 따른 위험성을 감소시키는 효과가 있다. 매체를 사용한 관찰은 동시다발적으로 발생하는 장면에서 특정 장면을 놓치게 되는 경우나 관찰자의 개인적 특성이 반영될 위험을 줄여 준다. 특히, 반복해서 관찰할 수 있고 다른 사람과 함께 관찰된 내용을 검토할 수 있는 점 때문에 관찰의 신뢰도를 높이는 데 유용하다. 그러나 관찰 매체를 사용하여 관찰장면을 녹음이나 녹화하려고 할 때는 관찰의 목적에 맞는 장면이나 대상이 잘 선택되도록 주의해야 한다. 또한 매체의 설치가 아동들의 활동을 방해하지 않도록 해야 하며, 매체의 유용성과 작동의 간편성, 적용의 범위, 사용에 필요한 훈련 정도 등을 고려하여 매체의 종류를 신중히 선택해야 한다.

〈표 1-5〉 관찰 매체의 장단점

유형	특징	장점	단점
사진	• 관찰 기록의 보완 자료로 가치가 높다.	• 관찰장면을 일정시간이 지난 후 기록해야 할 경우 사진이라는 증거 자료는 기억 재생에 매우 도움이 된다.	• 정지된 상태만을 제공하므로 사진의 전과 후의 맥락을 파악하기 힘들다.
오디오	• 녹음 자료는 녹화 자료에 비해 다소 제한적이지만 특정 상황의 정서적인 분위기를 파악할 수 있다.	• 녹음 자료는 아동의 언어 발달이나 언어적 상호작용에 대한 정보를 얻는 데 유용하다.	• 녹음될 수 있는 자료 이외의 정보들이 무시된다.
비디오	• 디지털 캠코더의 경우 컴퓨터와 연결하여 필름 비용, 현상 비용, 저장과 보관 비용 등을 절감할 수 있다.	• 여러 사람이 동일한 장면을 볼 수 있으며, 반복해서 볼 수 있다. • 직접 현장에 참여하지 않더라도 관찰장면에 대해 이해할 수 있다. • 관찰자가 순간적으로 간과한 장면이나 세부적인 요소들을 포착할 수 있다.	• 도구의 조작이나 촬영에 다소의 기술이 필요하다. • 가격이 비싸다.

5) 관찰의 유형

관찰은 관찰하려는 행동 장면을 인위적으로 통제하느냐와 통제하지 않느냐에 따라 자연적 관찰과 통제적 관찰로 나눌 수 있으며, 관찰자가 직접 행동장면에 참여하느냐의 여부에 따라 참여 관찰과 비참여 관찰로 나눌 수 있다.

(1) 통제 정도에 따른 분류

① 자연적 관찰

자연적 관찰은 관찰장면을 조작하거나 인위적으로 어떤 특별한 자극을 주지 않고, 자연적 관찰장면에서 발생하는 행동과 사건을 있는 그대로 관찰하는 방법이다(황해익 외, 2008). 만약 한 연구자가 4살짜리 유아가 하루 동안 무엇을 하면서 지내는가를 알고 싶다면 그 아이를 하루 종일 따라 다니면서 관찰할 수 있다. 그러나 자연스러운 맥락 내에서 일어나는 일상적 활동을 특별한 제한 없이 관찰하기 때문에, 분명한 목적을 설정하지 않으면 우발적이고 임의적인 관찰이 될 수 있다. 따라서 타당성 있는 관찰이 되기 위해서는 관찰목적을 명확히 정하고, 관찰대상이 되는 아동이 의식하지 않도록 관찰자의 존재나 개입을 최소화하는 것이 중요하다.

② 체계적 관찰

체계적 관찰은 관찰된 행동이나 시간을 미리 정해 놓고 특정한 영역의 행동에 대해서만 관찰하는 방법으로, 자연적 관찰보다 구체적인 행동이나 반응을 관찰하기에 적합하다. 이 방법은 관찰자가 의도적으로 관찰장면과 관찰대상에 대한 통제를 가하는 것으로 어머니와의 분리경험에 대해 등원 시 아동이 보이는 애착 유형을 관찰하는 것이 하나의 예가 될 수 있다.

〈표 1-6〉 자연적 관찰과 체계적 관찰의 강점과 제한점

방법	강점	제한점
자연적 관찰	참여자의 일상적인 행동을 반영한다.	참여자를 관찰하는 조건을 통제할 수 없다.
체계적 관찰	각 참여자의 관심 행동 표출에 동일한 기회가 부여되고 일상생활에서 보기 힘든 행동의 연구가 가능하다.	일상생활에서 나타나는 참여자 행동에 대한 전형적 관찰이 어렵다.

(2) 관찰 참여에 따른 분류

① 참여 관찰

참여 관찰은 관찰자가 관찰대상이나 관찰행동에 대해서 아무런 통제를 가하지 않고 함께 생활하면서 자연스런 행동을 관찰하는 방법이다. 예를 들면, 교실에서 교사가 관찰자이자 교사의 역할을 하게 되는 경우, 관찰자가 보조교사로 일하면서 아동을 관찰하는 경우, 인류학자가 특정 문화권에 들어가 함께 생활하면서 문화나 관습, 행동에 대해 관찰하는 것이 포함된다.

[그림 1-5] 교실 내 참여관찰

Tip! 교실에서의 관찰 과정

1. 날짜, 시간, 시간 간격, 관찰 장소, 관찰 상황
2. 앉는 장소 선정
3. 신속한 기록 체계 개발
4. 종료시간

② 비참여 관찰

비참여 관찰은 관찰자가 현장에는 있으나 그 장면에서 일어나는 활동에 전혀 개입하지 않고 단지 관찰만 하는 경우를 말한다. 대표적인 방법으로 일방경을 통하여 행동을 관찰하거나 아동의 일상적인 환경에 비디오카메라나 CCTV를 설치하여 관찰한다.

[그림 1-6] 일방경을 통한 비참여 관찰

Tip! 비참여 관찰을 할 때 관찰자의 바른 태도

- 관찰로 인하여 교실에서 진행되고 있는 활동을 방해하지 않도록 교실에서 조용히 움직인다.
- 만약 아동이 무엇을 하고 있는지 물어보면 간단하고 정직하게 대답을 한다. 일단 답을 했으면 더 이상의 대화가 진행되지 않도록 자리를 피한다.
- 아동의 행동이나 활동에 감정적인 반응을 보이지 않도록 한다. 웃거나 놀라는 등의 감정적인 반응은 아동의 주의를 끌게 되므로 유의한다.

출처: Martin(1999).

〈표 1-7〉 참여 관찰과 비참여 관찰의 장단점

	장점	단점
참여 관찰	• 관찰자의 존재로 인한 부자연스러운 행동을 최소화시킬 수 있다. • 자연스러운 상황에서 심층적이고 포괄적인 자료를 수집할 수 있다. • 평상시에는 관찰할 수 없는 특수한 행동에 대한 관찰자료를 수립할 수 있다.	• 관찰장면에 함께 하기 때문에 객관성을 잃기 쉽다. • 그 집단 구성원의 역할을 하면서 관찰해야 하므로 관찰활동이 제약을 받는다.
비참여 관찰	• 관찰자가 관찰에 전념할 수 있고 관찰대상에게 영향을 미치지 않게 관찰이 이루어지기 때문에 객관성을 확보할 수 있다.	• 참여대상에 대한 충분한 이해가 선행되지 않은 상태에서 관찰이 이루어지기 쉽기 때문에 심층적인 자료를 수집하기 어렵다. • 관찰하고자 하는 행동이나 말이 관찰지점에서 잘 보이지 않거나 들리지 않을 수 있다.

6) 관찰의 문제점

관찰을 하는 동안 관찰자가 전적으로 객관적인 평가를 하기란 매우 어렵다. 그러나 관찰이 아동의 행동을 이해하기 위한 객관적이고 타당한 연구방법이 되기 위해서는 관찰의 기록, 해석의 과정에서 발생할 수 있는 문제들을 숙지하고 결론에 대한 타당성을 위협하는 관찰의 오류를 최소화하는 것이 중요하다. 관찰과정에서 빈번히 나타나는 관찰의 오류는 관찰자, 관찰대상, 관찰 도구이다.

(1) 관찰자 오류

관찰은 관찰자의 역량과 훈련 정도와 관련되며, 대부분의 관찰자료는 관찰자 자신의 지각을 통하여 관찰 · 기록 · 분석되므로 관찰자에 의해 오류가 발생할 수 있다. 이를 구체적으로 살펴보면 다음과 같다.

첫째, 관찰자 개인의 특성에 대한 문제로 지나치게 관대하거나 엄격하여 관찰에 영향을 미치는 경우이다. 관찰자가 지나치게 관대하거나 엄격한 경우 특정 행동을 기록에서 빠뜨리거나 흘리게 될 우려가 있으며, 관찰자의 신체적 건강 또한 영향을 미칠 수 있다. 즉, 질병이나 피곤함과 같은 관찰자의 일시적인 건강 변화는 관찰의 민감성, 정확성을 저해한다. 특히, 아동의 행동이나 움직임 또는 표정을 포착하여 기록하는 관찰자의 민감성은 개인의 기본적 특성에 많이 의존하지만 훈련을 통해서 개선될 수 있다.

둘째, 발달에 대한 지식이나 사전경험의 정도에 대한 것으로 발달 관련 지식이 많을수록 발달의 중요한 이정표가 되는 행동이나 발달상의 지체를 보이는 행동을 쉽게 인식할 수 있다. 또한 양육 경험이 있거나 경력이 많은 교사는 아동의 특이한 행동이나 교육적 중재를 요하는 행동 등을 민감하게 파악한다. 이처럼 발달에 대한 지식이나 경험 정도에 따라 같은 행동이라도 그 중요도에 있어서 전혀 다르게 인식하여 관찰 · 해석하는 등 상이한 관찰결과를 나타낼 수 있다.

셋째, 관찰자의 개인적인 편견이나 기대, 즉 관찰하는 대상에 있어 과거에 가졌던 경험이 관찰결과에 영향을 줄 수 있다. 다시 말하면, 참여대상에 대한 예비지식이나 관찰자의 개인적 감정으로 인하여 관찰대상의 행동을 과대 또는 과소평가하게 만드는 경향이다. 예를 들어, 관찰자가 관찰대상에게 좋은 인상을 가지고 있다면 대부분의 항목에 긍정적인 평가를 하게 되고 그 반대일 경우에는 부정적인 평가를 할 가능성이 크다. 이를 후광효과(holo effect)라 한다.

Tip! 개인의 편견과 기대의 오류를 감소시키는 방법

- 관찰자를 훈련시키는 동안 관찰자가 가질 수 있는 가능한 편견을 미리 제거하기 위해 개인이 가지고 있는 편견에 대해 면밀히 검토한다.
- 편견을 가진 관찰자를 제외시킨다.
- 관찰될 상황에 두 사람 이상의 관찰자를 참여시킨다.

① 연구가설에 대한 사전 인식

관찰연구를 수행하는 과정에서 연구의 목적이나 연구가설에 대해 이미 알고 있는 관찰자는 일반적으로 연구가설을 지지하는 방향으로 관찰을 기록하는 경향이 있다. 예를 들어, 아동의 친사회성과 리더십 간의 관계를 연구할 경우, 관찰자가 놀이상황에서 친사회성이 높은 아이들이 높은 리더십을 보이는 것으로 기록할 수 있다는 것이다. 이에 대한 개선방법으로 관찰자에게 연구의 목적을 알리지 않으며, 연구자가 관찰을 하지 않고 연구변인별로 관찰자를 따로 선정한다.

② 관찰자 표류

관찰자 표류란 관찰자가 훈련을 통해 익혔던 관찰의 정확성이 시간이 지남에 따라 나름대로 재정의되어 원래의 정의대로 관찰 · 기록되지 않는 것을 의미한다. 이에 대한 개선방법으로 훈련을 통해 관찰자 간 일치도가 일정 수준에 도달하게 되면 곧바로 관찰을 수행하는 것이 바람직하며, 관찰이 일주일 이상 지속된다면, 훈련받는 동안 개발하였던 기준틀을 점차적으로 잃어버리는 경우가 있으므로 매주 재훈련 시간을 마련해야 한다. 아울러 관찰자의 정확도를 측정하기 위해서 관찰자들 모르게 정기적으로 신뢰도를 점검하는 것이 필요하다.

③ 불충분한 훈련

관찰자의 불충분한 훈련으로 인한 문제로 예를 들면, 관찰 도구에 대한 비숙련성을 말할 수 있다. 즉, 관찰 도구에 대한 훈련이 충분하지 않으면 기록하는 데 많은 시간과 노력을 기울이게 되어 관찰 자체가 소홀히 될 수 있다. 또한 관찰 매체 활용 시 사용법을 미리 숙지함으로써 기기의 작동 미숙으로 인해 중요한 관찰장면을 놓치게 될 상황을 줄일 수 있다. 따라서 실제 연습, 피드백, 토의를 위해 충분한 사전 모임을 가지며, 관찰체계에 따른 사용 규칙과 그 절차를 정확히 익히는 등 실제 관찰에 들어가기 전에 충분한 연습과정이 필요하다.

④ 기록의 오류

관찰자가 지닌 개인적인 기대나 편견, 불충분한 훈련 등의 이유로 기록상에 생략오류, 첨가오류, 전환오류가 있을 수 있다.

〈표 1-8〉 기록의 오류

유형	내용
생략오류	아동의 행동을 이해하는 데 필요하거나 도움이 되는 정보를 빠뜨릴 때 발생한다. 이러한 오류가 발생하는 원인으로는 관찰 시 마음이 심란하거나 불충분한 관찰일지 기록에 기인한다.
첨가오류	실제적으로 본 것 이상의 정보를 담을 때 발생한다. 즉, 실제적으론 발생하지 않았는데 상호작용이 일어난 것처럼 행동이나 언어를 기록하는 것을 포함한다. 이러한 원인으로는 불충분한 주의집중, 가상의 기억에 의존하기 등을 들 수 있다.
전환오류	일어난 행동의 순서를 부적절한 순서로 계열화시키는 것이다. 이런 실수를 하지 않기 위해서는 발생한 행동의 시작과 끝을 기록하거나 관찰 행동에 대한 관찰시작 시간과 마침 시간을 기록하는 것이 필요하다.

출처: Bentzen(2000).

(2) 관찰대상의 오류

피관찰자와 관련된 오류이다. 관찰대상은 관찰을 당하고 있다는 사실을 인식하게 되면 관찰을 의식하기 때문에 자신의 행동을 변화시킨다. 이와 같은 행동의 변화를 일반적으로 반응성이라고 한다. 피관찰자의 반응성은 평소의 행동을 관찰할 수 없고 대표적인 관찰자료를 얻을 수 없기 때문에 오류를 유발한다. 예를 들면, 교사는 좋은 인상을 주기 위해서 칭찬을 더 많이 하고 처벌을 덜 할 수 있다. 개선방안으로 관찰자가 관찰을 하기 전에 첫 5~10분 동안 관찰을 기록하지 말고 관찰 장소를 여러 번 방문하여 관찰대상이 관찰자의 존재를 덜 의식하도록 한다.

또 다른 오류로 관찰대상이 관찰의 의도를 알게 되면 관찰자의 목적에 맞는 바람직한 행동을 하게 된다는 것이다. 예를 들어, 관찰목적이 교사와 학생 간의 상호작용의 시간과 빈도를 기록한다면, 그리고 둘 간의 상호작용이 바람직한 행동이라고 믿는다면, 교사는 그 빈도를 증가시킬 것이다.

Tip! 피관찰자와 관련된 오류를 최소화하는 방안

- 관찰대상이 관찰자의 존재를 덜 의식하도록 충분한 시간을 두고 관찰자의 존재에 익숙해지도록 한다.
- 관찰자가 관찰대상의 눈에 띄지 않는 방법을 택한다. 즉, 일방경이 설치된 관찰실을 이용하거나 숨은 카메라 등을 장치해 놓고 모니터를 통해 관찰, 기록한다.
- 갑자기 낯선 사람이 나타나서 아동을 관찰한다면 아동은 하던 행동을 멈추고 관찰자를 탐색할 수 있기 때문에 아동에게 친근한 교사나 보조교사 등을 활용하여 관찰한다.

(3) 관찰 도구

관찰 도구와 관련된 오류이다. 첫째, 관찰 도구의 적합성이다. 즉, 그 도구가 관찰목적 및 연구문제에 적합한지를 검토해 보아야 한다. 둘째, 관찰 절차의 복잡성이다. 즉, 관찰 절차가 복잡하거나 부호화하는 데 기억력을 요하는 등 관찰자가 많은 결정을 내려야 하는 경우에 오류의 요인은 많아지게 된다. 따라서 오류의 요인을 감소시키기 위해 명백하고 상세한 관찰질문과 단순하고 중복이 없는 부호화가 필수적이다.

7) 신뢰도

관찰연구의 결과를 평가할 때 가장 중요한 문제는 관찰결과가 믿을만한가 하는 것이다. 관찰의 신뢰도란 관찰대상을 여러 번 관찰했을 때 일관된 결과가 나오는 정도를 말한다(김지은, 2008).

관찰 기록 결과의 신뢰도를 검증하는 방법으로는 관찰자 내 신뢰도와 관찰자 간 신뢰도가 있다. 이 두 가지 중에서 통상 논의되는 것은 관찰자 간 신뢰도이다.

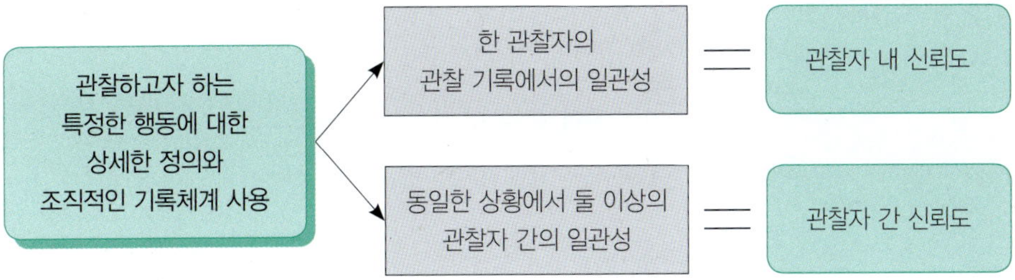

[그림 1-7] 관찰자 신뢰도

출처: 김지은(2008).

(1) 관찰자 내 신뢰도

한 관찰자가 같은 상황을 두 번 이상 관찰하여 자신의 관찰 기록 간의 일관성을 알아보는 방법으로 관찰자 내 신뢰도를 측정하는 가장 바람직한 방법은 관찰장면을 비디오로 녹화한 후 반복 관찰하는 것이다. 관찰자 내 신뢰도는 하나의 측정을 반복하여 적용시킬 때 동일하거나 또는 유사한 값을 내느냐를 수치로 계산한 것이다.

(2) 관찰자 간 신뢰도

관찰자 간 신뢰도는 두 명 이상의 관찰자가 동일한 장면이나 상황을 독립적으로 관찰하고 기록하였을 때 관찰자들 간 관찰 기록의 일관성을 의미한다. 관찰자 간 행동에 대한 동의가 일치할수록 관찰자 간의 신뢰도는 증가하며, 관찰자 간의 신뢰도가 낮은 경우는 관찰자들이 유사한 관찰 체계를 사용하고 있지 않다는 것을 의미한다. 관찰자 간 신뢰도를 추정하는 방법은 상관계수법, 일반화 가능도, 일치도 통계, Kappa 등이 있다. 그중 가장 간단하게 사용할 수 있는 방법은 일치도 통계인데 이는 관찰대상의 행위를 분류하여 관찰자 간 분류의 유사성을 추정하고자 할 때 주로 사용된다. 일치도 통계에 의한 관찰자 간 신뢰도 추정법은 매우 간단하다는 장점이 있지만 우연에 의하여 동일하게 평정되는 확률을 포함하므로 신뢰도가 과대 추정될 수 있다는 단점이 있다(성태제, 2015). 산출법은 다음과 같다.

$$\frac{\text{동의한 관찰 빈도}}{\text{관찰자들의 총 관찰 빈도수}}$$

[그림 1-8] 아동의 놀이행동 관찰

관찰의 신뢰도를 높이기 위한 방법

- 구체적인 행동을 사전에 정의하며, 개인적인 신념이나 기대로 인한 편견을 줄이고 연구가설을 알리지 않는다.
- 명확하고 편리한 기록양식을 위해 관찰범주가 중복되지 않도록 하며, 복잡한 부호체계를 피한다.
- 훈련을 통해 관찰자 간 일치비율은 90% 이상이나 그 이상을 목표로 한다.
- 관찰자 표류 방지를 위해 체계적인 점검을 하며, 두 관찰자가 관찰한 전체 기록의 10~20% 정도를 점검한다.

8) 타당도

관찰의 타당도는 측정하려는 속성을 실제로 얼마나 정확히 측정하느냐를 말한다. 사회과학에서는 연구자가 측정하고자 하는 것이 조작적 정의에 따라 달라지므로 타당성에 확신이 없을 수 있다. 원래 관찰하려고 하는 것을 얼마나 정확하게 관찰했느냐가 문제가 된다. 관찰의 타당도는 기록한 내용이 실제로 발생한 행동을 얼마나 잘 대표하느냐에 달려있다.

타당도의 유형에는 공인타당도, 내용타당도, 예언타당도, 구인타당도가 있다. 공인타당도는 관찰된 행동이 다른 어떤 측정에서의 점수나 검사결과, 혹은 외적인 근거와 관련이 있는지에 의해서 평가될 수 있으며, 내용타당도는 관심의 대상이 되는 행동을 적절하게 표집하고 대표하는 정도를 말한다. 예언타당도는 미래의 사건을 예측할 수 있는가를 보여 주는 척도의 능력이며, 구인타당도는 관찰된 목표 행동이 갖는 이론적인 개념을 측정하는 정도이다. 추론과 해석을 하고 관찰자료를 근거로 일반화를 할 때 이 중 하나를 고려해야 한다.

〈표 1-9〉 타당도의 유형

유형	내용	예시
공인 타당도	관찰한 행동은 외적인 준거(검사 결과, 학업 성적 기록, 부모의 보고서 등)와 상관이 있는가?	수학 능력의 측정검사와 학교의 수학 성적이 상관관계가 높으면 공인타당도가 높다고 본다.
내용 타당도	관찰절차를 위한 가장 기본적인 타당도 형태이다. 그러나 타당성을 관찰자 자신이 검토하거나 전문가 집단에게 의뢰하는 등의 주관적 판단에 의존하므로 타당도 계수를 산출하지 않는다.	공격성은 밀치기 때리기, 꼬집기, 욕하기가 포함된다.
예언 타당도	관찰의 결과가 미래의 학업성적과 연관되어 예측 가능한지를 살펴보는 타당도이다.	취학 전 학교준비도가 초등학교 학업성취를 예언할 수 있는가? 어린이집에서의 사회적 기술이 초등학교 입학 후 학교적응을 예측할 수 있는가?
구인 타당도	실제로 관찰하려는 목표행동이 관찰자가 특별히 관심을 갖는 심리학적 개념이나 이론적 구성요인을 얼마나 잘 나타내는가 하는 것이다.	지능검사에는 어휘력, 추리력, 공간력, 지각력, 기억력, 언어유창성이 구인이다. 각 구인의 점수와 지능검사의 총점 간의 상관계수가 낮으면 기억력은 지능을 설명하는 구인이 되지 못한다.

Tip! 관찰연구결과 평가 시 고려사항

- 관찰된 행동에 추론이 많이 들어가는가, 적게 들어가는가?
- 관찰자들이 훈련을 받았는가?
- 관찰자 간 신뢰도는 어느 정도인가?
- 관찰기간은 어느 정도였는가?
- 관찰자가 얼마나 눈에 띄었는가?

출처: Borg, Gall, & Gall(1993).

2. 행동연구에 대한 이해

1) 행동연구의 개념

행동 연구는 인간의 행동을 중심 대상으로 하고 있다. 인간의 행동을 학문적으로 설명해 보려는 노력은 끊임없이 이루어져 왔다. 예를 들면, 고대에서 중세까지는 신학적 · 철학적 차원에서 인간의 행동을 탐구하였던 시대였다면 근래 들어서는 과학의 발달과 함께 인간의 행위를 설명하는 탐구 방식에 획기적인 변화가 있어 왔다.

인간행동에 대한 설명이 어려운 이유는 인간의 외현적 행동(overt behavior)은 직접 관찰이 가능하지만 그 행동의 원인들은 직접 관찰이 불가능한 데서 연유한 것이다. 모든 행동에는 원인이 있으나 그 원인은 외부로 분명히 드러나는 것과 드러나지 않는 것이 있다. 전자의 경우에 비해 후자의 경우는 그 원인이 분명히 드러나기 때문에 오히려 심각한 문제를 야기할 수 있다. 따라서 인간의 행동을 정확하게 이해하기 위해서는 그 행동을 유발한 동기와 욕구가 무엇인가를 우선적으로 파악해야 한다.

인간 행동을 연구하는 데 있어 직면하게 되는 제약 중 하나는 개인의 행동은 동일한 자극에 대해서 동일하게 반응하지 않을 가능성을 항상 내포하고 있기 때문에 개인의 행동특성이 항상 일관성을 유지하지 않는다는 점이다. 또 다른 제한점은 개인차이다. 개인의 성장 배경, 지능, 적성, 동기, 정서, 신체적 조건, 교육 정도, 종교 등은 동일하지 않다. 이것들은 동일한 자극에 대해서 다양한 반응을 유발할 확률의 범위를 더욱 넓게 만들 수 있다. 즉, 개인차가 다양할수록 연구를 수행하는데 있어서 불필요한 변인들을 통제하는 일을 어렵게 만든다. 인간을 대상으로 하는 실험 연구가 어렵다는 것은 바로 이러한 제한성을 지적하는 말이다. 다시 말하면, 인간을 대상으로 하는 연구는 기술적 제약뿐만 아니라 사회적 제약을 감안한 범위 내에서 수행되어야 한다는 어려움을 가지고 있는 것이다(이완정, 1996).

무엇을 연구한다는 말은 어떤 사물을 인식하거나 해명하기 위하여 과학적으로 분석하는 일이다. 과학적 연구를 하는 방식에는 연역적 방법이나 귀납적 방법이 동원된다. 연역적 방법(deductive method)은 기존의 이론으로부터 특정한 가설을 도출해 이끌어 내는 방식, 즉 보편 명제로부터 특수 명제를 끌어내는 방법이다. 반대로 귀납적 방법(inductive method)은 특정 현상을 이해하기 위하여 개개의 구체적인 사실로부터 일반적인 명제나 법칙을 이끌어내는 일, 즉 특수한 사실로 미루어 일반적인 원리를 알아내는 방법이다. 이를 살펴보면 [그림 1-9]와 같다.

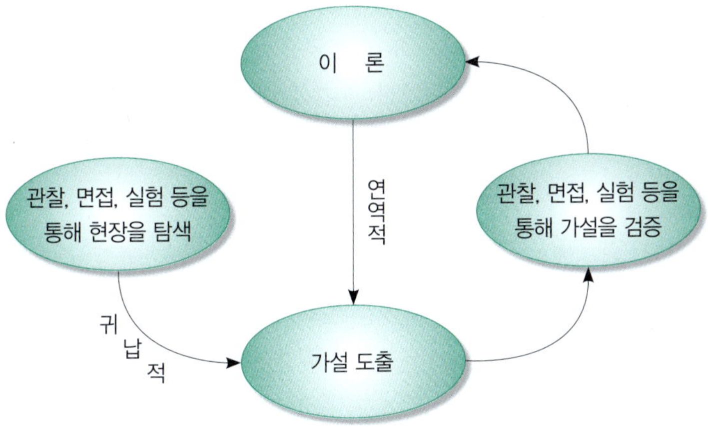

[그림 1-9] 연역적 방법과 귀납적 방법

출처: 조성연 · 이정희 · 황혜정 · 나종혜 · 양성은(2008).

여러 문헌들을 토대로 하여 본서가 추구하는 연구의 개념을 요약 정리하여 보면 그 내용은 다음과 같다.

① 연구는 원자료(primary source)로부터 새로운 지식이나 정보를 획득하는 행위이다.
② 연구는 증거 자료를 체계적으로 조직하고 요약하는 일이다.
③ 연구는 이론과 법칙을 발견하려는 활동이다.
④ 연구는 변인과 변인 간의 인과 관계를 밝히는 일이다.
⑤ 연구는 과학적 방법으로 의문의 대상을 탐구하는 활동이다.
⑥ 연구는 사회적 관계에서 발생한 문제에 대한 해결 방안을 추구하는 활동이다.

2) 아동행동연구의 의의 및 역사

아동행동이란 대부분 광범위한 사회적 또는 문화적 맥락에 의해 영향을 받고 나아가 다른 주변사람들과의 밀접한 상호관계와 개인적인 특성에 의하여 구체화되는 복잡한 과정이다. 즉, 아동행동에 대한 정확한 연구는 이러한 모든 요인들이 개인적인 요인과 어떻게 상호작용하는지를 파악하는 것이다. 이러한 접근법은 Lewin의 경우에서 찾아볼 수 있다. 1935년에 저술한 「A Dynamic Theory of Personality」에서 그는 인간의 행동을 개체와 환경의 상호 작용의 함수로 설명하였는데 이를 식으로 제시하면 다음과 같다.

$$B = f\,(P \cdot E)$$

위의 식에서 B는 행동(behavior)을, P는 개성(personality)을, 그리고 E는 환경(environment)을 나타낸다. 그는 P와 E는 서로 분리될 수 있는 실체로서 어떤 역동적인 장에서 공존하면서 개인의 사고, 소망 및 욕구 등과 함수 관계를 갖는다고 가정하였다.

아동은 성인과 다른 여러 가지 특성이 있기 때문에 발달과 그 변화에 대한 연구, 정서 및 사고 과정과 발달에 대한 연구에서 아동행동연구는 남다른 의미를 가진다.

아동은 각 발달단계마다 특징적인 행동을 보이므로 성인을 대상으로 할 때는 불가능한 여러 가지 연구가 가능하다. 또한 아동은 충동을 억제하는 능력이 성인보다 적고 경험이 제한되어 있어서 정서적 반응이나 개념화 단계, 상징적 과정을 연구할 때 성인보다 더 적합한 측면도 있다(이은해, 1995).

아동행동연구는 아동을 이해하기 위한 출발점이다. 아동행동연구를 통해 축적된 지식은 아동의 성장과 발달, 학습에 관한 기존 이론을 개선하고 발전시키며, 아동의 성장과 발달의 관련 요인과 과정에 대한 지식은 아동 양육과 교육의 기초가 되므로 아동행동연구는 이론적, 실제적으로 의의가 있다(이순형 · 이혜승 · 권혜진 · 이영미 · 정윤주 · 한유진 외, 2008). 예를 들면, 유아와 취업모 간의 안정정인 유대감을 형성하기 위해서는 어떻게 해야 하는가, 유아들을 인터넷 사용으로 인한 위험에서 어떻게 보호할 것인가, 저소득층 유아들에게 적절한 인지적 자극을 어떻게 제공하는 것이 효과적인가, 유아들이 가진 창의적인 잠재력을 발휘하도록 하기 위해서는 어떻게 해야 하는가 등의 문제에 있어 연구자들은 지속적으로 자료를 수집해 답을 찾고자 하고, 그 결과는 양육자들의 행동에 직접적 영향을 미치게 될 것이다(문혁준 · 김경은 · 서소정 · 성미영 · 안선희 · 임정하 외, 2014a).

아동행동연구의 역사를 살펴보면 다음과 같다. 현대와 같은 영아연구의 시초는 1800년대 이후라고 볼 수 있다. 이때부터 복잡한 주요 이론들과 발달에 대한 견해들을 체계적으로 종합하는 방식과 기술을 바탕으로 발달연구가 진행되기 시작했다. 특히, 19세기 말부터는 영유아발달을 연구함에 있어 철학적 접근을 넘어 체계적 관찰과 실험에 근거한 접근방법을 이용하기 시작했다. 우선, 19세기 말에서 20세기 초에 많은 과학자들은 자신의 자녀 또는 친척 아이를 대상으로 그들의 행동적 특성과 발달적 변화를 매일매일 일기식으로 기록하는 영아전기(baby biographies)를 작성했다. 한 예로, 19세기 후반 Darwin은 자신의 아들을 관찰해 초기의 성장과정을 유아전기(baby biography)로 기록했으며, 독일의 생물학자 Preyer도 관찰을 통해 유아의 행동을 기록으로 남겼다. 그는 관찰 시 기준을 설정하여 가능한 한 관찰 즉시 기록하고, 규칙적 간격을 유지해 관찰하였으며, 자신이 기록한 것을 다른 관찰자의 기록과 비교하며 정확성을 확인했다. 이러한 관찰 방식과 체계적인 기록의 시도는 이후 과학적인 유아발달 연구에 있어 중요한 토대가 되었다(문혁준 외, 2014a). 아래의 박스는 출생 후 처음 1년 동안 어린 조카를 관찰하며 기록한 내용이다.

> (아기의) 첫 행동은 울음이다. 분노의 울음도 아니고 기쁨의 환호(외침)도 아니다. 콧소리를 내다가 길고도 가는, 눈물은 나지 않는 아-아- 소리, 스코틀랜드 백파이프 같은 음질로, 그러나 불편하다는 소리.
> 이러한 단조롭고도 쓸쓸한 울음과 함께, 그 붉고 주름진, 축축하게 땀이 밴 피부......
> 어머니가 출산 전에 자기 아기를 사랑하지 않았다고 해도 이상할 게 없다. 모성본능을 충분히 깨우기 전에 아기에게 때로는 위험할 수도 있는 그런 짧은 틈이 있다.
> 이런 식의 기술이 온당하고 우리의 아기가 다른 아기에 비해 더 못생겼다고 주장하는 건 아니다...... 다만 아기가 아직 그리 사랑스럽지는 못하다는 것이다.

출처: Berk, 1994; 이순형 외(2008) 재인용.

한편, 위에서 살펴본 유아전기는 관찰방법이 체계적이지 못하고 매우 적은 피험자의 수 등 연구결과를 일반화기 어렵다는 점 때문에 과학적 자료로 인정하는 데는 한계가 있었다. 그러나 영아전기의 기록들은 이후 더 객관적이고 분석적인 연구의 초석이 되었다.

19세기 말에 이르러 Hall(1844-1924)의 연구가 체계적인 아동행동연구의 시작이라고 볼 수 있다. Darwin의 영향을 받은 Hall은 아동발달의 모든 측면을 기술하기 위해 노력했다. 유아전기 방식의 한계를 인식하고, 보다 많은 수의 아동들을 대상으로 객관적인 자료를 수집하는 규범적 접근으로 이어졌다. 규범적 조사에서는 다수의 아동을 대상으로 행동을 측정한 다음 연령과 연관된 평균을 계산하고 이 평균치를 전형적 아동의 발달을 나타내는 것으로 간주하였다. 또한 Hall은 질문지법을 개발하여 아동 및 청소년의 행동, 태도, 흥미 등을 조사했으며, Hall은 아동연구를 위한 연구소를 설립하고, 처음으로 과학적인 학술지를 만들어 연구자들이 아동발달 연구에 대한 결과를 출판하도록 했다.

Gesell(1880–1961)은 외부의 방해를 받지 않고 아동의 행동을 체계적으로 관찰할 수 있는 관찰돔(observation dome)을 만들어 사용했다. 그는 영유아의 연령에 따라 나타나는 행동을 관찰해 기록하였는데 이는 영유아를 체계적으로 관찰해 기록한 Darwin의 영향을 받은 것이었다. 또한 수집한 영아와 아동의 행동에 관한 규범적 정보를 토대로 영아발달표를 제작하였으며, 아동발달 관련 지식을 체계화하였다.

20세기 초기의 연구들은 주로 이론적인 추구에 치우쳐 경험적 자료가 부족할 뿐만 아니라 자료가 있다 해도 단순히 아동의 발달을 기술하는 데 그치는 정도였으나, 20세기 초 프랑스의 심리학자 Binet(1857–1911)의 연구는 아동에 관한 경험적 자료의 질적 수준을 높이는 데 가장 큰 공헌을 하였다. Binet는 인간의 주의력과 기억을 평가하기 위해 여러 과제를 고안해냈다. 또한 지능을 새롭게 정의하고 검사 문항을 만들어 아동들의 지적 능력에 대한 규범적 기준을 만들었으며, 이러한 작업들을 바탕으로 현대 지능검사의 시초가 된 검사들을 개발하였다.

20세기 중반에는 체코슬라바키아에서 태어난 Freud(1856–1939)에 의해 아동 초기의 경험이 성격 전반에 미치는 영향에 대한 연구가 이루어졌다(이은해, 1995). 그는 의과대학에 진학하여 히스테리아(hysteria)에 대한 연구를 하면서 최면요법을 사용하였고, 최면요법이 일부 환자들에게만 적용될 수 있다는 것을 알고 자유연상(free association)이라는 새로운 방법을 개발하였다. 또한 스위스에서 태어난 Piaget(1896–1980)는 생물학에 관심을 갖고 21세에 동물학으로 박사학위를 받았으나 아동심리 분야에 관심을 가지면서 이를 연구하였다. Piaget는 아동용 지능검사를 실시하고 채점하던 중 아동의 인지능력에 관계없이 특정 연령의 아동은 오답에 있어서 일관성 있는 유형을 나타내는 것을 발견하였으며, 자신의 세 자녀들의 발달 과정을 관찰하면서 인지발달 이론을 구축하였다(문혁준 · 김경은 · 서소정 · 성미영 · 안선희 · 임정하 외, 2014b). 특히, Piaget의 연구방법은 아동의 인지발달에 관한 연구방법에 지대한 공헌을 하였다. 즉, 관찰과 개별화된 면접을 병행하는 방법을 통해 어떤 과제에 대한 수행 여부만이 아니라 과제를 수행할 때 아동의 사고내용을 면접 조사하는 임상적 방법에 대한 관심이 대두된 것이다.

이상과 같이 20세기 들어 아동연구는 성숙기를 맞게 되었다. 초기에는 연령단계에 따른 신체적, 심리적 행동특성을 밝히고 변화를 기술하는 데 역점을 두었으며, 이후에는 단순히 어떤 현상을 발견하고 기술하는 데 그치지 않고 행동의 특징을 설명하고 이론을 구성함으로써 인간발달의 기저에 있는 과정과 기제에 더 흥미를 갖게 되었다(이순형 외, 2008).

3) 연구윤리

모든 연구 활동의 궁극적 목적은 인간 복지의 향상에 있는 것이다. 따라서 연구에 참여하는 피험자 및 그를 둘러싸고 있는 사람들의 인격을 침해하거나 신체적 및 심리적 피해를 주는 일이 절대 있어서는 안 된다. 특히, 자신의 일에 대한 의사결정력이 부족하고, 문제가 발생할 시 성인보다 더 심각한 아동을 대상으로 연구할 때에는 윤리적 문제들을 매우 신중히 고려해야 한다.

아동을 대상으로 연구할 때 연구자가 고려해야 할 윤리적 문제들을 살펴보면 다음과 같다(김석우, 1997; 이은해, 1985).

- 사전동의: 연구참여를 위한 사전 동의를 받아야 한다. 연구자는 아동을 연구에 참여시키기 위해서는 사전에 보호자나 아동으로부터 허락을 받아야 한다. 사전 동의를 받고 연구에 참여 시켰다 하더라도 연구 진행 도중에 아동이 연구에 참여하기 싫어한다면 언제라도 연구에서 제외시켜야 한다.
- 사생활 보호: 개인의 사생활 보호 및 비밀이 보장되어야 한다. 연구에 사용되는 모든 자료나 사실들에 대해서는 비밀이 보장되어야 하며 연구가 완료된 이후에도 연구목적 이외의 용도로 사용되어서는 안 된다.
- 피해에 대한 대비: 심신 상해 문제를 들 수 있다. 연령이 어린 아동일수록 실험상황이나 검사상황에서 긴장이나 좌절로 인한 심신의 상해를 입을 수 있으므로 대상 아동의 신체적 · 정신적 피해가 발생하지 않도록 각별히 유의해야 한다.
- 처치의 형평성: 연구처치의 결과가 좋은 영향을 미치는 것이라면 처치를 받지 못한 유아에게도 그 처치를 제공하는 것이 윤리적으로 바람직하다.

외국에서는 연구대상자의 인권이 존중되고 연구 참여자의 비밀을 보장하는 Human Subject Committee 같은 강력한 심의 기구가 대학 및 기관에 설치되어 감독의 기능을 수행하고 있지만, 우리나라는 아직까지 이에 대한 구체적 제재를 할 수 있는 법적 근거를 가지는 기구가 없으므로 연구 대상의 권리를 최대한으로 보장하는 범위 내에서 연구 계획이 수립되어야 한다.

미국의 아동발달연구회(Society for Research in Child Development: SRCD)에서 제시한 아동 연구를 위한 22가지 윤리 지침 중에서 중요한 것을 발췌하여 제시하면 다음과 같다(전경원, 2001).

- 연령이 아주 낮은 아동일지라도 자신의 행동에 관한 권리는 연구자의 권리보다 우선적이다. 연구자는 아동의 권리를 존중하는 입장에서 연구절차를 평가해야 하며, 연구를 진행시키기 전에 동료 전문가들로 구성된 심사 위원회의 동의를 얻어야 한다. 또한 아동을 연구의 대상으로 하는 상황에서는 반드시 소속기관의 동료 전문가들에 의해 심사위원회가 조직되어야 한다.
- 연구자는 연구 수행 도중 생기는 모든 윤리적 문제에 대한 최종적인 책임자이다. 따라서 연구자는 연구에 참여하는 공동 연구자, 연구 보조자, 학생 및 연구를 위한 고용인 등 모든 사람의 윤리적 문제에 관해 자문을 구해야 한다.
- 연구자는 아동이 연구에 참여함으로써 받을 수 있는 모든 측면의 영향에 대해 사전에 알려 주어야 하며, 아동의 질문에 대해서는 그의 이해 수준에 적합한 답변을 해주어야 한다.
- 연구자는 연구의 참여 여부를 아동이 스스로 선택할 수 있도록 보장해줄 뿐만 아니라 언제든지 참여를 거부할 수 있도록 보장해 주어야 하는 연구자의 의무도 커진다.
- 연구가 시작되기 전에 연구자와 연구대상은 각자의 책임 한계에 대해 서로 분명히 동의해야 하며, 이때 동의된 모든 사항과 약속은 반드시 지켜져야 한다.
- 연구자가 어떤 기관의 자료를 사용해야 할 경우, 해당 기관장의 허가를 받아야 하며, 얻어진 자료는 익명으로 보유하고, 허락받은 것 외의 다른 정보를 사용해서는 안 된다. 또한 연구자는 자료 입수 과정에서 해당 기관장의 자료에 대한 권한과 책임의 한계를 인정해 주어야 한다.

- 연구자의 연구 과정이나 결과에 대한 언급은 부모나 아동에게 어떤 부담을 줄 수 있으므로 연구자는 결과를 보고하고 결론을 내리고, 제언을 할 때 특히 세심한 주의를 기울여야 한다.
- 연구자는 자신의 연구가 사회적, 정치적, 인간적 측면에서 갖는 의미를 고려해야 하며, 연구결과를 보고할 때 특히 이점에 유의하여야 한다. 그러나 이러한 점 때문에 과학적 기준에 어긋난 보고를 하거나 연구 분야를 제한하는 일은 없어야 한다.
- 아동에 관련된 내용을 강의하는 교수는 수강 학생들에게 이 윤리 강령을 알려 주고 연구 대상의 권리를 존중하는 태도를 갖도록 지도해야 한다. 그렇게 함으로써 학생들에게 훈련 과정에서부터 연구 대상의 권리가 연구 결과나 실험 설계만큼 중요하다는 것을 인식시킬 수 있을 것이다.

서울대학교의 연구윤리지침에서도 제 5장 20조에서 인간 대상 연구의 윤리에 대한 내용을 포함하고 있다(www.snu.ac.kr).

- 인간을 대상으로 하는 연구(임상시험, 의생명과학, 행동과학 등을 포함한다)의 연구자는 연구대상자의 인권과 건강 및 복지를 최대한 존중하여야 한다.
- 연구대상자에게 연구의 목적 및 절차, 예상되는 위험 등에 대하여 충분히 설명한 후 연구대상자의 자발적인 동의를 얻어야 한다. 다만, 서울대학교 생명윤리심의위원회 등 공인된 기구의 사전 허가를 받은 경우에는 예외로 할 수 있다.
- 연구대상자에게 미치는 위험을 최소화하여야 하고, 연구대상자의 건강과 복지를 중대하게 침해하는 연구를 수행해서는 아니 된다.
- 취약한 계층에 속하는 연구대상자는 동의과정이나 위험 등과 관련하여 특별히 배려하여야 한다.
- 연구대상자의 사생활의 비밀을 보장하고 개인정보를 보호하여야 한다.

02

일화기록법

1. 일반적 특징

일화기록법(anecdotal records)은 아동의 행동을 직접 관찰하여 객관적으로 서술식으로 기록하되, 중요한 사건이나 핵심이 되는 행동을 중심으로 짧게 기록하는 방법이다. 교사는 관찰대상 아동이 보여 주는 중요한 사건이나 행동을 중심으로 간결하게 기록하며, 일반적으로 한 가지 행동에 초점을 두어 관찰하고 기록한다. 되도록 사건이 일어난 직후 기록하는 것이 좋으나 바로 기록하기 어려운 경우에는 6하 원칙(언제, 어디서, 누가, 무엇을, 어떻게, 왜)에 따라 간단히 메모해 두었다가 나중에 기록한다. 이때 교사는 편견이 들어가지 않도록 사실적으로 기록해야 하며 관찰대상의 정보, 관찰시간, 관찰날짜, 관찰장면, 관찰 내용 등을 기록할 용지를 미리 준비하도록 한다.

일화기록법은 특별한 도구나 기술 없이도 쉽게 기록할 수 있고, 중요한 행동과 사건을 중심으로 간결하게 기록하기 때문에 기록하는 데 용이하다. 그러나 상황묘사가 적고 중요한 사건을 중심으로 간단하게 기술하기 때문에 사건이나 행동이 일어나게 된 원인이나 이유를 정확하게 알 수 없다는 점과 시간이 지난 후에 기록하게 되면 교사의 편견이 들어가거나 상황을 잊어버려 정확한 기록이 어려울 수 있다.

2. 장점과 단점

1) 장점

일화기록은 중요한 행동과 사건을 중심으로 간결하게 기록하기 때문에 많은 시간을 필요로 하지 않는다. 사전에 특별한 준비나 계획을 별도로 세우지 않아도 되고, 특별한 양식이나 기술 없이도 쉽게 기록할 수 있어서 간편하다. 그리고 예기치 못한 행동이나 우발적인 행동을 기록하는 데 유용하며 아동의 모든 발달 영역을 기록할 수 있다.

일화기록은 어떠한 특별한 목적을 위해, 즉 언어 발달이나 아동학대 증거 등의 포착을 위해 아주 상세한 장면이 요구될 때 필요하다. 어떤 행동에 대한 자세한 묘사로 인해 개인적인 추측이나 판단을 할 수 없게 한다. 또한 읽는 사람에게 생생한 현장감을 줄 뿐만 아니라 사실적이고 자세한 기록으로 읽는 사람이 결론을 도출해 낼 수 있다. 누적된 자료는 아동의 행동을 이해하고 지도계획을 세우는 데 중요한 자료로 이용될 수 있다.

2) 단점

일화기록은 중요한 사건을 중심으로 아주 짧은 행동에 대해 간단하게 기술하기 때문에 사건이 일어나게 된 원인이나 이유를 정확히 알기 어렵다. 관찰자가 6하 원칙(언제, 어디서, 누가, 무엇을, 어떻게, 왜)에 따라 간단히 메모한 경우에 시간이 지난 후 기록하게 되면 상황을 잊어버려 정확한 기록이 어려울 수도 있다.

그리고 일화기록으로 남겨진 자료가 아동의 일반적인 특성으로 여겨져 아동에 대한 편견이 생길 수 있다. 아동의 바람직하지 못한 행동이 관찰자의 눈에 더욱 잘 띄는 경향이 있어 아동의 긍정적 발달을 무시할 수 있다.

교사는 일화기록 작성으로 인해 아동과의 상호작용을 하지 못하게 된다. 또한 한 번에 많은 아동을 관찰할 수 없고 한두 명의 아동만을 기록할 수 있다는 단점이 있다.

3. 관찰지침과 유의사항

일화기록으로 아동의 행동을 관찰하고자 할 경우에는 다음과 같은 관찰지침에 따른다. 첫째, 관찰대상 아동이 보여 주는 특별한 사건이나 행동을 중심으로 간결하게 기록한다. 둘째, 한 가지 행동에 초점을 맞추어 기록 한다. 셋째, 사건이 일어난 상황과 행동과 대화를 즉시 기록한다. 넷째, 사건이 일어난 직후 바로 기록하기 어려운 경우에는 6하 원칙(언제, 어디서, 누가, 무엇을, 어떻게, 왜)에 따라 간단히 메모해 두었다가 나중에 기록하되, 당일에 기록하여야 하며 날짜를 넘겨서 기록하지 않는다. 다섯째, 관찰대상 아동이 한 말과 행동을 현재형으로 기록하며, 대화 내용은 직접화법으로 인용부호(" ")를 사용하여 그대로 기록한다. 여섯째, 관찰자의 편견이 들어가지 않도록 객관적이며 사실적으로 기록한다. 일곱째, 언제든지 관찰 기록이 가능하도록 필기구와 관찰 기록 용지를 미리 준비한다.

관찰자가 기록한 내용을 중심으로 분석한 후 평가하여 기록하고, 앞으로 누리과정(표준보육과정)에서 적용할 내용이나 지도계획 등을 기록한다. 관찰자가 관찰목적에 따라 의도적 관찰을 하는 경우 관찰을 통해 보고자 하는 것을 기록한다.

일화기록으로 아동을 관찰할 때 다음의 사항에 유의하여야 한다. 첫째, 일화기록 대상을 선정할 때 학급명단 또는 가나다 순서대로 기록하는 것이 아니라 특별한 행동이나 사건에 초점을 맞추어 기록해야 한다. 둘째, 관찰대상 아동이 자신이 관찰대상이 되고 있음을 의식하게 될 때 일부러 관심 행동을 하거나 부자연스러운 행동을 할 우려가 있으므로 유의하여야 한다. 셋째, 추측, 설명, 이유, 느낌, 편견, 선입견 등 주관적인 평가는 기술하지 않도록 한다. 옳은 예와 잘못된 예를 제시하면 〈표 2-1〉과 같다.

〈표 2-1〉 일화기록 시 옳은 예와 잘못된 예

옳은 예	잘못된 예
밀가루 점토를 주먹만큼 떼어 친구에게 주었다.	은아는 언제나 노래 부르기를 좋아한다.
옷의 단추를 잠근다.	병수는 매우 활동적이다.
하품을 한다.	서연이는 너무 수줍어한다.
눈을 감고 입을 크게 벌렸다.	은선이를 도와주었다.
미영이는 윤선이 어깨에 손을 올렸다.	놀란 것처럼 보였다.
재성이는 신발장으로 뛰어갔다.	진희는 친구를 고마워했다.
"친구야 고마워!"	재선이는 우울해 보인다.

옳은 예	잘못된 예
"친구에게 미안하다고 사과했어요!"	기호는 항상 친구들을 괴롭힌다.
세이는 벽에 기대고 서 있다.	과자를 나누어 먹었다.
민수는 주먹으로 영철이 머리를 두 번 쳤다.	시끄럽게 떠든다.
"선생님! 기분이 좋지 않아요!"	행복한 얼굴이다.
영이는 컵을 한 손으로 들고 물을 먹는다.	늘 더러운 모습이다.
"선생님! 배가 아파요!"	미연이는 배가 아프다고 말했다.

4. 관찰 양식

일화기록은 별도의 양식이 없이도 기록할 수 있지만 관찰목적에 따라 다음의 양식을 준비해서 사용하면 더 효과적인 기록이 될 수 있다.

〈표 2-2〉 일화기록 양식의 예 1

관찰 아동		성 별		관 찰 일	
관찰자		관찰시간			
누리과정 영역					
관찰장면					
기록					
해석 및 평가					

〈표 2-3〉 일화기록에 의한 아동관찰 예시 1

관찰 아동	김재근(만 4세)	성 별	남	관 찰 일	2021. 5. 8.
관찰자	유희정	관찰시간	오전 11시 30분 ~ 11시 35분 (5분)		
누리과정 영역	사회관계				
관찰장면	실외놀이				
기록	실외 바깥놀이시간에 재근이가 모래밭에서 소꿉놀이하고 있는 3명의 여아에게 다가간다. 재근이는 옆에서 쪼그리고 앉아 모래를 양손으로 판다. 옆에서 소꿉놀이하는 여아들에게 모래를 뿌린다. 옆에 있던 은아가 "하지 마!"라고 말하고, 아름이도 재근이에게 "모래 뿌리지마!"라고 말하면서 재근이를 5초 노려본다. 재근이는 또 다시 모래를 두 번 뿌리고는 그네 타는 곳으로 간다.				
해석 및 도움방안	재근이가 왜 친구들에게 모래를 뿌리게 되었는지 원인을 파악해 볼 필요가 있다. 재근이가 여자 친구들과 함께 소꿉놀이를 하고 싶었는지도 모르겠다. 그러나 어떻게 함께 놀 수 있는지에 대한 방법을 몰라 모래 뿌리는 행동을 했다면 함께 놀고 싶을 때 어떻게 표현해야 할지를 알려 줄 필요가 있겠다. 모래를 뿌리는 행동은 해서는 안 되는 행동이므로 하지 못하도록 지도할 필요가 있으며 잘못된 행동 뒤에 친구들에게 사과하는 법도 알려 줄 필요가 있다.				

〈표 2-4〉 일화기록에 의한 아동관찰 예시 2

관찰 아동	박정수(만 3세)	성 별	남	관 찰 일	2021. 3. 8.
관찰자	남혜수	관찰시간	오전 11시 00분 ~ 11시 5분 (5분)		
누리과정 영역	사회관계 〉 나를 알고 존중하기				
관찰장면	실외놀이 나가기 위해 옷 입기				
기록	정수는 옷걸이대로 가서 잠바를 집어 들고 1분간 서 있다. 잠시 후 잠바를 바닥에 펼쳐 놓는다. 펼쳐 놓은 옷 위로 누워 잠바를 입으려 한다. 교사가 다가가 "정수야, 옷 입으려고 하니?" 하자 정수는 "네", 그리고 교사가 "선생님이 도와줄까?" 하자 정수는 일어나 잠바를 들고 교사에게로 온다. 교사가 정수의 옷 입는 것을 도와준다.				
해석 및 도움방안	정수는 옷을 어떻게 입어야 할지 몰라 서서 있다가 나름대로 옷 입는 방법으로 생각한 것이 바닥에 옷을 펼쳐 놓고 그 위에 자신의 몸을 맞추어 옷을 입으려 했던 것 같다. 정수는 유치원(어린이집)에 오기 전까지 스스로 옷을 입어 본 적이 없는 아이이다. 언제나 할머니가 옆에서 도와주다 보니 옷 입고 벗는 행동뿐만 아니라 스스로 할 수 있는 일이 많지 않은 아이이다. 정수에게는 정수 스스로 할 수 있는 일을 알아보고 해 보는 것에 중점을 두고 교육이 이루어져야 할 것이다. 또한 가정에서도 기본적인 생활습관 지도가 이루어질 수 있도록 부모와의 상담이 필요한 아이이다.				

〈표 2-5〉 일화기록 양식의 예 2

관찰 아동		성 별		생년월일(만 연령)	년 월 일(만 세)
관찰자		관찰일	20 . .	관찰시간	
관찰 행동					
관찰장면					
기록					
관찰초점					

〈표 2-6〉 일화기록에 의한 아동관찰 예시 3

관찰 아동	이선정	성 별	여	생년월일(만 연령)	2019년 3월 6일(만 2세)
관찰자	윤미영	관찰일	2021. 6. 8.	관찰시간	오전 10시 10분 ~ 10시 20분
관찰 행동	가상놀이				
관찰장면	소꿉영역				
기록	선정이가 소꿉영역으로 가서 인형을 들고 왔다 갔다 한다. 포대기를 집어 들고 교사에게로 와서 "업어" 한다. 교사가 "선정이 인형 업을래?" 하자 고개를 끄덕인다. 교사가 포대기로 인형을 업어 준다. 인형을 업고 소꿉영역에서 우유병을 들고 포대기를 푼 후 인형을 가슴에 안고 "우유줄까?", "우유먹자" 하며 우유병을 인형 입에 댄다. 인형을 다시 가슴에 안고 인형 등을 3번 두드린다.				
관찰초점	놀이발달단계				

〈표 2-7〉 놀이흥미 영역에 따른 일화기록 양식의 예 3

이름			성별		생년월일		관찰자	
구분	역할 영역	쌓기 영역	언어 영역	미술 영역	수과학 영역	음률 영역	조작 영역	실외 놀이
관찰 내용								
해석								

〈표 2-8〉 발달 영역에 따른 일화기록 양식의 예 4

이름			성별		생년월일		관찰자	
구분	발달 영역					기본생활습관		
	신체	언어	사회성	정서	인지	식습관	배변습관	수면습관
관찰 내용								
해석								

03

연속기록법

1. 일반적 특징

최초의 연속기록법(running recording)은 1901년 Dresslar의 '아기의 아침 관찰(A morning's observation of a baby)'이라는 제목에서 시작되었으며, 표본식 기록(specimen description), 이야기식 기술법(narrative description)이라고도 한다. 연속기록법은 어떤 행동의 일화를 가장 자세하고 완전하게 기록하는 방법으로 관찰자가 관찰대상이나 장면, 시간을 미리 선정한 후 그때 발생하는 아동의 행동과 상황을 모두 집중적으로 기록하는 관찰방법이다. 이때 관찰자는 발생하는 아동의 행동과 상황의 어떤 부분만을 선택하는 것이 아니라 '전체'를 기록해야 한다.

연속기록법은 그 상황을 보지 않은 사람도 기록만으로 그 당시 발생한 아동의 행동과 상황을 파악할 수 있도록 자세하게 써야 한다. 그러나 아무리 자세하게 기록한다 해도 계속해서 움직이는 아동의 모든 행동과 상황을 완벽히 적는다는 것은 불가능하므로 관찰의 목적이 무엇인지를 염두에 두고 순간적인 판단으로 무엇을 써야 할지 결정 내려야 한다. 보다 완전하고 자세한 기록을 위해 관찰자가 녹음기나 캠코더 등을 이용하여 이를 재검토하면서 기록하기도 한다.

연속기록법의 목적은 첫째, 어떤 행동에 대한 해석이나 평가가 아니라 있는 그대로의 원자료(raw data)를 가능한 한 많이 수집하는 것이다. 이렇게 수집된 원자료들은 후에 관찰자나 다른 교사, 혹은 연구자에 의해 재분석될 수도 있다.

둘째, 아동의 행동과 언어를 자세하고 객관적으로 기록함으로써 아동의 발달변화나 문제행동을 여러 측면에서 볼 수 있게 한다. 따라서 연속기록법은 교사가 아동이 가지고 있는 문제를 해결하거나 학기 초에 새로 맡은 아동에 대해 알고 싶을 때 도움이 된다.

아동들을 직접 대하는 교사들에게 시간이 흐르면서 수집되는 정보의 양이 많아질수록 그 가치가 높아지는데, 이를 통해 교사들은 수집된 정보들을 서로 비교하거나 도표화하여 변화 양상을 검토하고 평가하는 데 사용할 수 있다. 그러나 종합적이고 제한적이지 않는 특성 때문에 관찰방법 중 가장 어려운 방법이기도 하다.

2. 장점과 단점

1) 장점

연속기록법은 모든 장면을 아주 자세하게 기록해 놓으므로 아동에 대해 많은 정보를 얻을 수 있으며 특별한 도구가 필요하지 않아 필기도구만 있으면 관찰이 가능하다. 뿐만 아니라 그 상황에서 발생했던 일에 대해 시간이 많이 흐른 뒤에도, 혹은 제3자가 그 기록을 읽게 되어도 당시의 상황이나 사건을 뚜렷이 떠올릴 수 있다. 이 방법은 시간경과에 따라 일어난 사건을 순서대로 기록하기 때문에 사건의 전후 관계를 알 수 있다는 장점이 있다.

2) 단점

연속기록법은 기록을 하고 평가를 하는 데 많은 시간이 소요되며 해석을 할 때 관찰자의 주관성이 개입되거나 관찰자가 추론하여 결론을 내릴 가능성이 있다. 또한 번에 적은 숫자(대개는 한 명)의 아동밖에 관찰하지 못한다. 관찰자가 빨리 쓸 수 없기 때문에 대상의 행동을 모두 다 기록하는 일이 불가능하며, 관찰자가 쓰는 동안에도 대상의 행동은 계속 변화하기 때문에 이를 모두 기술하기는 힘들다. 따라서 아동과 계속 상호작용하고 지도하고 있는 교사들이 사용하기에는 부적절하여 실제적으로 활용하기가 어렵다. 그리고 수집된 자료를 분류하고 분석하는 일이 쉽지 않으며 시간도 많이 소요된다는 단점이 있다.

3. 관찰지침과 유의사항

연속기록법은 어떤 행동에 대한 추론이나 평가가 아닌, 있는 그대로의 원자료를 가능한 한 많이 수집하려는 데 그 목적이 있다. 따라서 관찰자의 추론이나 해석을 피하고, 관찰자의 주관이 들어 있는 용어의 사용을 자제해야 한다. 즉, 관찰자는 관찰대상의 정서나 감정, 행동의 질을 언급하는 형용사나 부사 등의 선택에 있어 주관적인 성향이 들어가지 않도록 주의하며 가능한 한 자세하고 객관적으로 기술해야 한다.

기록방법	부족한 기록의 예	올바른 기록의 예
행동을 구체적이고 상세하게 기술	엄마와 놀이하기	엄마와 소꿉놀이 세트로 저녁식사 만들기
	TV 시청하기	EBS 시청하기(타요 폴리)
	외출하기	도산공원 산책가기
	장난감 갖고 놀기	비행기 장난감으로 비행기놀이
	놀이터에서 놀이	놀이터에서 모래놀이하기
	이동하기	버스를 타고 우체국으로 이동하기
	인터넷하기	인터넷으로 영어단어 게임하기
객관적으로 기술	슬퍼한다.	울고 있다.
	기뻐한다.	소리내어 크게 웃는다.
	열심히 색칠한다.	빈틈없이 색을 칠한다.
	글자를 아는 것 같다.	'가방' 이라고 쓰고 짚어가며 읽는다.
	자랑스럽다는 듯 바라본다.	"내 그림 멋지지." 라고 한다.
	쑥스러워 한다.	고개를 숙이고 눈길을 피한다.

[그림 3-1] 연속기록법 서술방법

다음은 Brant가 제시한 연속기록법 작성 지침이다(Brant, 1972; 이정환 · 박은혜, 2011, 재인용).

연속기록법 지침서

- 연속기록은 보통 10~30분 정도로 한다.
- 관찰날짜, 시간, 관찰대상, 관찰자의 이름을 미리 적어 놓는다.
- 아동의 행동이 관찰된 장소 및 장면을 표시한다.
- 보고 들은 것을 그대로 기록한다. 즉, 객관적인 사실만 기록하며 관찰자의 해석이나 주관적인 판단 혹은 추론은 포함시키지 않는다. 만일 필요하다면 기록지의 오른쪽 면에 여백을 남겨 활동에 대한 보충 설명이나 관찰자의 해석을 별도로 적어서 상황을 이해하는 데 도움이 되게 한다.
- 관찰대상이 되고 있는 아동뿐만 아니라 그 아동과 상호작용을 하고 있는 사람들(다른 아동, 교사, 학부모)의 말과 행동도 적는다.
- 연속기록은 사건이 일어나고 있는 현장에서 적는 것이므로 현재형으로 적고, 또 직접화법을 이용하여 아동의 대화를 그대로 적는다. 관찰대상이 한 말은 인용부호(" ") 속에 넣는다.
- 사건이 일어난 순서대로 적는다.
- 기록의 왼쪽 여백에다 10분 동안의 기록이면 매 1분마다, 30분 동안의 기록이면 매 5분마다 시간표시를 하거나 장면이 바뀔 때마다 시간표시를 해 둔다. 이것은 아동이 어떤 활동에 특히 관심을 보이고 또 주의집중 시간이 어느 정도 되는가를 알아보는 데 매우 유용한 자료가 된다.
- 연속기록의 마지막에 발달 영역별로 간단하게 요약을 해 놓는다.
- 가능하면 자세하게 적고 행동의 질을 설명하도록 한다.

4. 관찰 양식

관찰 양식에 아동의 이름과 성별, 생년월일, 관찰 날짜, 관찰자 이름, 관찰장면 등을 미리 기록하고, 발달적 요약이나 교육과정 영역별 요약 등을 제시할 수 있도록 구분해 두어야 한다. 관찰이 진행되는 동안 상세하고 풍부하게 기록하는데, 이때 주관적 해석은 하지 않는다. 이후 기록된 자료를 재검토하며 발달 규준과 교육과정 준거를 참조하여 해석한다. 이러한 정보를 바탕으로 아동의 발달상황을 확인하고, 활동계획과 교수전략을 개발하는 데 사용한다.

〈표 3-1〉 연속기록법 관찰 양식의 예

관찰아동: 생년월일:
관 찰 일: 관 찰 자:
관찰시간: 관찰장면:
관찰상황:

시간	기록	평가

요약:

〈표 3-2〉 연속기록법의 관찰 예시

관찰아동: 서예원 **생년월일:** 2015. 6. 23.
관 찰 일: 2020. 6. 28. **관 찰 자:** 김은정
관찰시간: 오전 09:30~09:50 **관찰장면:** 자유놀이영역
관찰상황: 자유놀이시간 또래 아동들과 상호작용

09:30
정리시간에 음악이 나오자 예원이는 만들고 있던 성을 무너뜨리고 정리함에 블록들을 정리하기 시작한다. 예원이의 오른쪽에서 수민이가 블록으로 쌓기놀이를 계속하고 있자, "이제 정리해야지. 음악 나왔잖아"라고 말한다. 블록 정리를 멈추고 수민이 옆에 멈춰 서서 수민이가 블록 정리를 시작할 때까지 기다린다. 수민이가 "이제 할 거야. 하면 되잖아"라고 말하며 블록 정리를 시작하자, 예원이도 자기가 가지고 놀던 블록 정리를 다시 시작한다. 교사가 "얘들아, 이쪽 정리함이 꽉 찼으니까, 여기 바구니에 블록들을 모으자"라고 말하며 파란색 직사각형 바구니를 바닥에 놓자, 예원이는 손에 들고 있던 블록을 바구니 안에 던져 넣는다. 예원이는 가지고 놀던 블록들을 모두 정리 상자에 넣자 미술영역으로 뛰어간다.

09:40
미술영역에 있는 스케치북 1권을 가지고 효원이 옆에 앉는다. "나도 그림 그릴래"라고 말하며 스케치북에 빈 곳이 나올 때까지 종이를 넘긴다. 색연필 통에서 색을 뒤적거리며 찾다가 효원이가 쓰고 있는 색연필을 쳐다본다. 효원이가 노란색으로 나비를 그리고 있는 모습을 지켜보다가 나비를 다 그리자 "이 색깔 안 쓸 거야?"라고 물어본다. 효원이가 노란색 색연필을 건네주자 노란색 자동차를 그리기 시작한다. 자동차 2대를 그린 뒤 한 대는 검정색, 다른 한 대는 빨간색으로 칠한다. 탁자에 올린 왼팔에 머리를 베고, 오른손으로는 색연필로 '삑삑' 소리가 나도록 색을 칠한다. 스케치북을 이리저리 돌려가며 자동차의 빈틈이 보이지 않도록 검정색과 빨간색으로 메운다. 기린을 그리고 있던 효원이가 "뭐 그렸어?"라고 묻자 "이거 아빠 차 파이브, 엄마 차 마티즈. 아빠 차가 더 커"라고 이야기한다.

〈평가〉
예원이는 규칙에 관심을 갖고 잘 지킨다. 다른 아동이 규칙을 지키지 않으면 참지 못하며, 규칙을 지키도록 개입을 한다. 자신의 작업에 열중하며 자기가 하던 일을 끝까지 마치려는 의지가 강하다.

〈요약〉
신체 발달: 소근육 동작의 발달은 정상적인 발달 수준임.
언어 발달: 언어적 상호작용이 많음. 의사소통, 언어수용 능력, 언어표현 능력 모두 양호함.
인지 발달: 상황인지 능력이 있어 규칙을 이해하고 이를 지키려고 함. 블록의 크기에 따라 분류하여 정리할 수 있음. 색의 명칭을 정확히 알고 있음.
사회정서 발달: 집중하여 활동함. 또래와 상호작용 활발함.

연속기록법은 아동의 행동을 서술식으로 기록한다는 점에서 일화기록법과 유사하다. 그러나 일화기록이 특정 사건을 기록하는 것이라면 연속기록은 짧게는 몇 분에서 길게는 몇 달까지 특정 시간에 관찰된 행동을 모두 기록한다는 점에서 차이가 있다. 연속기록은 관찰상황에서 발생한 모든 것을 기술하므로 일화기록에 비해 내용이 더 상세하고 정확하여 사건의 맥락을 파악해 보다 깊이 있는 해석과 이해를 할 수 있게 한다.

연속기록법과 일화기록법을 비교하면 〈표 3-3〉과 같다.

〈표 3-3〉 일화기록법과 연속기록법 비교

비교의 측면	일화기록법	연속기록법
측정시간	특정 시간	특정 시간
연구의 관심/정보의 종류	특정 사건	발생한 모든 행동
기록방식	서술식 기록	서술식 기록

04

체크리스트

1. 일반적 특징

체크리스트(checklists)는 관찰자가 평가하고자 하는 어떤 행동이나 기술이 현재 있는지 없는지를 표시하는 기록이다. 아동을 관찰할 때 체크리스트는 어떤 주어진 상황에서 구체적인 행동이 나타나는지를 기록하기 위해 사용된다. 예를 들어, 아동이 한 발로 뛰뛰기를 할 수 있는지, 낮은 장애물을 뛰어넘을 수 있는지, 평균대에서 걸을 수 있는지 등의 구체적인 능력이 있는지를 평가하기를 원할 때 적절한 관찰방법이다.

체크리스트는 아동, 교사, 교육과정, 환경과 같은 관찰 주제에 대해 현재 상태를 평가하는 데 사용될 뿐만 아니라 이러한 특징들이 시간이 지남에 따라 변화가 있는지를 추적하기 위해서도 사용된다. 예를 들어, 아동이 대근육 운동기술에 어떤 진전이 있는지를 모니터하기 위해 이전에 사용하였던 동일한 체크리스트를 다시 사용할 수 있다. 즉, 교사가 1년 동안 동일한 체크리스트를 정기적으로 사용하게 되면 아동의 발달과정에 대한 변화를 파악할 수 있게 된다. 따라서 체크리스트를 통한 정보는 단 한 번이나 여러 번의 관찰로부터 수집될 수 있다. 관찰 횟수는 체크리스트의 사용 목적과 유형에 달려 있다. 일반적으로 환경을 평가할 때는 한 번 정도의 관찰로도 충분하지만, 아동에 대해 다양한 주제의 체크리스트를 완성해야 하는 경우 여러 번의 관찰이 필요할 수 있다.

체크리스트가 일화기록법이나 연속기록법 등의 서술식 관찰방법과 다른 점은 구조화된 작업을 필요로 한다는 것이다. 관찰이 시작되기 전에 특정 행동 상황에서 볼 수 있는 체크리스트를 미리 만들어야 한다. 체크리스트를 작성할 때는 특정영역에 대해 가능한 포괄적이고 대표적인 목록으로 구성하여야 하며 문항 간 서로 중복이 없어야 한다(이은해, 1985). 또한 체크리스트는 관찰자의 주관적인 판단의 여지가 없도록 목록이 명확하고 구체적으로 작성되어야 한다. 가령, "대근육 기술이 발달하였다"로 기술하기보다는 "한 발로 뛰뛰기를 할 수 있다", "공을 적어도 5번 정도 튀길 수 있다"처럼 구체적으로 기술하는 것이 바람직하다.

예	아니오	
☐	☐	공, 기어오르기, 밧줄, 바퀴 달린 놀잇감 등 대근육 기술과 협응능력을 발달시키는 다양한 실외활동 기구들이 갖춰져 있다.

〈표 4-1〉과 같은 체크리스트로부터 얻은 관찰 기록으로 교사는 특정 아동이 또래들과 비교하여 성취 정도가 어떠한지를 쉽게 알 수 있다. 이와 같은 유형의 체크리스트는 아동을 위한 교수 목표를 계획하고 지도할 때 사용될 수 있다.

〈표 4-1〉 운동 발달 체크리스트 예시 1

아동이름: 이서연
특　　징: 3세 여자아이이며, 특별한 신체적 이상은 없고 보통 체격임
날　　짜: 2020년 5월 14일　　**관찰자:** 이정민
행동 유형: 운동 발달

평가 문항	예	아니오
책장을 넘긴다.	✓	
끄적거리고 획을 모방한다.	✓	
크레용을 사용한다.	✓	
3m 길이의 선을 따라 걷는다.	✓	
발을 번갈아 가면서 계단을 올라간다.	✓	
두 발로 점프한다.	✓	
세발자전거의 페달을 밟는다.		✓
공을 머리 위로 던진다.	✓	
음악에 맞추어 움직인다.	✓	
간단한 기하학적 도형을 그리거나 베낀다.		✓
보드판 위의 구멍에 못을 꽂을 수 있다.	✓	
한 발로 5초 동안 균형을 잡는다.		✓
25cm 장애물을 점프한다.		✓
세발자전거의 페달을 밟고 조종한다.		✓
뛰고, 멈추고 다시 출발하고 돌아선다.	✓	

2. 장점과 단점

1) 장점

체크리스트는 특정 기술이나 행동 혹은 프로그램 등 다양한 주제나 대상을 평가하는 데 효과적인 관찰 방법이다. 또한 복잡한 기술적 정보를 단 한 개의 체크나 기호로 바꾸어 주기 때문에 효율적이며 쉽게 수량화할 수 있어서 양적 분석이 가능하다. 따라서 체크리스트는 부모들에게 자녀의 발달 상태나 성취한 것에 대하여 보여주기에 좋은 도구이다.

체크리스트는 관찰자가 시간이나 장소에 제한을 받지 않고 사용할 수 있어서 편리하다. 즉, 체크리스트는 관찰을 하면서 혹은 관찰 후에 언제든지 기재할 수 있다. 그뿐만 아니라 앞에서 살펴본 일화기록법이나 연속기록법과 같은 서술식 관찰방법과 달리 체크리스트는 한 번에 여러 아동의 행동을 기록하는 데 사용될 수 있다. 그리고 이 방법은 빈번하게 일어나는 행동뿐만 아니라 자주 발생하지 않은 행동 모두를 기록하는 데 사용할 수 있다는 장점이 있다.

2) 단점

체크리스트는 관찰하고자 하는 특성이 있는지만 기록하기 때문에 관찰 행동과 그 행동이 일어나는 상황에 대한 세부적인 내용을 제공하지 못한다. 그리고 관찰자의 결정이 개인의 편견에 의해 영향을 받을 수 있다. 좋은 체크리스트는 관찰자의 주관적인 판단이 끼어들 여지가 없을 정도로 명확하고 관찰이 가능한 문항으로 구성되어야 한다. 그렇지 않으면 관찰자들이 동일한 아동의 기술을 다르게 평정할 수 있다. 체크리스트에 기록된 자료의 질은 문항의 명료성과 각 문항을 정확하게 평가하는 관찰자의 능력에 달려 있다. 그러므로 관찰자는 각 문항의 내용에 친숙해야 한다. 관찰 기록을 읽는 사람은 다른 의견을 가질 수 없고 관찰자의 판단을 믿을 수밖에 없다. 이러한 단점은 여러 관찰자가 체크리스트를 평정하면 극복될 수 있다.

즉, 여러 관찰자의 의견이 있으면 관찰 결과를 더욱 신뢰할 수 있게 된다.

또한 교사가 아동을 평가하기 위해 체크리스트에만 의존하다 보면 표시되지 않은 특성은 어떻게 지도를 해야 하는지 알 수 없다. 따라서 개별 아동이나 프로그램의 특징을 잘 이해하기 위해서는 체크리스트와 더불어 다른 관찰 방법도 함께 사용하여 평가하는 것이 더 바람직하다. 마지막으로 만약 표시할 문항이 많다면 시간이 많이 소모된다는 것도 단점일 수 있다.

〈표 4-2〉 체크리스트 작성 연습문제

※ 다음의 문항을 읽고 객관적인 관찰로 평가가 가능한 문항을 표시해 보시오.

______ 1. 자를 수 있다.
______ 2. 5초 동안 한발로 균형을 잡는다.
______ 3. 대부분의 소근육 과제를 할 수 있다.
______ 4. 작은 사물을 잡기 위해 엄지와 집게손가락을 사용한다.

〈정 답〉

1. No: 기준이 너무 모호하다. 더 정확한 기준으로 기술할 필요가 있다.
   더 정확한 기준은 "직선을 자를 수 있다" 혹은 "곡선을 자를 수 있다"이다.
2. Yes: 몸의 자세와 시간의 측정이 구체적이다. 이 문항은 객관적인 기준을 가지고 있다.
3. No: "대부분의 소근육 과제"가 무엇을 의미하는지 명확하지 않다.
4. Yes: 아동이 사물을 어떻게 잡는지 관찰을 통해 알 수 있다.

출처: Nilsen(2001).

3. 관찰지침과 유의사항

아동과 교사의 행동이나 프로그램, 환경의 특성을 평가할 수 있는 체크리스트를 만들기 위해서는 가장 먼저 조사하고자 하는 주제를 철저하게 연구할 필요가 있다. 그런 다음 관찰하고자 하는 행동이나 기술의 카테고리 또는 요소를 명확하게 정의하고 체크리스트의 항목을 구체적으로 기술한다. 체크리스트의 문항은 관찰 가능한 행동으로 자세하고 정확하게 묘사되어야 한다. 만일 문항이 막연하게 기술되면 관찰자들이 서로 다르게 해석하기 때문에 신뢰도가 낮아진다. 문항이 만들어지면 이들을 논리적인 순서로 조직한다. 이때 문항은 일반적으로 가장 쉬운 것에서부터 어려운 것으로 배열하며 통상적인 발달 수준에 따라 조직한다. 이러한 과정은 체크리스트를 쉽게 사용할 수 있게 하며 체크리스트로부터 얻은 자료에 대한 신뢰도와 타당도를 높여 준다.

이처럼 관찰을 시작하기 전에 체크리스트를 제작하고 조직하는 데 시간을 많이 투자하는 것은 매우 중요하다. 그리고 체크리스트를 만든 다음 자료를 수집하기 전에 예비조사를 하는 것이 바람직하다. 체크리스트에 적절한 연구대상을 선정하여 평가해 본 다음 수정 · 보완한다.

체크리스트는 기억에 의해서보다는 직접적인 관찰을 통해 기록되어야 한다. 기억은 부정확하고 편파적일 수 있기 때문이다. 그리고 관찰자가 한 번에 너무 많은 것을 기록하려고 하면 힘이 든다. 한 아동의 모든 발달 영역을 기록하든지 아니면 한 발달 영역에 있는 모든 아동을 관찰하든지 이 중에 선택하는 것이 바람직하다. 완성한 체크리스트는 아동 개인의 포트폴리오나 파일에 보관하는 것이 좋다.

〈표 4-3〉 체크리스트 작성 절차

체크리스트 작성 절차
• 적절한 주제를 선택한다. • 주제에 관한 문헌을 조사한다. • 문항들이 명확하고 분명한지 검토한다. • 기록 유형을 계획한다. • 체크 박스를 만든다. • 완성된 체크리스트를 가지고 예비조사를 해 본다.

출처: Nicolson & Shipstead(1994).

4. 관찰 양식

체크리스트의 내용이나 형식은 관찰자와 프로그램의 필요에 따라 다양하다. 아동의 운동 발달 영역을 평가하기 위해 사용할 수 있는 체크리스트를 소개하면 다음과 같다. 〈표 4-4〉의 체크리스트는 대근육 운동기술의 발달과정을 평가할 때 사용할 수 있는 형태이다. 1년에 걸쳐 4회 평가할 수 있게 되어 있고, 관찰할 때 시간을 표시할 수 있도록 하여 시간의 흐름에 따라 아동의 대근육 운동기술의 변화과정을 알 수 있다.

그리고 〈표 4-5〉는 교사가 학급 내 전체 아동들의 대근육 운동기술이 어느 수준인지를 알고 싶을 때 유용하게 사용할 수 있는 체크리스트이다. 〈표 4-6〉은 대근육과 소근육 운동기술을 파악할 때 사용할 수 있으며, 해당 기술이 나타난 날짜와 증거를 기록하는 칸이 있다. 단순히 출현 여부만 표시하는 것이 아니라 해당 기술이 출현한 증거를 간단하게 작성하게 되어 있다.

〈표 4-4〉 아동의 대근육 운동 발달 평가 체크리스트 양식 1

아동 이름:	연령:	관찰자:

※ 문항의 행동이나 기술이 습득되었을 때는 ✓ 표시하시오(연 4회 측정)

	관찰일시 1)______	2)______	3)______	4)______
한 발로 깡충 뛴다.				
한 발로 5초간 균형을 잡는다.				
5cm 높이 평균대에서 걷는다.				
30cm 높이 장애물을 두 발로 뛰어넘고 착지한다.				
둘레가 25cm인 공을 2m 던진다.				
둘레가 25cm인 공을 두 손으로 잡는다.				
그네 위에서 아래위로 흔든다.				
세발자전거의 페달을 밟는다.				

출처: Essa(2003).

〈표 4-5〉 아동의 대근육 운동 발달 평가 체크리스트 양식 2

관찰일시:

아동 이름	뛰기	5초간 균형	5cm 평균대	30cm 점프	2m거리 공 던지기	공 잡기	세발자전거 타기	그네 구르기

출처: Essa(2003).

〈표 4-6〉 아동의 대소근육 운동 발달 평가 체크리스트 양식 3

문항	증거	날짜
□ 발을 번갈아 가며 계단을 내려온다.		
□ 속도와 방향을 조절하여 달린다.		
□ 장애물을 넘고 두 발로 착지한다.		
□ 한 발로 앞으로 뜀뛰기를 한다.		
□ 놀이기구에 쉽게 기어오르고 위아래로 긴다.		
□ 박자에 리듬을 타며 다리나 발을 움직인다.		
□ 박자에 리듬을 타며 손을 번갈아 가며 드럼을 친다.		
□ 사용하는 손의 선호가 있다(오른손, 왼손).		
□ 손을 쉽게 뒤집는다(문손잡이, 뚜껑, 거품기)		
□ 액체를 쏟지 않고 컵에 따른다.		
□ 지퍼, 단추, 찍찍이 탭을 잠그고 연다.		
□ 사물을 쉽게 집고 끼워 넣는다.		
□ 그리기나 쓰기 도구를 조절하며 사용한다.		
□ 가위를 조절하며 사용한다.		
□ 조절하며 못을 두드린다.		

〈표 4-7〉 4세 아동의 대근육 운동 발달 평가 체크리스트 예시

기관: 하늘어린이집
날짜/시간: 2019년 10월 24일
관찰자: 김정미, 최정수 아동 이름/나이: 임지민/ 만 4세 2개월

날짜			
10/24	☑	1.	달리기 시작부터 끝까지 그리고 되돌아오기까지 조절해서 달린다.
	□	2.	계단을 발을 바꾸어 가며 오르고 내린다.
10/24	☑	3.	멀리뛰기를 할 때, 서 있는 곳에서부터 20~25cm 점프한다.
10/24	☑	4.	한 발로 7~9번 깡충 뛴다.
10/24	☑	5.	팔을 벌려 두 손으로 큰 공을 잡는다.
10/24	☑	6.	작은 공을 던질 때 한 발 앞으로 나간다.
	□	7.	일반적인 잠금장치(단추, 똑딱단추, 지퍼, 벨트, 끈)를 다룬다.
10/24	☑	8.	도안을 그린다.
10/24	☑	9.	연필을 잡을 때 엄지와 집게손가락을 사용한다.
	□	10.	미리 그어 놓은 선을 따라 그리거나 가위로 오린다.

기록: 지민이는 계단을 아래위로 오르는 동안 발을 바꾸는 것을 제외하고는 체크리스트에 있는 모든 대근육 운동 항목을 수행하였다. 어린이집에는 계단이 없어서 이웃에 있는 공원에서 관찰하였다. 지민이는 아직 4세이므로 바지의 똑딱단추를 채우는 것이나 그림 선을 따라 오리기에 어려움을 가지는 것은 큰 문제가 되지 않는다.

〈표 4-7〉은 4세 아동의 운동 발달 기술을 알아보기 위한 체크리스트이다. 이 체크리스트를 사용하여 얻은 자료는 개별 아동의 대근육 운동기술을 지원하는 활동을 계획하는 데 사용될 수 있다. 체크리스트 결과를 통해 아동이 계단을 올라가고 내려가는 기회를 주기 위해서 계단이 있는 가까운 장소에 나들이를 갈 계획을 세울 수 있다. 혹은 교사와 아동은 교실에서 몇 개의 디딤판이 있는 장애물 코스를 만들어서 연습할 수도 있다. 교사는 관찰대상 아동의 체크리스트를 포트폴리오에 넣어두고 몇 개월 후에 진전이 있는지를 다시 점검한다. 이처럼 교사가 학급에 있는 모든 아동의 체크리스트 결과를 분석한다면 프로그램과 환경의 장단점에 관한 정보

를 얻을 수 있다.

〈표 4-8〉은 장애아동이 있는 통합교실의 상황을 점검하기 위해 사용된 체크리스트의 예이다. 교실의 물리적 환경, 학습 환경, 아동들의 상호작용 등에 대하여 아래와 같은 체크리스트를 통해 교실 상황을 평가해 본다. 관찰 기록을 분석하여 어떤 점을 보완해야 하는지를 검토한 후에 장애아동과 비장애 아동의 학습과 상호작용을 지원한다.

〈표 4-8〉 통합교실 관찰 체크리스트 예시

교실 관찰 체크리스트

교 사: Graciela Gonzalez	날 짜: 2008년 9월 5일
학 교: Mission Hill	학 급: K학년
학생 수: 16명	장애아동 수: 1명

장애 유형: Dana는 보통 정도의 뇌성마비를 앓고 있으며 휠체어를 사용함

[교실의 물리적 특징]

1. 교실의 모든 영역은 장애아동이 이용 가능한가?
   (아니요. Dana는 도서영역과 자료실을 이용할 수 없다.)
2. 모든 학생은 학습을 위한 교구와 자료가 이용 가능한가?
   (Dana가 휠체어를 타고 미술용품을 가지고 칠판과 선반을 지나 이동할 수 있는 충분한 공간이 없다.)
3. 놀이공간과 학습공간이 분리되어 아이들이 활동에 집중할 수 있는가?
   (분리되어 있다. 하지만 Dana가 휠체어를 타고 이동하기에는 통로가 매우 좁다.)
4. 장애아동을 위한 특별한 책상과 의자가 필요한가? (Dana가 휠체어를 타고 이용 가능한 넓은 책상이 있다.)

[교실의 학습적 특징]

1. 장애아동이 주/연방의 기준을 충족하는 데 도움이 되는 특별한 시설이 필요한가?
   (확인해 보아야 한다.)
2. 모든 아동에게 적용 가능한 발달에 적합한 실제의 원리가 장애아동에게도 적용 가능한가?
   (그렇다.)
3. 모든 유형의 장애아동을 위한 넓은 교실 문해 환경이 갖추어져 있는가?
   (어느 정도의 책은 있지만 충분하지는 않다.)

[교실 상호작용]

1. 장애아동은 협동이 요구되는 활동에 함께 참여하는가?
(다음 주에 그룹 활동을 할 예정이다.)
2. 비장애 아동은 장애아동과 긍정적으로 상호작용하는가?
(Dana는 매우 사교적인 아동이다. 교실 내 아이들은 Dana와 잘 어울린다. Dana는 크레파스를 직접 잡을 수 없어 Emma에게 도움을 요청한다. Dana와 Emma는 매우 잘 지낸다.)

[놀이 일과]

1. 장애아동은 교실 내 모든 활동과 학년 전체 활동에 참여할 수 있는가?
(체육교사와 대화가 필요하다. 또한 점심시간이나 쉬는 시간에 Dana가 놀이에 참여하거나 아이들과 어울리고 있는지 관찰할 필요가 있다.)

[결론]

1. Dana가 모든 학습영역과 교구에 접근할 수 있도록 교실을 재배치할 필요가 있다.
2. 아이들은 내가 원하는 만큼 Dana에게 도움이 되지 못한다.
3. 도서/자료실 영역에는 장애아동에 관한 책이 필요하다.
4. 지금 대답할 수 없는 많은 질문이 있다(예: 주/연방의 표준에 도달하는 것).
5. 앞으로 수업에 더 많은 그룹 활동과 협력이 요구되는 활동이 필요하다.

[제언]

1. 다른 물건들은 내가 옮기고 재배열할 수 있지만, 무거운 책장을 옮기는 데 도움을 줄 관리인을 요청할 계획이다. 교실 배치를 새롭게 하고 아이들에게 어떻게 이용하는지 시범적으로 보여 줄 것이다.
2. 하루일과에서 아이들에게 도움주기에 관해 이야기할 것이다.
   - 도움과 관련된 책 읽기
   - 교실 내 버디시스템(마니또)을 시작하고, Dana와 Emma를 짝지어 줄 것
3. 수업계획에서 아이들의 돕기 행동 증진을 위한 활동을 포함할 필요가 있다.
4. 장애가 있는 아동에 관한 책을 찾아볼 것이다.
   - 학교 도서관 사서와 상의해 볼 것
   - 학년 주임교사와 의논해 보고, 도서 구매를 위한 비용을 요청할 것
5. 주/연방의 기준에 충족하기 위해 특수교육 책임자와 의논할 것이다. Dana는 매우 영리하므로 다른 문제들에 대해서는 걱정하지 않는다.
6. 단체 활동이나 그룹 프로젝트 수업을 만들어서 Dana를 그룹 활동에 참여시키고 아이들의 상호작용을 관찰할 것이다.
7. 점심시간과 쉬는 시간에 Dana를 관찰할 것이다.

출처: Morrison(2008).

〈표 4-9〉 3~5세 아동의 운동 발달 체크리스트 양식 4

운동 발달: 대근육				
		펜 색깔 날짜 펜 색깔 날짜 펜 색깔 날짜		
수준 3 (만 3세)		도입	진행	숙달
1	두 손으로 가슴 앞에서 공을 잡는다.	□	□	□
2	세발자전거를 탄다.	□	□	□
3	도움 없이 두 발로 여러 번 점프한다.	□	□	□
4	공을 정확하게 1미터 이상 던진다.	□	□	□
5	미끄럼틀을 오르고 내린다.	□	□	□
6	난간을 잡고 발을 바꿔 가며 올라간다.	□	□	□
7	한 발로 서서 균형을 잡는다.	□	□	□
8	짐이 든 손수레를 민다.	□	□	□
9	장애물이 있는 곳이나 내리막길에서 자유롭게 뛴다.	□	□	□
10	9~10개의 블록을 위로 쌓을 수 있다.	□	□	□
수준 4 (만 4세)		도입	진행	숙달
1	한 발로 균형 잡을 수 있다.	□	□	□
2	앞뒤로 직선으로 걷는다.	□	□	□
3	평균대 위를 걷는다.	□	□	□
4	도움 없이 발을 바꿔 가며 계단을 오른다.	□	□	□
5	정글짐을 오른다.	□	□	□
6	띄엄띄엄 건너뛴다.	□	□	□
7	큰 공을 던지고, 잡고, 튕긴다.	□	□	□
8	블록을 수직, 수평으로 쌓는다.	□	□	□
9	블록으로 알고 있는 물건을 만든다.	□	□	□
10	세발자전거를 빠르고 정확하게 탄다.	□	□	□
수준 5 (만 5세)		도입	진행	숙달
1	작은 공을 던지고 잡는다.	□	□	□
2	작은 공을 바닥에 튕겨서 잡는다.	□	□	□
3	한 발로 건너뛴다.	□	□	□
4	줄넘기를 한다.	□	□	□
5	한 발로 깡충 뛴다.	□	□	□
6	블록으로 만들기를 한다.	□	□	□
7	망치와 톱을 다룰 수 있다.	□	□	□

8	평균대 위를 앞뒤로 걷는다.	□	□	□
9	발을 바꿔 가며 계단을 내려온다.	□	□	□
운동 발달: 소근육				
수준 3 (만 3세)		도입	진행	숙달
1	나무못 꽂는 판에 작은 못을 꼽는다.	□	□	□
2	손 전체로 붓이나 연필을 잡는다.	□	□	□
3	숟가락을 사용하여 먹는다.	□	□	□
4	자신의 옷에 달린 단추를 잠근다.	□	□	□
5	도움 없이 겉옷을 입는다.	□	□	□
6	쉽게 구슬을 꿴다.	□	□	□
7	망치로 정확하게 장난감을 두드린다.	□	□	□
8	3~4조각의 퍼즐을 맞춘다.	□	□	□
수준 4 (만 4세)		도입	진행	숙달
1	점토(찰흙)를 두드리거나 밀대로 민다(밀어서 편다).	□	□	□
2	5조각의 퍼즐을 맞춘다.	□	□	□
3	(손끝놀이) 나무못 꽂는 판에 모양을 만든다.	□	□	□
4	서투르지만 가위를 이용하여 자르고 붙인다.	□	□	□
5	정확하게 포크를 이용하여 음식을 먹는다.	□	□	□
6	한 손으로 컵을 잡는다.	□	□	□
7	겉옷을 옷걸이나 고리에 건다.	□	□	□
8	큰 크레파스나 붓을 다룰 수 있다	□	□	□
9	서투르게 단추를 잠그고 지퍼를 올린다.	□	□	□
수준 5 (만 5세)		도입	진행	숙달
1	가위를 이용하여 자르고 붙여 새로운 것을 만든다.	□	□	□
2	(손끝놀이) 나무못 꽂는 판에 다양한 모양을 만든다.	□	□	□
3	단추를 잠그고, 지퍼를 올리고, 신발 끈을 묶는다.	□	□	□
4	점토를 이용하여 익숙한 물건을 만든다.	□	□	□
5	혼자서 화장실을 다녀온다.	□	□	□
6	포크와 나이프를 이용하여 혼자 음식을 먹는다.	□	□	□
7	스스로 옷을 입고 벗는다.	□	□	□
8	여러 크기의 연필, 크레파스, 붓을 잡고 다룬다.	□	□	□
9	빗으로 머리를 빗는다.	□	□	□
10	12조각의 퍼즐을 맞춘다.	□	□	□

출처: Nilsen(2001).

05

평정척도법

1. 일반적 특징

평정척도법(rating scale)은 어떤 특성이나 특질 혹은 속성을 미리 정해진 범주에 따라 평가하는 관찰방법이다. 평정척도법은 아동, 교사, 프로그램 혹은 교실 환경을 평가하고자 할 때 체크리스트와 같이 관찰자가 사전에 관찰하려는 행동 영역에 대해서 미리 알고 있을 때 사용된다. 그러나 이 방법은 어떤 행동의 출현 여부를 표시하는 것이 아니라 행동의 빈도나 정도를 평가한다. 즉, 평가하려는 행동이나 기술의 정도가 가장 낮은 점수와 높은 점수 사이의 연속 상 위에 어디에 있는지를 판단한다. 아래에 제시한 평정척도에서 '1'은 항상 그렇다를 표시하는 것이고 '3'은 보통 정도임을, '5'는 전혀 그렇지 않다는 것을 의미한다.

평정척도를 반복 사용하게 되면 시간에 따른 아동의 발달변화 정보를 얻을 수 있다. 평정척도는 대소근육 기술, 사회적 기술, 언어 발달 등의 진전을 평가하기 위해 1년 내내 사용될 수 있다. 따라서 1년에 한 번 이상 동일한 평정척도를 사용하면 성장과 발달 상태를 비교해 볼 수 있다.

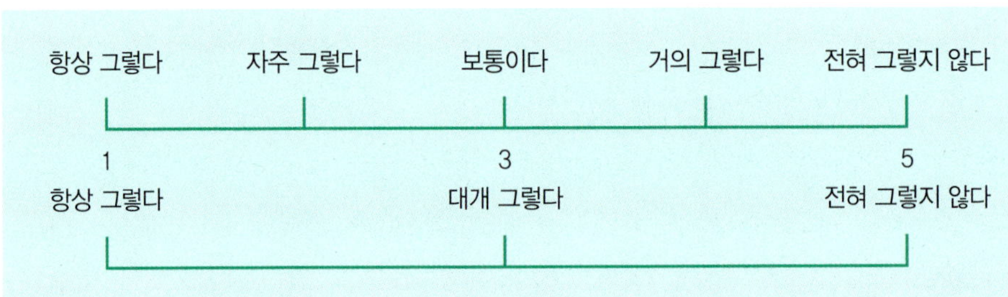

2. 평정척도의 유형

평정척도는 몇 가지 다른 디자인을 통해서 제시될 수 있는데 대표적인 유형은 기술평정척도, 숫자평정척도, 도식평정척도, 표준평정척도이다. 각 유형의 특징을 구체적으로 살펴보면 다음과 같다(이은해, 1985).

1) 기술평정척도

기술평정척도는 행동의 한 차원을 연속성이 있는 몇 개의 범주로 나누어 기술하고 관찰자에게 대상의 행동과 특징을 가장 잘 나타내는 진술문을 택하게 하는 방법이다. 기술평정척도는 대개 3~5개의 기술적인 범주에 따라 평가를 하게 된다. 기술평정척도는 수직 연속을 사용한다. 어떤 행동에 대해 한 가지 차원에 질적 차이가 있는 몇 개 범주의 진술문으로 작성된다. 이 같은 진술문은 가능한 행동적으로 기술되어야 하며 범주 간의 차이가 구별될 수 있어야 한다.

〈표 5-1〉 기술평정척도 예시 1

※ 그림책에 관한 아동의 관심은 어떠한지 평정하시오.

____ 그림책을 읽기 시작하면 자리를 떠난다.
__✓__ 그림책을 읽는 동안 움직이지 않고 놀잇감을 가지고 논다.
____ 그림책을 읽는 동안 보여주는 페이지를 쳐다보지만, 흥미를 느끼지 않는다.
____ 관심을 약간 가진다.
____ 관심을 많이 가진다.

〈표 5-2〉 기술평정척도 예시 2

※ 관찰 기록을 기초로 아동의 행동을 가장 잘 나타내는 곳에 표시하시오.

말하기: 상황에 맞게 바른 태도로 말하기
____ 때와 장소, 대상에 알맞게 바르고 고운 말을 사용하지 못한다.
__✓__ 교사의 도움이 있으면 때와 장소, 대상에 알맞게 바르고 고운 말을 사용한다.
____ 스스로 때와 장소, 대상에 알맞게 바르고 고운 말을 사용한다.

기 록: ____________________

____

____

출처: 이미화 · 이정림 · 여종일 · 김경미 · 김명순 외(2012).

2) 숫자평정척도

숫자평정척도는 각 척도치에 숫자를 부여함으로써 이루어진다. 이때 숫자는 일종의 점수로서 평정된 자료를 수량화할 수 있게 해 준다. 숫자를 배정하는 일반적인 규칙은 가장 긍정적인 척도치에 가장 높은 점수를 주는 것이다. 평정단계가 3단계일 경우 3, 2, 1로, 5단계일 경우에는 5, 4, 3, 2, 1로 배정한다. 또한 +2, +1, 0, −1, −2와 같이 +와 −로 나누어 배정하는 방법도 있다. 관찰자는 측정하는 행동에 대해 가장 적절한 숫자를 선택한다. 기술평정척도의 각 범주에다 숫자를 배정하면 기술평정척도가 숫자평정척도로 바꾸어질 수 있다.

〈표 5-3〉 숫자평정척도 예시 1

평가문항	우수 (3)	보통 (2)	미흡 (1)
비슷한 발음을 듣고 구별하며 문장을 듣고 뜻을 이해한다.			
이야기를 듣고 이해하며 궁금한 것에 대해 질문한다.			
동요, 동시, 동화를 듣고 이해하며 우리말의 재미를 느낀다.			

출처: 이미화 외(2012).

〈표 5-4〉 숫자평정척도 예시 2

※ 교사는 아동의 생각을 적절히 표현하고 의사소통하기 위해 창의적 쓰기를 격려한다.

1	2	3	4	5
바른 철자와 문법만을 강조하고 아동의 창의적 쓰기는 무시된다.		창의적인 쓰기가 허용되기는 하나 교사가 주도하는 바른 글쓰기와 문법이 강조되고 아동에게 쓰기 표현의 기회가 적다.		쓰기 주제를 아동이 선택하고 아동의 창의적 쓰기를 가치 있게 여기며 그림그리기, 쓰기, 책 만들기 등을 격려한다.

〈표 5-5〉 숫자평정척도 예시 3

평가문항	평정			기록
	그렇다	부분적으로 그렇다	매우 그렇다	
언어와 문해발달을 격려한다.	①	②	③	

3) 도식평정척도

도식평정은 관찰자의 판단을 돕기 위해 기술적인 유목에 선을 첨가시킨 형태를 말한다. 이때 선은 척도치에 따라 몇 개의 같은 간격으로 나누어진 횡적인 직선을 많이 사용하게 된다. 그 선은 동일한 간격으로 나누어지고 연속성을 가정한다. 도식평정의 대표적인 예는 의미분별척도(semantic differential)로, 때로는 Osgood이 개발하여서 Osgood 척도로 불리기도 한다. 이 척도는 양쪽 끝에다 반대의 의미를 지니는 형용사로 구성하고 대개 7점 척도를 사용한다.

〈표 5-6〉 도식평정척도 예시

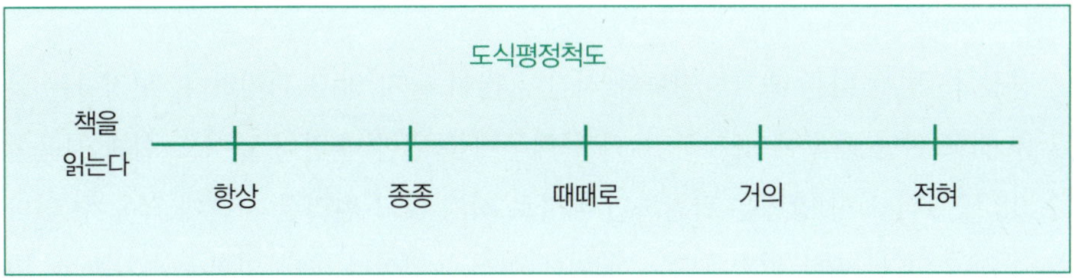

〈표 5-7〉 의미분별척도 예시

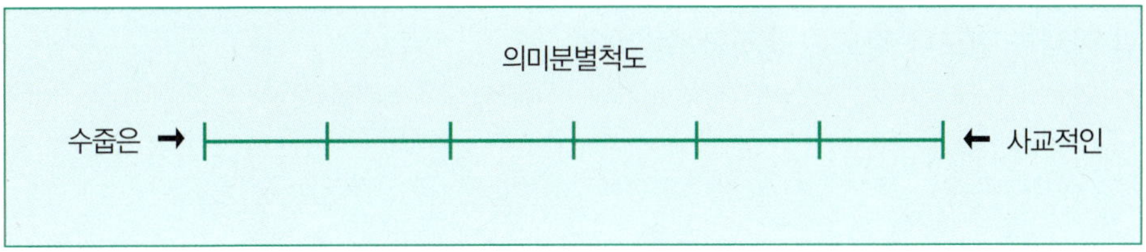

4) 표준평정척도

표준평정척도는 관찰자나 평가자에게 다른 대상과 비교할 수 있는 일련의 준거나 표준을 제시하는 방법이다. 이 유형은 각 범주를 보다 객관적인 유목으로 기술한 형태로 숫자평정척도나 도식평정척도와 함께 사용된다.

〈표 5-8〉 표준평정척도 예시

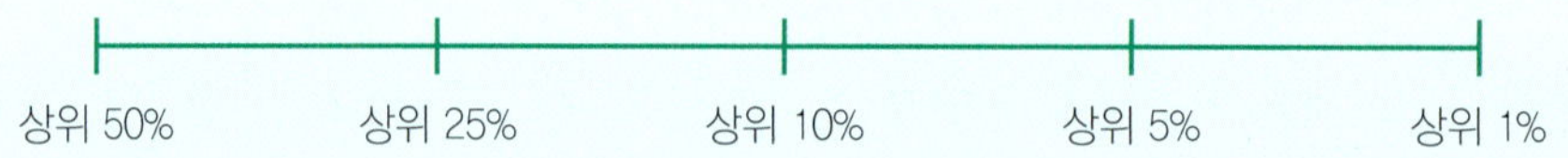

3. 장점과 단점

1) 장점

평정척도법은 다른 관찰방법보다 시간이 많이 들지 않고 편리하다. 평정자는 문항을 읽고 판단한 후에 표시하면 되기 때문에 특별한 훈련이 없이도 쉽게 사용할 수 있다. 그리고 이 방법은 관찰하면서 바로 적지 않고 편리한 시간에 적을 수 있다는 장점이 있다. 또한 평정척도는 한 번에 여러 특성이나 발달 영역을 평가할 수 있거나 한꺼번에 여러 아동을 평가할 수 있어서 유용하다. 아울러 자료를 점수화할 수 있어서 양적 분석이 가능하다. 체크리스트와 달리 평정척도법은 행동의 여부뿐만 아니라 빈도나 정도를 측정할 수 있다.

2) 단점

평정척도법은 관찰자가 평정하고자 하는 것을 명확하게 정의하고 객관적인 항목과 범주를 구성하기가 쉽지 않다. 특히, 다른 사람에 의해 만들어진 평정척도를 사용할 때 자신이 생각하고 있는 문항이 없는 경우도 생기게 된다. 평정척도의 단점은 각 행동에 대한 상황을 설명하지 않고 단지 행동의 수준만을 기록하게 된다는 점이다. 평정척도는 일화기록법이나 연속기록법과는 달리 평정 결과에 이르게 한 충분한 자료를 제공해 주지 않는다. 이는 행동에 대한 원인이나 전후좌우 사정을 설명해 주지 못한다는 것을 의미한다. 따라서 평정척도가 일화기록법이나 연속기록법과 병행된다면 더욱더 유용하다.

평정척도는 관찰 결과에 관한 판단을 요구하는 것이므로 관찰자의 편견이 개입될 여지가 많이 있다. 예를 들어, 한 관찰자가 언어기술이 잘 발달한 아동을 리더라고 평정하지만, 다른 관찰자는 관찰대상 아동의 형처럼 비협조적인 아이라고 평가할 수 있다. 이러한 편견은 관찰자가 가장 많이 범하는 오류인 후광효과이다. 이것은 관찰자가 가지고 있는 선입견이나 미리 알고 있던 다른 정보들이 판단에 영향을 끼치는 것을 말한다. 평정되는 특성이 명확하지 않고 복잡하면 후광효과는 피할 수 없다. 평정척도를 정확하게 사용하기 위해서 관찰자는 중앙집중 오류와 후광효과를 피하도록 주의를 기울여야 한다.

마지막으로, 평정척도에서 용어들이 애매한 예도 있어서 관찰자들이 서로 다른 평가를 할 수 있다. 예를 들어, ‘협동적’, ‘호기심이 있는’과 같은 단어에 관찰자들이 서로 다른 의미를 부여하거나 ‘자주’, ‘때때로’와 같은 단어에도 다른 기준을 가질 수 있다.

4. 관찰지침과 유의 사항

평정척도를 사용할 때 관찰자는 어떤 행동을 관찰한 후 연속성이 있는 평가지에 수량화된 점수나 가치를 부과하게 되어 있다. 각 항목을 기록할 때의 판단은 직접적인 관찰이나 일화기록법이나 연속기록법에서 얻어진 자료를 바탕으로 할 수 있다. 평정척도는 관찰 내용을 직접 현장에서 기록하는 것이 아니라 관찰결과에 따른 판단을 요구하므로 개인적인 편견이나 오류의 개입 가능성이 있다. 따라서 평정척도법을 사용하는 관찰자는 다음의 몇 가지 점에서 유의해야 한다.

- 평정을 하기 전에 그 누구에게도 관찰대상 아동에 대한 의견을 물어보지 않는다.
- 평정을 하기 전 모든 항목을 다 읽어 본다.
- 평정할 때 아동에 대한 전반적인 인상에 영향을 받지 않도록 한다.
- 평정척도 양식 마지막에 아동의 발달 상태를 요약해 놓는다.

〈표 5-9〉 평정척도의 작성 절차

평정척도 작성 절차

1. 적절한 주제를 선정한다.
2. 선정한 주제에 대한 문헌을 조사한다.
3. 평정할 문항이 명확하고 분명한지 확인한다. 모호한 용어는 제외한다. 모든 관찰자에게 동일한 방식으로 해석될 수 있는 용어를 선택한다.
4. 기록 형태를 디자인한다.
   - 기술, 숫자, 도식 평정척도 가운데 관찰자의 필요, 선호, 주제에 가장 적합한 평정척도를 선택한다.
   - 범주에 명확한 의미를 부여한다. 범주가 중복되지 않도록 유의한다.
   - 중앙집중 오류를 인식한다. 만일 척도의 단계를 홀수로 한다면 관찰자는 중간을 평정하는 경향이 있을 수 있음을 고려한다.
5. 평정척도의 초안을 가지고 예비조사를 하고 필요하다면 수정한다.

출처: Nicolson & Shipstead(1994).

이미 만들어진 평정척도를 선택하게 되면 〈표 5-9〉에 제시한 작성 지침을 가지고 표시해 보아야 한다. 정교하지 못한 평정척도는 잘못된 판단과 결론을 만들어 낼 수 있다. 따라서 관찰자는 평정척도를 사용하기 전에 평정척도의 기준에 친숙해야 한다. 그리고 각 범주가 판단에 의해서가 아니라 관찰이 가능한 것인지 그리고 태도보다는 행동을 묘사하는지를 확인할 필요가 있다.

5. 관찰 양식

평정척도의 형식은 관찰목적이나 필요에 따라 다양하게 제작될 수 있으며 몇 가지 유형을 소개하면 다음과 같다. 〈표 5-10〉에 제시한 평정척도는 각 척도치에 대한 구체적인 준거를 제시함으로써 평정자가 객관적이고 일관성 있게 평정하도록 도움을 준다. 평정하는 특성이 발생하는 빈도가 10번 중에서 10번 정도일 경우에는 '항상'으로, 10번 중에서 5번 정도이면 '때때로'에 표시하면 된다. 〈표 5-11〉은 개별 아동이 언어영역에 참여하는 빈도를 조사하기 위해 사용할 수 있는 평정척도의 예이다. 교사는 이 척도를 사용하여 학급의 아동들이 언어활동에 참여하는 정도를 비교해 볼 수 있다.

그리고 〈표 5-13〉의 평정척도는 아동의 초기 문해 능력을 평가하기 위해 고안된 평정척도이다. 이 척도는 각 범주에만 표시하는 것이 아니라 해당 범주가 나타난 날짜와 간단한 설명도 기록함으로써 더 풍부한 자료를 제공한다.

〈표 5-10〉 아동의 학습태도 평정척도 예시

기 관	하늘어린이집		
날 짜	2020년 6월 12일	시 간	10시 30분~
관찰자	최지영	이름 / 나이	한서윤
설 명	관찰아동에게 적합한 곳에 ✓ 표시하세요.		

항상 그렇다 = 10번 중 10번 모두
거의 그렇다 = 10번 중 최소 8번
가끔 그렇다 = 10번 중 최소 5번
거의 그렇지 않다 = 10번 중 최소 2번
전혀 그렇지 않다 = 10번 중 0번

	항상 그렇다	거의 그렇다	가끔 그렇다	거의 그렇지 않다	전혀 그렇지 않다
귀 기울여서 듣는다.				✓	
언어적 지시사항에 따른다.			✓		
활동에 몰두한다.		✓			
과제를 꼼꼼하게 한다.			✓		
과제를 완수한다.		✓			
과제를 할 때 자신감을 보인다.	✓				
시간을 생산적으로 사용한다.			✓		
다른 사람과 협력해서 활동한다.	✓				

〈표 5-11〉 아동의 언어영역 참여 빈도 평정척도 양식

※ 언어영역에서의 각 아동의 참여 빈도를 평정하시오.					
이름	언어영역 참여 빈도				
	항상 그렇다	자주 그렇다	보통 이다	거의 그렇지 않다	전혀 그렇지 않다

〈표 5-12〉 아동의 문해 발달 평정척도 예시 1

문해 발달 평정척도

기 관:
날 짜: 시 간:
관 찰 자: 아동/나이:
지시사항: 알맞은 곳에 동그라미 표시하세요.

▌초기 발현적 읽기

- 이야기(줄거리)의 기억을 이용해서 다시 읽는다.
  매우 그렇다 자주 그렇다 거의 그렇지 않다 전혀 그렇지 않다
- 그림 단서를 사용한다.
  매우 그렇다 자주 그렇다 거의 그렇지 않다 전혀 그렇지 않다
- 언어 단서를 사용한다.
  매우 그렇다 자주 그렇다 거의 그렇지 않다 전혀 그렇지 않다

▌초기 읽기

- 그림책을 읽을 때 중요 단서로 기억에 의존한다.
  매우 그렇다 자주 그렇다 거의 그렇지 않다 전혀 그렇지 않다
- 친숙한 책의 페이지와 내용을 안다.
  매우 그렇다 자주 그렇다 거의 그렇지 않다 전혀 그렇지 않다

• 이야기를 다시 말할 때 책에 있는 핵심 단어를 사용한다.			
매우 그렇다	자주 그렇다	거의 그렇지 않다	전혀 그렇지 않다
• 그림 단서에서 이야기의 요소들을 예측하고 확인한다.			
매우 그렇다	자주 그렇다	거의 그렇지 않다	전혀 그렇지 않다
• 인쇄된 단어 사이의 관계를 알기 시작한다. (예: 단어를 가리키거나 핵심 단어를 찾음, 종이에 쓰인 단어에서 말한 단어를 짝짓기)			
매우 그렇다	자주 그렇다	거의 그렇지 않다	전혀 그렇지 않다
초기 읽기 능력	위와 같은 방법으로 발달했다.		
유창한 읽기 능력	위와 같은 방법으로 발달했다.		

출처: Nicolson & shipstead(1994).

〈표 5-13〉 아동의 문해 발달 평정척도 예시 2

문해 능력 평정척도			
아동 이름: 박소현			
▌책에 대한 흥미도			
흥미가 없거나 피함 9/10	어른이 먼저 책 읽기를 시도함 10/17	책을 읽어 달라고 가져옴	자기 주도적으로 책을 읽음
▌책에 귀 기울이기			
엉덩이를 들썩이며, 책에 관심이 없음 9/21 10/6	가끔 집중하여 들음 11/17 전체 이야기에 집중하여 듣지 않음	일대일로 책을 읽어 주면 들음	그룹으로 책을 읽어 줄 때 집중하여 들음
▌책 읽기에 참여하기			
전혀 혹은 약간 참여함 11/11	웃음, 얼굴 찌푸림 같은 감정적 반응을 보임	질문하거나 자기 생각을 표현함	책 읽는 동안 즐거워함
▌책 다루기(분류하기)			
비자발적으로 다룸	대략 다룸 9/30	탐구적으로 다룸 10/29 색깔별로 분류함	책을 재미 있는 장난감으로 여김

▌책 형식에 대한 개념			
책의 앞/뒤, 위/아래에 대한 개념 없음	책을 똑바로 잡지만 페이지를 건너뛰며 넘김	책의 앞장과 뒷장을 구분하여 설명함	책을 왼쪽에서 오른쪽으로 읽음
0	0	10/29	2/7 그는 공룡책의 모든 페이지를 넘기면서 보았다
▌이야기책에 대한 개념	아동이 앉아 있지 않더라도 이야기를 듣고 있다는 것을 알지 못했음		
그림으로 표시함	그림 순서대로 줄거리를 다시 이야기함	몇몇 줄거리에 대해서 정확하게 말함	그림을 보고 줄거리를 정확하게 말하면서 가리킴
11/21	1/16		
▌문해 환경에서의 문자	이 영역은 관찰 없음		
표시나 라벨로 인식함	"저것은 무엇을 말하는 거예요?"라고 질문함	문맥의 이해 없이 글자를 읽음	"쓰인 글"의 의미를 안다.
0	0	0	0

쓰기도구의 조절			
▌읽기의 시작			
자신의 이름을 인지함	다른 단어에서 자기 이름의 문자(알파벳)를 인식함	간단한 단어를 읽음	낯선 낱말에서 글자를 알아봄
11/15 0	3/7		
▌쓰기도구의 조작(다룸)			
주먹으로 쥠	연필을 높이 듦	어른처럼 쥐고 약간 조절함	어른처럼 쥐고 잘 다룸
▌글을 통한 의사소통			
그림을 통해 아이디어를 주고받음	불러주는 대로 받아쓰기할 예정임	받아쓰기를 시작함	단어를 씀
▌쓰기의 시작			
쓰기 대상 없이 낙서함	쓰고자 하는 것에 대해 긁적거리기를 함	한 글자 쓰기, 선 긋기	이름을 씀
▌놀이에서의 쓰기			
쓰기에 대해 말하지 않음	쓴 단어나 글자에 대해 물어봄	어른에게 단어의 철자를 물어봄	단어를 인식하고 스스로 씀

출처: Nilsen(2001).

06

시간표집법

1. 일반적 특징

시간표집법(time sampling)은 관찰하고자 하는 행동을 일정시간 동안 짧은 시간 단위로 나누어 여러 차례 반복하여 관찰함으로써 행동의 발생빈도를 알아보는 것으로 행동의 양적인 측면을 평가하는 방법이다. 즉, 시간표집법은 한 번의 관찰로 끝나는 것이 아니라 정해진 시간 동안 일정한 시간단위에 따라 여러 번 관찰함으로써 발생한 행동에 대한 자료를 수집하여 평가하는 것이다. 예를 들어, 교사는 아동이 오전 자유선택활동 시간에 어떤 놀이를 즐겨하는지 알아보기 위하여 1분의 시간단위에 따라 매 1분마다 아동이 머무르는 흥미영역을 관찰한 후 30초 기록하여 15분 동안 10회를 관찰하는 것이다. 이때 교사는 9시 30분 또는 10시 30분 등 자유선택활동 시간을 고르게 표집하고, 일주일에 며칠을 선택하여 관찰할 수 있다. 일주일이나 2주일 정도 관찰하여 아동별로 영역별 참여빈도를 합산해 보면 아동의 놀이영역 선택의 선호도를 알 수 있을 뿐만 아니라 참여가 높거나 낮은 영역을 알아낼 수 있다.

시간표집법은 짧은 시간 동안 나타나는 아동의 행동을 관찰하기 때문에 관찰하기 쉽고 자주 일어나는 행동을 관찰할 때 사용할 수 있는 방법이다. 그러나 아동의 생각이나 감정 등 행동으로 나타나지 않거나 자주 발생하지 않는 행동에 대해서는 시간 표집법을 사용하는 것이 적절하지 않다. 시간표집법을 통해 아동의 행동을 관찰할 때는 아동들이 활동을 자유롭게 선택할 수 있는 자유선택활동 시간에 해야 하며 만일 자유선택활동 시간에 교사 주도 활동이 있다면 별도의 표시를 해야 한다. 또한 해석할 때도 하루에 관찰한 자료만이 아니라 몇 주 동안 반복 관찰한 결과를 통해 해석해야 한다.

2. 장점과 단점

1) 장점

시간표집법은 관찰하고자 하는 행동에 대해 부호나 약자를 사용하기 때문에 관찰 내용을 기록하는 방법이 간편하고 짧은 시간 내에 비교적 많은 아동의 정보를 얻을 수 있어 효율적이다. 또한 아동들이 어떤 놀이를 주로 하는지, 관심 없는 놀이와 영역은 어디인지 아동이 좋아하는 놀이친구는 누구인지를 알 수 있다. 그리고 아동의 주의집중에 관한 양적 정보(수량적)를 얻을 수 있다(예: 미진이는 미술영역에서 00분 동안 있었다.).

시간표집법은 아동의 놀이단계를 알 수 있을 뿐만 아니라 빈도로 측정하기 때문에 자료의 수량화와 통계처리가 용이하다. 관찰방법, 즉 관찰 행동에 대한 정의가 분명하고, 관찰시간의 한계가 분명하여 신뢰도와 객관성이 높다.

2) 단점

시간표집법은 나타나는 행동만을 관찰하기 때문에 관찰 행동의 질적 측면에 대해 알기 어렵다. 또한 특정 행동에만 초점을 두고 관찰하므로 행동의 전후 인과 관계를 알고자 할 때는 적합하지 않다. 그리고 관찰자가 관찰범주에 관찰행동을 맞추려는 경향으로 인해 관찰자의 편견이 들어갈 수 있어 관찰의 객관성이 떨어질 수 있다. 더구나 관찰 범주를 만드는 데 시간이 많이 걸리고 주기적으로 관찰을 해야 한다.

시간표집법은 객관적이고 정확한 관찰을 위해 관찰자의 훈련이 필요하다. 즉, 관찰범주에 익숙해질 수 있도록 충분한 연습이 필요하다. 또한 모든 연령을 관찰할 수 있는 관찰방법은 아니다. 즉, 영아들은 주로 혼자놀이, 병행놀이가 많고 주의집중 시간이 짧아 여기저기 옮겨 다니기 때문에 이때는 관찰방법으로 적절하지 않다.

3. 관찰지침과 유의사항

시간표집법으로 아동의 행동을 관찰하고자 할 경우에는 다음과 같은 관찰지침에 따르도록 한다.

1) 관찰행동의 정의와 범주화

시간표집법으로 아동의 행동을 관찰하고자 할 경우에는 관찰목적과 관찰 내용을 분명히 해야 한다. 시간표집법은 구조화된 관찰 유형이므로 관찰하고자 하는 행동에 대한 구체적이고 분명한 조작적 정의를 해야 한다. 어느 누가 관찰자로 참여하든지 각 용어나 정의에 대한 의미를 이해할 수 있도록 구체적으로 기록하여야 한다. 자료를 기록하기 위한 부호화나 범주체계를 만들 때 대단위 행동 아래 하위범주를 세분화하여 위계적으로 분류해야 한다. 즉, 행동의 하위범주 간에 서로 중복이 없고 각 하위범주들은 한 가지 기준 위에서 분류되어야 하며, 범주들은 전체적으로 포괄성이 있어야 한다.

2) 관찰표집의 계획

아동의 행동을 시간표집법으로 관찰하고자 한다면 관찰하기 전에 다음의 사항들을 결정해야 한다. 관찰대상 수, 관찰시간, 관찰의 시간단위(time interval), 시간단위 사이의 간격(spacing of time interval), 관찰횟수(number of time interval) 등이다.

관찰시간은 관찰을 시작하는 시간이다. 관찰의 시간단위는 1회 관찰하는 데 소요되는 시간으로 일반적으로 5분 이하의 시간단위를 사용하며 10초~1분의 단위로 측정되는 경우가 많다. 기록양식이 복잡하거나 많은 수의 항목이 포함될 경우 관찰의 시간단위는 길어지게 된다.

관찰 시간단위 사이의 간격은 1회 관찰과 2회 관찰 간의 시간 간격으로 관찰대상 아동의 수, 관찰행동의 지속시간과 기록하는 방법 등에 따라 달라진다. 즉, 관찰대상 아동의 수가 적고 기록방법이 체크나 빈도로 간단하게 표기하는 경우에는 관찰 시간단위 사이의 간격이 짧아도 되지만, 관찰대상 아동 수가 많거나 복잡한 기호로 기록하는 경우에는 관찰 시간단위 사이에 간격을 충분히 두어야 한다.

관찰횟수는 관찰대상 아동을 총 몇 회에 걸쳐 관찰한 것인지에 관한 것으로 관찰 목적에 따라 결정한다. 관찰횟수가 많을수록 행동에 대한 대표성이 높아져서 분석할 때 유리하다.

3) 관찰 기록과 점수화

시간표집법으로 기록할 때 효과적인 기록을 위하여 관찰범주에 따른 부호체계나 약자를 미리 고안하면 관찰이 편리할 뿐만 아니라 빠르게 할 수 있어 시간도 절약된다.

관찰 목표가 되는 행동이 관찰 시간단위 내에서 출현하였는지에 대해 유무로 부호화 할 경우 체크(✓), 동그라미(○) 등으로 할 수 있고, 행동이 나타날 때마다 표기하여 행동의 지속시간을 추가하여 표시하는 경우는 세기표(/), 정자(正) 등으로 할 수 있다.

또한 아동의 사회인지적 놀이행동을 관찰할 때 혼자놀이 중 조작놀이는 'ㅎ ㅈ', 혼자놀이 중 블록놀이는 'ㅎ ㅂ'로 할 수 있다. 영역에 대한 약자도 역할영역을 '역 ㅇ' 조작영역을 '조 ㅈ'으로 할 수 있다.

관찰한 기록 자료를 점수화할 때는 기록방법에 따라 다르다. 즉, 행동의 유무를 체크 또는 세기표로 기록했을 때는 총 빈도의 합을 낼 수 있고, 행동이 일어난 지속시간에 대해 기록했다면 총 시간을 합산할 수 있다. 이러한 수치를 관찰시간으로 나누면 단위시간에 따른 행동의 빈도나 시간을 알 수 있다.

시간표집을 이용하여 관찰할 때는 다음의 사항에 유의하여야 한다. 첫째, 신뢰도를 높이기 위해 매주 반복 관찰해야 한다. 둘째, 관찰에 시간이 많이 소요되므로 교사뿐만 아니라 부모, 보조교사 등에게도 관찰을 하게 할 수 있다. 셋째, 관찰을 위해 인위적으로 아동들에게 놀이영역을 정해 주거나 교사 주도로 활동을 이끌지 말고 아동들이 놀이를 자유롭게 선택할 수 있도록 해야 한다.

4. 관찰 양식

시간표집법은 관찰목적에 따라 종류가 다양하다. 각기 다른 시간표집법의 예를 제시하면 다음과 같다.

〈표 6-1〉 흥미영역에 참여하는 아동의 행동관찰 예시

관찰 장소	지구반(만 4세)					
관찰일시	2013. 4. 15.(월)					
관 찰 자	○○○					
	10:00	10:05	10:10	10:15	10:20	10:25
역할영역			(아름 은실 진희) 용우 →	( ) 용우 →	( ) 교사2 →	( )
쌓기영역	(정수 영철 재성) 대근 →	(상호) →	( ) 교사2 →	( ) 광용 →	( ) →	( ) 성태
조작영역	용우(놀이가 잘 진행되지 않음)	성태	대근 광용	성민 →	(재성) 교사1 →	상호 정수 교사1
미술영역	영희 수희 은실 →	은아 →	은아 교사1 →	교사1 →	용우(놀이가 잘 진행되지 않음) →	
음악영역	은아	광용(놀이가 잘 진행되지 않음)			영희	
언어영역	성민 교사2 →	교사2 →	정희	정희 성태 →	→	
수과학 영역	성태 교사1		성태		대근 →	성태 교사2
지켜보기	광용	대근		대근		

협동놀이가 이루어짐 ( ) 놀이가 계속 이루어짐 →

놀이가 잘 진행되지 않음 (별 모양)

〈표 6-2〉 흥미영역에 참여하는 아동의 행동관찰 양식 1

관찰아동1: 이름 성별 생년월일(만 세)
관찰아동2: 이름 성별 생년월일(만 세)
관찰아동3: 이름 성별 생년월일(만 세)
관찰아동4: 이름 성별 생년월일(만 세)

관찰일시: 2013. 4. 15.(월) 오전 9:00 ~ 10:00
관찰장면:
관 찰 자: ○○○

이름	월			화			수			목			금		
	9:00	9:30	10:00	9:00	9:30	10:00	9:00	9:30	10:00	9:00	9:30	10:00	9:00	9:30	10:00
아동 1	미	역	역	역	음	역	음	미	역	역	역	역	역	미	미
아동 2	역	역	미	음	미	역	지	화	언	조	조	언	역	역	미
아동 3	×	×	×	조	쌓	미	×	쌓	화	×	쌓	쌓	과	쌓	역
아동 4	쌓	언	조	화	조	미	×	과	쌓	×	조	조	미	미	쌓
⋮	⋮	⋮	⋮	⋮	⋮	⋮	⋮	⋮	⋮	⋮	⋮	⋮	⋮	⋮	⋮

역: 역할놀이 미: 미술놀이 쌓: 쌓기놀이 언: 언어놀이 과: 과학놀이
조: 조작놀이 음: 음악놀이 화: 화장실 지: 지켜보기 ×: 부재중

〈표 6-3〉 흥미영역에 참여하는 아동의 행동관찰 양식 2

관찰아동1: 이름 성별 생년월일(만 세)
관찰아동2: 이름 성별 생년월일(만 세)

관찰일시: 2013. 4. 15.(월) 오전 9:00 ~ 10:00
관찰장면:
관 찰 자: ○○○

아동명	횟수	역	미	쌓	언	과	조	음	화	지	컴	비	×	비고
아동 1	1													
	2													
	3													
	4													
	5													
	6													
	7													
	8													
	9													
	10													
	계													
아동 2	1													
	2													
	3													
	4													
	5													
	6													
	7													
	8													
	9													
	10													
	계													

역: 역할놀이 미: 미술놀이 쌓: 쌓기놀이 언: 언어놀이 과: 과학놀이
조: 조작놀이 음: 음악놀이 화: 화장실 지: 지켜보기 컴: 컴퓨터
비: 놀이하지 않음 ×: 부재중

〈표 6-4〉 아동의 사회적 놀이행동 관찰 양식

관찰아동1: 이름 성별 생년월일(만 세)
관찰아동2: 이름 성별 생년월일(만 세)
관찰아동3: 이름 성별 생년월일(만 세)
관찰아동4: 이름 성별 생년월일(만 세)
관찰아동5: 이름 성별 생년월일(만 세)

관찰일시: 2013. 4. 15.(월)
관찰장면:
관 찰 자: ○○○

아동	횟수	놀이행동				비놀이행동		비고
		혼자놀이	병행놀이	연합놀이	협동놀이	비참여행동	방관행동	
아동 1	1							
	2							
	3							
	4							
	5							
	계							
아동 2	1							
	2							
	3							
	4							
	5							
	계							
아동 3	1							
	2							
	3							
	4							
	5							
	계							
아동 4	1							
	2							
	3							
	4							
	5							
	계							
아동 5	1							
	2							
	3							
	4							
	5							
	계							

▌사회적 놀이에 대한 조작적 정의

- 혼자놀이(solitary play): 놀잇감이 있거나 놀잇감이 없이 혼자 노는 것으로 다른 아동들과 떨어져 독립적으로 논다.
- 병행놀이(parallel play): 또래 아동들이 있는 곳에서 같은 놀이를 하지만 서로 상호작용하지 않는다.
- 연합놀이(associative play): 또래 아동들과 함께 같은 놀잇감을 가지고 서로 대화도 하며 놀지만 역할을 나누어 계획적으로 놀이를 하지 않는다.
- 협동놀이(cooperative play): 아동들이 협동하여 놀이를 하는데 놀이를 이끌어 가는 아동(리더)이 있고, 각자 맡은 역할이 있어 놀이가 조직적으로 이루어진다.
- 비참여행동(unoccupied): 놀이에 참여하지 않고 다른 아동들을 바라보거나 혼자 왔다 갔다 한다.
- 방관행동(onlooker): 다른 아동들의 놀이에 관심을 갖고 쳐다보지만 참여하지 않고 가끔 놀이하는 아동에게 질문을 하거나 제안을 하기도 한다.

〈표 6-5〉 아동의 인지적 놀이행동 관찰 양식

관찰아동1: 이름 성별 생년월일(만 세)
관찰아동2: 이름 성별 생년월일(만 세)
관찰아동3: 이름 성별 생년월일(만 세)
관찰아동4: 이름 성별 생년월일(만 세)
관찰아동5: 이름 성별 생년월일(만 세)

관찰일시: 2013. 4. 15.(월)
관찰장면:
관 찰 자: ○○○

		기능놀이	구성놀이	극놀이	규칙이 있는 게임	비고
아동 1	1					
	2					
	3					
	4					
	5					
	계					

		기능놀이	구성놀이	극놀이	규칙이 있는 게임	비고
아동 2	1					
	2					
	3					
	4					
	5					
	계					
아동 3	1					
	2					
	3					
	4					
	5					
	계					
아동 4	1					
	2					
	3					
	4					
	5					
	계					
아동 5	1					
	2					
	3					
	4					
	5					
	계					

▌인지적 놀이에 대한 조작적 정의

- 기능놀이(functional play): 기능적인 즐거움을 위해 반복적으로 되풀이하는 단순한 놀이이다. 예를 들어, 자동차를 계속 굴리면서 논다.
- 구성놀이(constructional play): 놀잇감을 이용하여 무엇인가를 구성하는 놀이이다. 예를 들어, 블록으로 성을 쌓으면서 논다.
- 극놀이(dramatic play): ~인 척하는 가상놀이로 사물, 역할, 행동과 상황에 대해 가작화하는 놀이이다. 예를 들어, 의사인 것처럼 흰 옷을 입고 병원놀이를 한다.

- 규칙이 있는 게임(games with rules): 정해진 규칙에 따라 놀이를 한다. 예를 들어, 목표물 안에 공 던져 넣기를 하거나, 카드게임 등을 한다.

〈표 6-6〉 아동의 사회인지적 놀이행동 관찰 양식

관찰아동1: 이름 성별 생년월일(만 세)
관찰아동2: 이름 성별 생년월일(만 세)
관찰아동3: 이름 성별 생년월일(만 세)
관찰아동4: 이름 성별 생년월일(만 세)
관찰아동5: 이름 성별 생년월일(만 세)

관찰일시: 2013. 4. 15.(월) 오전 10:00~11:00
관찰장면:
관 찰 자: ○○○

아동	횟수	혼자 기능	혼자 구성	혼자 극화	혼자 게임	병행 기능	병행 구성	병행 극화	병행 게임	집단 기능	집단 구성	집단 극화	집단 게임	비 놀이	비고
아동 1	1														
	2														
	3														
	4														
	5														
	계														
아동 2	1														
	2														
	3														
	4														
	5														
	계														
아동 3	1														
	2														
	3														
	4														
	5														
	계														

아동	횟수	혼자 기능	혼자 구성	혼자 극화	혼자 게임	병행 기능	병행 구성	병행 극화	병행 게임	집단 기능	집단 구성	집단 극화	집단 게임	비 놀이	비고
아동 4	1														
	2														
	3														
	4														
	5														
	계														
아동 5	1														
	2														
	3														
	4														
	5														
	계														

사회적 또는 인지적 놀이행동의 관찰방법

- 관찰하기에 앞서 사회적 놀이 또는 인지적 놀이의 조작적 정의를 숙지한다.
- 관찰 기록 양식에 미리 관찰대상 아동의 이름, 성, 연령 등을 기록한다.
- 아동 1명을 1분간(또는 30초) 관찰하고 15(또는 10초)초간 기록한다.
- 1회기에 관찰대상 아동을 순서대로 모두 관찰한 후 2회기 관찰을 한다.
- 관찰 아동이 1회 관찰 시 두 가지 이상의 놀이행동을 보이면 대표 행동을 표시한다.
- 관찰행동에 의문이 생기거나 잘 모를 경우 비고에 표시를 해 두었다가 관찰이 끝난 후 다시 검토한다.

07

사건표집법

1. 일반적 특징

사건표집법(event recording)은 특정 행동의 발생 빈도를 측정하는 기법이다. 관찰자는 정해진 시간에 맞추어 관찰을 하며(예: 자유놀이시간) 관찰시간이나 간격에 특별한 제한을 두지 않는다. 사건표집법은 관찰의 단위가 관찰하고자 하는 특정 행동이므로 특정 행동이 발생할 때마다 그 행동을 기록하거나 또는 그 행동의 범주를 기록한다. 사건표집법은 관찰하고자 하는 행동이 얼마나 자주 나타나는지를 가장 직접적이고 정확하게 반영할 수 있기 때문에 빈번하게 사용되는 관찰법 중의 하나이다(Alberto & Troutman, 2003).

사건표집법을 처음 사용한 사람은 Horn(1914)이었으나 널리 이용되지 못했다. 그러다가 Dawe(1934)가 사건표집법을 이용해 취학 전 아동의 다툼을 200회 분석한 연구 이후로 실험적, 자연적 상황에서 널리 사용되었다. 이 연구에서 관찰자는 다툼이 일어나기를 기다렸다가 다툼의 시작과 끝 시간을 확인하고, 문제발생의 상황, 싸움의 양상을 기록하였다. 또 싸우는 동안 주고받은 대화를 기록해 싸움의 지속시간, 횟수, 원인, 관찰대상자의 특성 등에 관한 사항을 파악하였다(황해익 · 송연숙 · 정혜영, 2011; 김지은 · 김진숙, 1999; 곽덕영, 1986).

이렇듯 사건표집법은 어떤 행동(예: 아동의 다툼)의 발생 유무만을 관찰하는 것뿐만 아니라 행동이나 사건이 발생하기를 기다렸다가 행동이나 사건이 발생하면 일정한 형식에 따라 행동의 순서나 횟수를 기록하는 방법이다. 사건표집법은 보통 행동의 원인과 결과를 밝히기 위해 사용되므로 관찰자가 관찰하고자 하는 행동이나 사건의 성격에 대해 충분히 이해하고 있어야 하며, 행동이 언제 발생할지 예견하고 행동의 발생을 기다려야 한다.

사건표집법은 두 가지 유형이 있다. 하나는 어떤 행동이나 사건의 원인, 전후 상황에 대한 정보를 얻고자 하는 경우에 사용되는 서술식 사건표집법이고, 다른 하나는 행동이나 사건이 얼마나 자주 일어나는지 빈도를 알고자 할 때 사용하는 빈도 사건표집법이 있다.

2. ABC 서술식 사건표집법

1) 일반적 특징

Bell과 Low(1977)는 자연스러운 상황에서 발생하는 행동의 원인과 결과를 알 수 있도록 하는 사건표집법을 고안하였다. 이 방법은 관찰하고자 하는 사건이나 행동이 일어나기 전의 상황(Antecedent event: A), 사건이나 행동 그 자체(Behavior: B), 사건이나 행동이 일어난 후의 결과(Consequence: C)를 순서대로 적는 것이다.

ABC 서술식 사건표집법은 전형적으로 아동의 적절치 못한 행동분석에 사용되는데, 아동의 문제행동 원인을 파악하고 문제행동에 대해 보다 자세하게 설명하는 데 유용하다. 예를 들면, 현준(5세)이는 평소 친구를 잘 밀치고 때리는 폭력적인 성향을 보였다. 교사가 ABC 서술식 사건표집법으로 현준이를 관찰하기 전에는 단순히 행동이 과격하고 공격성이 있는 아동으로 생각했었다. 그러나 ABC 사건표집법으로 관찰하고 분석한 결과 다른 친구들이 현준이가 싫어하는 별명을 부를 때(A) 현준이가 친구들을 밀치고 때리는 행동(B)을 보임을 관찰할 수 있었다. 또 친구를 밀치고 때린 후 현준이도 자신이 친구에게 한 행동으로 인해 괴로워하고 있으며, 이로 인해 친구들과 잘 어울리지 못하고 혼자놀이를 많이 하는 것을 알 수 있었다(C). 이러한 관찰을 통해 교사는 현준이를 타이르는 것에 그치지 않고 반 친구들에게도 어떤 행동이 현준이를 화나게 하는지, 현준이의 기분은 어떨지에 대해 설명하였고 함께 잘 지낼 수 있는 방법에 대해 이야기를 나누게 되었다.

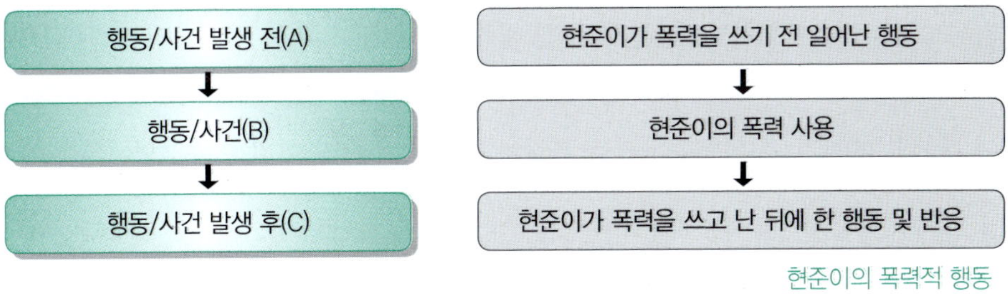

[그림 7-1] ABC 서술식 사건표집의 예

2) 장점과 단점

(1) 장점

ABC 서술식 사건표집법은 사건이 일어난 전후관계가 모두 기록되므로 행동이나 사건의 배경에 대한 정보를 얻을 수 있다는 장점이 있다. 즉, 단순히 행동의 출현 여부만을 알려 주는 것이 아니라 어떤 상황에서 그런 행동이 나오는지 원인을 파악할 수 있도록 해 주며, 교사가 무심코 지나쳐 버리거나 원인을 파악할 수 없었던 행동을 보다 자세히 관찰할 수 있게 해 준다. 아동들의 행동이나 사건이 일어나게 된 경위와 결과를 자연스러운 상황에서 관찰하는 것으로, 다양한 행동이나 사건뿐 아니라 정기적으로 자주 일어나지 않는 행동관찰에도 유용하게 사용될 수 있다.

이 관찰법은 관찰대상 아동을 개별적으로 관찰할 수 있고, 관찰대상의 문제점과 원인 등을 분석할 수 있어 개개인의 교수전략을 수립하는 데 도움이 될 뿐만 아니라 아동 개인의 질적인 정보를 제공하기도 한다.

(2) 단점

ABC 서술식 사건표집법은 일반적으로 한 번에 한 사람 이상을 관찰하는 것이 어렵기 때문에 다른 서술식 관찰방법과 마찬가지로 시간과 노력이 많이 소요된다는 단점이 있다. 뚜렷한 관찰의 초점을 가지고 아동의 행동을 보게 되므로 교사가 마음속으로 어떤 결론을 내리고 관찰하게 되면 주관적인 관찰로 이어질 수 있다. 그리고 관찰한 자료를 수량화하기 힘들고, 기록형식에 따라 수량화를 할 수 없는 경우도 있다. 수량화할 수 없는 자료에 대해서는 신뢰도를 측정하기 어렵기 때문에 자료의 신뢰도 측면에서 의문이 제기될 수 있다. 이 방식은 관찰하고자 하는 행동이 발생할 때까지 기다려야 하므로 관찰 시간을 예측하기 어려운 문제점이 있다.

3) 관찰지침과 유의사항

ABC 서술식 사건표집법을 사용할 경우 먼저 관찰대상 행동이나 사건을 결정한 후, 관찰대상 행동이나 사건에 대해 조작적으로 정의하고 세분화해야 한다. 다음으로 관찰대상 행동이나 사건이 발생할 가능성이 높은 장소와 상황을 선정하여 행동이나 사건의 발생을 기다렸다가 관찰결과를 기록한다.

사건표집법 관찰지침은 다음과 같다.

첫째, 관찰하고자 하는 행동이나 사건을 선택하여 조작적으로 정의한다. 관찰행동이나 사건의 하위요인을 분석하고 이를 범주화한다.

둘째, 관찰하고자 하는 행동이나 사건에 대해 충분히 이해하고 있어야 한다. 예비조사나 문헌연구를 통해 관찰하고자 하는 행동이나 사건이 가장 잘 관찰될 수 있는 시간과 장소, 상황을 미리 결정해야 한다.

셋째, 기록하고자 하는 정보나 자료의 종류를 결정한다. 행동이나 사건의 발생 전후 상황에 관심이 있는지, 행동이나 사건이 나타나는 빈도에 관심이 있는지에 따라 그에 맞는 관찰 양식을 준비한다.

넷째, 관찰 행동이나 사건 특성을 자세하게 기술할 필요가 있으므로 관찰결과를 기록하기 위하여 보조매체(녹음기, 비디오 등)를 사용하기도 한다.

4) 관찰 양식

관찰 전 ABC 사건표집법을 사용하려는 이유에 맞게 관찰 행동의 범위 유형을 선택한다. 관찰하려는 행동을 언제 어디서 관찰할 것인지 예측하고, 사건 전, 사건 발생, 사건 후 행동을 충분히 기록할 수 있는 용지를 준비한다. 가능한 상세하게 기록하고 분명한 진술로 객관적인 추론을 기록해야 한다.

〈표 7-1〉 ABC 사건표집법 관찰 양식

관찰아동: 생년월일: (남 · 여)

관 찰 일:

관찰행동:

시간	사건 전 (A)	사건 (B)	사건 후 (C)

요약:

교수전략:

〈표 7-2〉 ABC 사건표집법 관찰 예시 1

관찰아동: 김보라 **생년월일:** 2012. 05. 05 (남 · ㉧)

관 찰 일: 2018. 5. 30.~6. 05.

관찰행동: 자유놀이시간에 다른 아동에게 폭력성을 드러내는 행동

시간	사건 전	사건	사건 후
5월 30일 09:20 ~09:30	보라가 역할영역으로 가서 어제 가지고 놀던 장난감을 찾는다.	우석이와 서연이가 보라가 찾던 장난감을 가지고 있는 것을 보고 우석이를 밀치고 장난감을 뺏는다.	원하는 장난감을 빼앗아서 목공영역으로 뛰어간다.
6월 1일 09:50	보라가 쌓기영역에서 벽돌 울타리를 만들고 있다. 솔아가 벽돌 울타리 안으로 들어오려 한다.	보라가 "임솔아, 여기 들어오지 마"라고 말하며, 옆에 있는 파란색 우레탄 블록을 솔아에게 던진다.	벽돌을 맞은 솔아가 울음을 터뜨리자 솔아 옆에 서 있던 수현이에게도 초록색 우레탄 블록을 던진다.
6월 1일 10:00	자유놀이가 끝나고 오전 간식을 먹기 위해 교사가 "모두 자리에 앉으세요." 라고 한다.	보라와 연두가 거의 동시에 같은 의자에 앉으려고 한다.	연두를 세게 밀치고 원하는 자리에 앉는다(연두는 울음을 터뜨렸다).
6월 4일 15:00 ~15:10	바깥놀이 중 모래로 소꿉놀이를 하고 있는 친구들(효원, 서연, 민경)에게 다가간다.	친구들을 1분 정도 바라보다가 "나도 할래." 하며 민경이가 가지고 있던 장난감 후라이팬을 뺏는다(민경이는 넘어지고 친구들이 모래로 만들어 놓은 음식들은 뭉개졌다).	효원이가 "아이 진짜!"라고 말하며 자리를 뜨자 민경이와 서연이도 자리를 떠난다. 보라는 들고 있던 장난감 후라이팬으로 모래를 떠서 자기 몸에 뿌린다.

요약:

- 보라는 원하는 것을 얻지 못하면 신체적 위협을 가해서라도 이를 차지하려 한다.
- 보라는 혼자 놀다가 다른 친구가 다가오면 거부하며 위협한다.
- 보라는 친구에게 위협적인 행동을 한 후 이에 대한 잘못을 인지하고 있다.

교수전략:

- 본인의 감정조절과 함께 친구들의 감정에 대한 이해 능력을 지원할 필요가 있다.
- 친구들을 신체적으로 위협했을 때 상대방의 감정이 어떨지 이야기를 나눠 보고 신체적 위협은 옳지 못한 행동임을 알려 줄 필요가 있다.
- 다른 친구들과 어울리고 싶지만 적절한 방법을 모를 수 있으므로 다른 친구들과 상호작용하는 방법을 알려 주고 중재할 필요가 있다.

3. 빈도 시간표집법

1) 일반적 특징

빈도 사건표집법은 선별된 행동이나 상황이 얼마나 자주 일어나는지 알아보고자 할 때 유용하게 사용된다. 관찰자는 도표를 가지고 미리 정해진 범주의 행동이 일어날 때마다 기록을 한다. 따라서 관찰용지만 준비되어 있으면 아동들의 행동을 언제, 어디서나 쉽게 관찰할 수 있다. ABC 서술식 사건표집법이 질적인 정보를 제공해 준다면 빈도 사건표집법은 양적인 정보를 제공해 준다. 빈도 사건표집법을 사용하면 교사는 아동 개개인의 발달 등에 대한 정보를 쉽고 빠르게 얻을 수 있어 교사가 활동을 계획하거나 교수전략을 수립할 때 도움이 된다.

빈도 사건표집법을 사용할 때 가장 많이 제기되는 질문은 얼마나 오랫동안 관찰할 것이냐이다. 관찰자는 선별된 사건이나 행동이 언제 일어날지 미리 예측한 후 그에 맞추어 준비를 하거나(예: 자유활동시간에 사회성을 관찰, 실외활동 시간에 대근육 운동 능력을 관찰) 혹은 선별된 활동이 일어날 때까지 기다렸다가(예: 다른 아동에게 폭력성을 드러냄) 관찰한다.

2) 장점과 단점

(1) 장점

빈도 사건표집법의 가장 큰 장점은 편리함과 단순함이다. 관찰용지가 간단하고 기록(세기표나 빈도)하는 방법도 간단할 뿐만 아니라 관찰자료를 쉽게 수량화하고 분석할 수 있다. 그리고 이 방법은 특정한 사건이 발생할 때에만 기록하면 되므로 서술식 관찰방법에 비해 시간이 많이 절약된다. 따라서 일단 사용되는 양식만 정해진다면 교사의 시간을 가장 적게 빼앗는 관찰방법이므로, 일과가 바쁜 현장에서 유용하게 사용될 수 있다. 빈도 사건표집법은 관찰행동의 적용범위가 광범위하고 융통성이 있기 때문에 여러 가지 주제를 관찰할 수 있다. 예를 들어, 자유활동시간에 아동의 사회성을 관찰한다고 가정해 보자. 이때 관찰자는 한 개인만을 관찰하는 것도 가능하고 집단을 관찰하는 것도 가능하며, 개인의 사회성과 언어 발달을 같이 관찰할 수도 있다. 마지막으로 자주 일어나지 않는 행동이나 사건에 대한 관찰을 할 때에도 유용하게 사용할 수 있다.

(2) 단점

빈도 사건표집법은 특정 행동이나 사건이 발생한 빈도에만 관심이 있기 때문에 출현행동의 원인을 알아내는 데는 적합하지 않다. 그리고 행동이나 사건의 양적인 자료는 제공해 줄 수 있으나 아동 개인의 질적인 정보를 제공해 주기는 어려운 단점이 있다.

3) 관찰지침과 유의 사항

빈도 사건표집법의 기록방법은 관찰자가 미리 정해진 범주의 행동이 나타날 때 세기표나 빈도로 표시한다. 따라서 관찰자는 표집하는 행동의 단위에 대해 미리 숙지하고 있어야 한다. 관찰하는 행동에 대한 조작적 정의가 이루어져야 하며, 포괄성과 배타성의 원칙에 따라 그 행동의 하위범주는 상호 관련이 있되 중복되지 않아야 한다.

4) 관찰 양식

〈표 7-3〉 빈도 사건표집법 관찰 양식

관찰아동: 생년월일: (남 · 여)
관 찰 일:
관찰행동:

공격행동 영역	대물공격	대인공격	언어적 공격
역할영역			
쌓기영역			
수 · 조작영역			
과학영역			
언어영역			
조형영역			
음률영역			

〈표 7-4〉 빈도 사건표집법 관찰 예시 1

관찰아동: 김주영 생년월일: 2011. 12. 14. (남 · ⓔ여)
관 찰 일: 2018. 8. 30.
관찰행동: 자유놀이 시간에 다른 아동에게 공격성을 드러내는 행동

관찰 양식												
유형	행동목록	1	2	3	4	5	6	7	8	9	10	빈도수
대물 공격	찢는다.	/										1
	던진다.	/										1
	부러뜨린다.	/	/	/								3
	세게 두들긴다.											
	발로 찬다.	/	/									2

관찰 양식												
유형	행동목록	1	2	3	4	5	6	7	8	9	10	빈도수
대인 공격	때린다.											
	교구를 빼앗는다.											
	싸움을 건다.											
	싸움을 한다.											
	때리거나 위협하는 흉내											
	머리, 팔, 옷 당긴다.											
	툭툭 친다.	/										1
	자리를 빼앗는다.	/										1
	친구에게 물건을 던진다.											
	발을 걸어 넘어뜨린다.											
	의도적으로 친구를 밟는다.											
	손등, 등을 사용해서 민다.											
	입으로 문다.											
	발로 찬다.											
	꼬집는다.											
언어적 공격	욕을 한다.											
	화가 나서 큰소리 친다.	/	/	/	/	/						5
	놀린다.	/	/									2
	발로 위협 및 두려움을 준다.											
	말다툼 한다.	/										1
	고자질 한다.	/										1

공격행동 하위유형		구체적인 행동 내용
신체적 공격	대물 공격	색종이, 도화지, 책 등을 갈기갈기 찢는다.
		(허공, 다른 장난감을 향해서) 교구를 던진다.
		교재, 교구를 부러뜨린다.
		문, 의자, 책상, 피아노 등을 손으로 또는 물건을 사용하여 세게 두들긴다.
		문, 의자, 책상, 교구를 발로 찬다.

<table>
<tr><th colspan="2">공격행동
하위유형</th><th>구체적인 행동 내용</th></tr>
<tr><td rowspan="5">신체적
공격</td><td rowspan="5">대물
공격</td><td>색종이, 도화지, 책 등을 갈기갈기 찢는다.</td></tr>
<tr><td>(허공, 다른 장난감을 향해서) 교구를 던진다.</td></tr>
<tr><td>교재, 교구를 부러뜨린다.</td></tr>
<tr><td>문, 의자, 책상, 피아노 등을 손으로 또는 물건을 사용하여 세게 두들긴다.</td></tr>
<tr><td>문, 의자, 책상, 교구를 발로 찬다.</td></tr>
<tr><td rowspan="15">신체적
공격</td><td rowspan="15">대인
공격</td><td>(손 혹은 물건을 사용해서) 친구를 때린다.</td></tr>
<tr><td>친구의 교구를 빼앗는다.</td></tr>
<tr><td>친구에게 싸움을 건다.</td></tr>
<tr><td>친구와 싸움을 한다.</td></tr>
<tr><td>친구를 때리는 흉내를 내거나 신체로 위협하는 흉내를 낸다.</td></tr>
<tr><td>친구의 머리, 팔, 옷, 바지 등을 잡아당긴다.</td></tr>
<tr><td>친구를 손으로 또는 물건으로 찌르거나 툭툭 친다.</td></tr>
<tr><td>친구의 자리를 빼앗는다.</td></tr>
<tr><td>친구에게 물건을 던진다.</td></tr>
<tr><td>친구의 발을 걸어 넘어뜨린다.</td></tr>
<tr><td>의도적으로 친구의 발, 신체부위를 밟고 지나간다.</td></tr>
<tr><td>손등, 등을 사용해서 친구를 민다.</td></tr>
<tr><td>친구를 입으로 문다.</td></tr>
<tr><td>친구를 발로 찬다.</td></tr>
<tr><td>친구를 꼬집는다.</td></tr>
<tr><td colspan="2" rowspan="6">언어적
공격</td><td>친구에게 욕을 한다.</td></tr>
<tr><td>(친구를 향해서 또는 혼자서) 화가 나서 큰 소리를 지른다.</td></tr>
<tr><td>친구를 놀린다.</td></tr>
<tr><td>친구를 말로써 위협 및 두려움을 준다.</td></tr>
<tr><td>친구와 말다툼을 한다.</td></tr>
<tr><td>고자질을 한다.</td></tr>
</table>

〈표 7-5〉 빈도 사건표집법 관찰 예시 2

관찰아동: 우송이 **생년월일:** 2014. 11. 14. (남 · ⓞ여)

관 찰 일: 2018. 7. 22.

관찰행동: 퍼즐 맞추기 능력

〈아동의 퍼즐 맞추기 능력〉

<table>
<tr><td rowspan="2">퍼즐 Checking Sheet</td><td rowspan="2">기관명</td><td rowspan="2">하늘어린이집</td><td rowspan="2">아동
특성</td><td colspan="2">우송이</td></tr>
<tr><td>4세</td><td>남 / (여)</td></tr>
</table>

실험 유형	퍼즐 조각 수	완수 유무	시도 횟수	오류 횟수	완수한 조각 수	총 소요시간	아동 행동특성
곰돌이 퍼즐	9	(유) / 무	𝍸𝍸 //	///	9	2:20	교사의 반응을 살피며, "여기 맞아요?" 라고 자주 물어봄

〈요약〉

- 9조각의 퍼즐을 12번 시도하여 3번의 오류과정을 거쳐 9조각 모두 완성함.
- 총 소요시간은 2분 20초임.
- 퍼즐 맞추기 중 교사의 반응을 살피며 자신이 옳게 하고 있는지 알아보려 함.

[그림 7-2] 곰 퍼즐판과 퍼즐이 완성된 모습

〈표 7-6〉 빈도 사건표집법 관찰 예시 3

관찰아동: 김민지 **생년월일:** 2017. 5. 5. (남 · ⓞ여)

관 찰 일: 2019. 8. 30.

관찰행동: 자유놀이시간에 또래와 상호작용하는 유형

관찰 양식		
긍정적 상호작용	부정적 상호작용	기타
~~||||~~ ~~||||~~ ///	///	
13	3	

상호작용 유형 하위항목별 조작적 정의		
영아-또래 상호작용의 유형	세부항목	내용
긍정적 상호작용	도움 주기/나누기	또래에게 놀잇감을 나누어 주거나 빌려 주는 행동 혹은 친구를 도와주는 행동
	대화/미소짓기/웃기	또래와 이야기를 주고받거나 친밀감을 표현하는 미소나 웃음을 짓는 행동
	애정적 신체접촉하기	또래에게 친밀감을 나타내기 위해 신체적 접촉을 하는 행동
	자기의견 제안하기	또래에게 놀이를 제안하거나 자기 의견이나 생각을 제안하는 행동
	도움 요구하기	도움이 필요한 상황에서 또래에게 도움을 요구하는 행동
	또래 모방하기	또래의 말이나 행동을 따라하는 행동
	승인/인정 요구하기	또래의 주의를 끌기 위해서 하는 말이나 행동
부정적 상호작용	신체적 공격하기	또래에게 신체적 해를 입히는 행동
	거절하기	또래가 요청한 것을 거절하는 말이나 행동
	언어적 공격하기	욕, 비난, 소리 지르기 등으로 또래에 대한 거부감을 표현하거나 공포감을 주는 행동
	방해하기	또래의 놀잇감을 빼앗거나 놀잇감을 어지럽히기, 적목을 무너뜨리는 등의 또래의 놀이를 방해하는 행동

사건표집법은 관찰하고자 하는 행동을 미리 선정한다는 점에서 시간표집법과 유사하다. 그러나 사건표집법에서는 관찰하고자 하는 행동이 나타날 때까지 기다렸다가 관찰한다는 점에서 시간표집법과 차이가 있다. 예를 들어, 아동의 또래 간 상호작용의 정도를 알아보기 위해 시간표집법과 사건표집법 모두 활용이 가능하다. 이때 시간표집법으로 관찰할 경우 시간 내 발생하는 상호작용의 유무와 빈도가 측정될 것이며, 사건표집법으로 관찰할 경우 누구와 상호작용을 하고, 상호작용 전후의 행동은 무엇인지에 더 관심을 두게 된다. 일반적으로 현장에서는 시간보다 행동에 초점을 두게 되므로 사건표집법이 더 유용하나, 연구목적으로는 시간표집법이 더 많이 활용된다.

시간표집법과 사건표집법을 비교하면 〈표 7-7〉과 같다.

〈표 7-7〉 시간표집법과 사건표집법 비교

비교의 측면	시간표집법	사건표집법	
		서술식	빈도
측정의 단위	시간	사건이나 행동	
연구의 관심	사건의 존재 유무	사건이나 행동의 특성	
정보의 종류	행동의 빈도/지속시간	행동의 순서, 전후관계	행동의 발생 여부 및 빈도
기록방식	세기표나 체크	서술	세기표나 체크

08

조사법

조사연구는 사회과학 분야에서 가장 빈번하게 사용되는 연구방법으로, 사람들의 의견, 태도, 특성, 이전의 경험들에 대해 질문을 하고 이에 대한 응답을 수집하는 방법이다. 즉, 조사연구는 전집으로부터 표본을 추출하여 정보를 수집하고 이러한 결과를 전집에 대해 일반화하는 방법이다. 따라서 질문방법과 연구대상 선정과정은 조사연구의 질을 결정하는 데 매우 중요한 부분을 차지한다(이은해 · 이미리 · 박소연, 2006). 조사연구는 크게 질문지법과 면접법이 있다.

〈표 8-1〉 질문지법과 면접법의 특성 비교

특성	질문지법	면접법
자료의 성격	• 태도, 동기, 행동특성, 의견, 사건 등에 대한 자기보고식 응답이다.	• 태도, 동기, 행동특성, 의견, 사건 등에 대한 의미, 이야기, 관점의 심층 탐색이다.
응답자 반응	• 질문에 대한 반응의 범위가 제한되고 유목화된다. • 연구자가 응답자에 미치는 영향을 줄일 수 있다. • 응답자의 표현능력이나 문장이해력에 크게 의존한다. • 반응의 진위를 파악하기 어렵다.	• 면접자와 피면접자 간의 대화이다. • 필요 시 추가질문과 심층탐색이 가능하다. • 면접자가 피면접자의 반응에 영향을 줄 수 있다.
익명성	• 민감하고 사적인 내용도 익명성을 보장할 수 있다.	• 대면면접의 경우 익명성이 보장되기 어렵다.
표집의 크기	• 표집으로 얻은 결과를 전집에 일반화 할 수 있는 대규모 표집에 적합하다.	• 전화면접과 현장개입면접을 제외하고는 소수사례에 적합하다.
실용성	• 비용이 적게 들고 간편하며 전문적 지식이나 훈련 없이도 사용 가능하다.	• 시간과 노력이 많이 요구된다.
자료의 분석	• 기술통계와 추리통계 분석을 적용한다.	• 해석학적 분석이 요구된다.

1. 조사연구의 절차

조사연구를 수행하기 위한 절차는 다음과 같다. 첫째, 연구문제를 선정하고 연구설계를 결정한다. 연구문제는 이에 대한 충분한 이론적 고찰을 통해 도출되어야 하며, 일반적으로 전집의 특성, 집단 간 차이, 혹은 변인들 간의 관계를 기술하는 문제로 나누어 볼 수 있다. 또한 설계방법에 있어 종단적 설계를 적용할 것인지, 횡단적 설계를 적용할 것인지, 계열적 설계를 적용할 것인지 등을 결정해야 한다. 둘째, 연구대상을 선정해야 한다. 직접 관찰이 어려울 경우에는 전집의 특성을 반영하는 모집단의 일부, 즉 표본을 추출하여야 한다. 표집을 할 때에는 표본의 크기, 표본의 대표성, 표본의 접근가능성, 사용할 표집방법 등에 대해 결정해야 하므로 표집과정에는 상당한 노력과 시간이 소요된다. 셋째, 측정도구를 선정해야 한다. 연구자가 질문지나 면접을 위한 설문지를 개발하여 사용할 때에는 연구변인을 타당하고 신뢰롭게 측정할 수 있도록 예비조사를 미리 실시해야 한다. 넷째, 수집된 자료를 부호화하고 각각의 연구문제에 적합한 통계분석을 실시함으로써 연구문제를 검증한다. 마지막으로 분석된 결과에 기초하여 연구보고서를 작성한다.

1단계
- 조사의 목적을 명확히 한다.
- 목적을 달성하기 위하여 조사할 내용이 무엇인가를 결정한다.
- 조사의 영역과 범위를 설정하고 구체적으로 어떤 항목들을 조사해야 할 것인가를 결정한다.

↓

2단계
- 조사계획(조사방법, 조사대상, 조사일정, 결과분석 등)을 수립한다.
- 자료수집, 분석방법을 결정하고 조사도구를 선정한다.
- 조사대상을 표집한다.
- 조사에 소요되는 경비와 시간 및 조사일정을 계획한다.
- 조사원을 뽑아서 훈련시킨다.

↓

3단계
- 조사계획에 따라 실제 조사를 실시한다
- 본 조사에 앞서 예비조사를 실시하여 사전에 점검한다.

↓

4단계
- 조사결과를 정리하고 분석하여 보고서를 작성한다.

[그림 8-1] 조사연구의 일반적 절차

출처: 김병선 · 이윤옥(1998, 재구성).

2. 질문지법

질문지법은 제시된 일련의 질문들에 스스로 응답하도록 하여 연구대상의 생각이나 느낌, 태도, 신념, 가치, 성격 및 의도 등에 대한 자료를 수집하는 방법으로, 실시하는 데 편리하기 때문에 실험이나 관찰 등의 방법과 함께 병행하여 사용되기도 한다. 그러나 질문지법을 실시하기 위해서는 사전에 문항 제작을 위한 기본 지식을 갖추고 이에 대한 충분한 조사를 한 후 사용해야만 객관적이고 타당한 자료를 얻을 수 있다(조성연 · 이정희 · 황혜정, 2008). 질문지법은 인간에 관한 연구에서 가장 기본적인 연구방법이라 할 수 있으며, 아동 연구의 대가인 Hall이 아동의 심리적 내용에 관한 일련의 질문을 구두로 하면서 발전하였다. 질문지는 대규모의 조사 연구나 실태 조사 등에서 많은 사람들의 정보를 수집하여 의사결정을 하려 할 때 많이 사용되는 반면 심층적인 개인의 의견이나, 생각, 태도 등에 관한 정보를 얻는 데는 사용하지 않는 것이 좋다.

1) 질문지의 개발

연구의 목적과 내용에 적절한 질문지를 개발하기 위해서는 먼저 연구자가 어떠한 형식의 질문을 사용해야 자료를 보다 효과적으로 수집할 수 있는지를 결정하고 연구문제와 관련된 일련의 문항들을 구성한 후 예비조사하는 과정이 이루어져야 한다.

Tip! 질문지 작성 전 고려사항

- 질문지를 작성하려는 목적이 무엇이며, 어떠한 내용과 범위를 가지고 어떤 대상에게 실시한 것인가를 명백히 규정한다.
- 어떤 형식의 질문을 사용할 것인가를 사전에 결정한다.
- 질문지의 체제를 미리 정한다.
- 실시방법 및 응답자의 익명 여부를 결정한다.

2) 질문지의 구성

질문지는 형식과 체제가 단순하고 깔끔하며, 응답자가 이해하기 쉽게 지면에 문항 수를 적게 배치하고 적당히 여백을 두는 것이 좋다. 질문지의 앞부분에는 응답자의 협조를 구하는 협조문을 넣고 각 페이지마다 일련번호를 붙이며 마지막 페이지에는 감사의 뜻을 표하는 말을 포함시킨다. 질문지 전체를 답변하는 데 걸리는 시간은 30분 이내가 적당하다.

(1) 겉표지의 구성

질문지의 겉표지는 연구대상에게 질문지의 목적을 소개하고 응답을 요청하는 부분으로 첫째, 연구의 목적과 의의를 설명하고 응답자의 성실한 응답이 매우 가치있게 사용될 것임을 서술한다. 둘째, 응답내용은 익명으로 처리하고 연구목적을 위해서만 사용될 것이며, 응답에는 정답과 오답이 없음을 밝힌다. 셋째, 질문지 작성일과 함께 연구자의 이름과 소속을 명기한다. 넷째, 우편조사인 경우에는 질문지를 연구자에게 돌려주는 방법과 시기에 대해서도 알려 주는 내용을 포함하도록 한다.

제 목: ______________________

인사말: 친근감 있는 인사말로 시작

연구 및 연구수행기관 소개: 연구 및 질문지의 목적과 내용, 기관 소개 등

확인과 협조, 감사의 글 등:
- 개인의 사생활 및 비밀보장에 대한 확인
- 연구목적 이외에는 사용하지 않겠다는 서약
- 성실한 답변 부탁
- 회송기간과 방법
- 감사인사

일 자:
연구주체(연구자 및 기관):
연 락 처:
식별자료(고유번호):

[그림 8-2] 질문지 표지 구성 체제(안)

한국아동○○조사

ID

안녕하십니까? 저희 ○○정책연구소는 육아에 대한 종합적이고 체계적인 정책연구를 위하여 지난 ○○○○년에 설립된 국무총리 산하 정부출연연구기관으로서 아동에 관한 정책연구 및 다양한 사업을 수행하고 있습니다.

본 연구에서는 향후 5년 동안 한국의 아동을 대상으로 그들의 성장 및 생활실태에 대한 설문조사를 실시하고자 합니다. 본 설문조사를 통하여 얻어진 정보는 보다 나은 아동의 미래를 위한 연구 및 정책개발의 소중한 기초자료로 활용될 것입니다.

설문의 응답은 맞고 틀리는 것이 없으며, 조사에서 얻어진 결과는 오직 연구의 목적을 위해서만 사용되므로 솔직하고 정확하게 응답해 주시기 바랍니다.

감사합니다.

2013. 8.

《연구담당자》

○○정책연구소 ○○○ 박사

서울시 ○○구 ○○동 ○○번지(우 000-000)

(☎ 02-○○○○-○○○○)

[그림 8-3] 질문지 표지 예시

(2) 문항 배열

문항을 어떠한 순서로 배열하는가는 문항의 서술이나 형식만큼 질문지 구성에서 중요한 요인이다. 문항을 배열할 때 고려해야 할 원칙은 다음과 같다(황혜정 · 문혁준 · 안선희 · 안효진 · 이경옥 · 정지나, 2011). 우선 질문지의 앞부분부터 연구문제와 관련된 질문들을 바로 제시하는 것이 좋다. 단, 처음부터 어렵고 복잡한 질문이 나오면 응답자가 부담을 느끼고 포기하는 경향이 있기 때문에, 처음에는 응답자가 흥미를 가질만하고 응답하기 쉬운 문항을 제시하여 응답자가 편안한 마음으로 끝까지 조사에 참여할 수 있도록 하는 것이 좋다. 다음으로 문항은 단순한 질문에서 복잡하고 어려운 질문으로, 일반적인 사항에서 구체적인 사항으로 제시하며, 논리적으로 관련되는 질문들과 문항의 형식이 동일한 질문들은 모아서 배열하는 것이 좋다.

Tip! 질문지의 문항 구성 시 주의 사항

- 질문이 간단하고 대답하기 쉽고 매력적이며 개인의 관심을 잘 반영하여야 한다.
- 질문지에 사용하는 문항은 간단, 명료해야 하고 질문의 길이는 짧을수록 좋다.
- 하나의 문항에는 하나의 질문내용만을 포함한다.
- 응답자를 난처하게 만들거나 감정을 상하게 하는 질문을 피한다.
- 질문지의 문항 수는 꼭 필요한 내용만을 묻는 범위 내에서 최소로 한다.
- 모든 질문은 응답자의 인구학적 정보를 묻는 문항을 제외하고는 연구목적 및 문제와 직접적으로 관련되어 있어야 한다.
- 질문을 할 때 가정하지 말아야 한다. 편파된 응답을 유도할 가능성이 있거나 사회적 바람직성의 오류를 유도하는 질문은 사용하지 않는다.
- 응답자에게 그들이 직접 겪은 경험에 대해 질문한다. 즉, 가설적이거나 인과적인 질문은 주의해서 사용해야 한다.
- 응답자가 응답할 수 있는 정보만을 질문하도록 하며, 응답자의 수준에 맞는 용어를 선택한다.
- 질문은 모든 응답자들이 동일한 의미로 받아들이고 응답할 수 있는 단어를 사용하여야 한다.
- 문장을 부정문으로 하기보다는 긍정문으로 하는 것이 의미를 정확하게 이해하는 데 도움이 된다.
- 질문지 끝부분에는 중요한 문항을 넣지 않는다.
- 지시문은 간결하고 명확하게 하며 다른 형태의 문자로 인쇄한다.
- 일관성 있는 방식으로 질문지가 작성되고 설계될 때 보다 측정의 오차가 적다는 점을 기억해야 한다.

3) 질문의 형식

질문지의 문항은 크게 폐쇄형 질문과 개방형 질문으로 구분되며, 폐쇄형에는 응답자의 반응 형태에 따라 선택형, 분류형, 등위형, 평정척도형 등으로 구분할 수 있다(박도순, 2004).

〈표 8-2〉 폐쇄형 질문과 개방형 질문의 비교

	폐쇄형 질문	개방형 질문
문항 제작시간	• 문항을 제작하는 데 시간이 많이 걸린다.	• 문항을 제작하는 데 비교적 시간이 적게 걸린다.
응답시간	• 더 쉽고 빠르게 응답할 수 있다.	• 응답하는 데 더 어렵고 시간이 많이 걸린다.
응답방식	• 제한된 응답범주에 따라 응답하므로 응답자에게 자유가 없다. • 응답방식이 간단하므로 모든 질문에 대해 충실하게 응답할 수 있다. • 응답자가 자유롭게 답할 수 있도록 질문지의 끝에 개방식 질문문항을 넣을 수 있다.	• 응답자가 자유롭게 응답할 수 있다. • 자유롭게 기술하기 때문에 충실하게 응답하지 않을 수 있다. • 폐쇄형 질문지를 만들기 전에 응답 가능한 반응을 탐색하는 데 사용할 수 있다.
응답자의 문제제기	• 응답자가 새로운 문제를 제기할 수 없다.	• 응답자가 새로운 문제를 제기할 수 있다.
코딩	• 코딩이 쉽다.	• 다수의 질문인 경우에 코딩하기가 어렵다.

출처: Dawson(2002).

(1) 폐쇄형 질문

폐쇄형 질문은 사전에 연구자가 질문에 대한 두 개 이상의 반응을 응답으로 제시하고, 그중 응답자의 의견과 가장 일치하는 답을 선택하거나 서열을 정하도록 하는 형식이다. 일반적으로 어떤 사항에 대한 인식 여부, 선호 등을 알고자 할 때 사용하는 것이 효과적이다. 연구자가 충분한 사전 검토를 통해 응답 가능한 모든 항목들을 포괄할 수 있도록 문항을 제시해 주어야 하며, 기타 항목을 포함시켜 이 외의 다른 응답에 대해서도 기입할 수 있도록 한다. 또한 각 항목들은 내용이나 범위가 중복되어서는 안 되며 상호배타적인 특성을 지녀 한 응답자가 하나의 항목만 선택할 수 있도록 작성해야 한다.

① 선택형

2개 이상의 선택항 중에 가장 적절한 선택항 혹은 좋은 선택항을 택하게 하는 방법이다. 선택형에서는 응답자에게 응답의 여러 대안을 주고 그중에서 선택하게 한다.

예 1: 일상의 생활에서 귀하가 가장 관심이 있는 분야를 세 개만 고르시오(해당되는 것이 없으면 기타에 써 주십시오).

□ 음악	□ 미술	□ 영화감상
□ 스포츠 관람	□ 컴퓨터게임	□ 쇼핑
□ 독서	□ 여행	□ 기타 ________

예 2: 당신의 현재 거주형태에 ✓ 표시하시오.

□ 단독주택	□ 아파트	□ 원룸 또는 오피스텔
□ 기타 ____________		

② 분류형

분류형은 응답자에게 같은 종류의 여러 문항을 일정 기준 혹은 준거에 따라 몇 개의 유목으로 분류시키는 방법으로 분류된 결과에 따라 반응자의 잠재적인 가치, 방향, 태도 등을 알 수 있다는 특징이 있다.

예: 다음에 여러 가지 직업의 종류가 있다. 이 직업 중에서 남자에게 적합하다고 생각하는 직업은 "남", 여자에게 적합하다고 생각하는 직업에는 "여"라고, 남녀 모두에게 다 적합하다고 생각하는 직업에는 "공"이라고 표시하시오.

교사	___	약사	___	국회의원	___	의사	___
속기사	___	군인	___	디자이너	___	시인	___
소설가	___	영화감독	___	아나운서	___	은행원	___
요리사	___	보험설계사	___	야구해설가	___	배우	___

③ 등위형

서열법이라고도 하는 등위형은 같은 성질을 띤 일군의 항목을 중요성, 기호, 가치에 따라 최상위에서 최하위까지 순위를 결정하는 방법이다. 주의할 점은 순위를 매겨야 할 항목이 너무 많으면 응답이 어려워지고 신뢰성이 낮아진다. 일반적으로 7~8개 정도가 적당하다.

예: 다음 중 귀하가 가장 선호하는 구기종목부터 1~7까지 차례대로 등위를 매기시오.

______ 축구 ______ 야구 ______ 농구 ______ 배구
______ 핸드볼 ______ 테니스 ______ 탁구

④ 평정척도형

구조화된 질문지의 가장 일반적인 형태로 미리 정해둔 척도에 따라 평정하도록 하는 방법이다. 척도는 몇 개의 질적 특성을 합쳐 하나의 양적 변수로 전환시키는 것으로 태도, 가치, 신념과 같은 잠재변인을 측정하려 할 때 사용된다. 다양한 척도화 방법 중에 다른 방법과 비교하여 상대적으로 간편한 Likert 척도를 많이 사용한다. Likert 척도는 한 대상에 대한 태도와 관련된 일련의 문장으로 구성되고, 응답자는 각 문장에 대해 자신의 감정이나 신념이 어느 정도(강한 동의에서부터 강한 부정)에 해당하는지를 표시하면 된다.

예 1: 선생님은 대개 화가 나 있다(하나만 ✓ 표시하시오).

매우 그렇다	그렇다	모르겠다	그렇지 않다	전혀 그렇지 않다

예 2: 선생님은 모든 학생들을 공정하게 대한다(하나만 ✓ 표시하시오).

매우 그렇다	그렇다	모르겠다	그렇지 않다	전혀 그렇지 않다
1	2	3	4	5

(2) 개방형 질문

개방형 질문은 응답자가 주어진 질문에 대해 자유롭게 자신의 생각과 의견을 답할 수 있는 자유기술형으로 예비조사나 탐색적 연구 등 의사결정 초기 단계에서 대규모의 조사보다는 소규모 조사에 유용하게 사용된다. 이 형식은 상황에 따라 얼마든지 자세하게 물어볼 수 있으므로 응답자의 의견뿐만 아니라 동기, 태도 등에 대하여 보다 확실한 답을 이끌어 내는 데 효과적이다. 그러나 자유반응에 의해서 얻은 자료는 질적 분석이 선행되어야 하고 특히 대규모의 질문지에서는 각 반응을 분류하여 입력해야 하는데 이런 분류에도 오류가 생길 가능성이 있다. 따라서 조사자의 특별한 훈련과 능력이 갖추어져 있어야 한다.

예 1: 지금 경제가 어렵다고 합니다. 정부가 경제를 살리기 위해서 해야 한다고 생각하는 정책을 3가지만 기술하시오.

____

____

____

예 2: 사교육을 줄이려면 입시정책을 어떻게 바꾸어야 할지를 기술해 주십시오.

____

____

____

4) 예비조사

질문지의 초안을 작성한 후 일부 응답자를 선정하여 예정된 본조사와 동일한 절차와 방법으로 질문지를 사전 검증하도록 한다. 이때는 본조사와 동일한 절차와 방법을 가지고 시행해야 하며, 전집의 일부이되, 본조사에는 포함되지 않는 사람을 대상으로 실시하도록 한다. 예비조사의 목적은 연구대상이 질문의 내용을 연구자의 의도대로 이해하고 반응하는지, 각 문항이 측정하고자 하는 변인을 잘 변별하는지를 평가하기 위함이다. 또한 응답에 필요한 시간, 응답 장소 및 분위기, 조사 중에 나타날 수 있는 문제점 및 개선점 등을 확인하게 되며, 각 문항에 대해서도 지나치게 무응답이 많거나 편중된 의견이나 기타란에 기재한 의견이 많은 경우가 있는지를 검토함으로써 문항을 수정, 삭제 혹은 첨가하는 작업을 하게 된다. 이 과정을 통해 질문지의 객관성과 타당성을 높이고자 한다. 예비조사는 일반적으로 1~2회 실시하나, 비용이나 시간에 여유가 있는 경우는 3~4회까지 실시한다.

5) 질문지의 회수

질문지법에서 일관되게 나타나는 문제는 바로 낮은 회수율이다. 회수율이란 연구대상에게 분배한 질문지 수 중 회수된 질문지 수를 백분율로 산출한 것이다. 조사연구의 타당성은 회수율과 응답의 질에 달려 있으므로, 회수율이 낮으면 연구결과를 일반화하는 데 어려움이 있고 표본의 특성이 연구대상자 전체의 특성을 반영하는 모집단을 대표하지 못하는 문제점이 나타날 수도 있다.

Porter와 Whitcomb(2003)는 회수율이 최소 50%만 넘으면 자료를 사용할 수 있다고 보았으며, 이은해 외(2006)는 추후 독촉을 통해 회수율을 10% 정도 높일 수 있다고 설명하면서 최소 60%를 넘는 회수율을 보여야 어느 정도 일반화 가능성이 있다고 주장하였다.

Tip! 회수율을 높이기 위한 단계

- 문항의 제작과 구성에 주의를 기울여야 하며, 조사에 적극적으로 응하도록 응답자의 입장, 흥미 등을 고려해 동기를 유발시켜야 한다.
- 응답자에게 문제의 성질을 잘 이해시켜야 하고 응답 결과 효과적으로 사용된다는 것을 주지시켜야 하며, 응답 결과가 응답자 개인의 이해와 관계가 없다는 점을 인식시킬 필요가 있다.

- 질문지를 우송할 때 수취인 부담의 반송용 봉투를 동봉하며 이에 대한 안내문을 함께 보낸다.
- 처음 우편조사 후 2주가 지나도 질문지를 돌려보내지 않은 연구대상에게 질문지를 다시 우송한다. 질문지를 다시 우송한 후에도 응답을 하지 않은 연구대상에게 응답을 요청하는 엽서를 보내거나 질문지를 다시 보내는 것과 같은 추후 독촉을 실시한다.
- 연구대상에게 간단한 기념품을 제공한다.

출처: 이은해 외(2006).

6) 질문지법의 평가

질문지법을 유형별로 평가해 보면 다음과 같다.

(1) 우편조사

우편조사는 응답자에게 우편을 통해 질문지를 배부한 후 우편으로 다시 반송하도록 하는 방법이다.

〈표 8-3〉 우편조사의 장단점

장점	단점
• 많은 연구대상을 한 번에 표집하여 자료를 수집할 수 있기 때문에 시간과 비용이 절약된다. • 연구자와 직접 접촉하지 않음으로써 연구자로 인한 오차를 줄일 수 있다. • 응답자가 익명으로 응답함으로써 사적인 문제나 응답을 꺼리는 질문에도 솔직하게 반응할 수 있다. • 응답자가 자신에게 편리한 시간에 응답하기 때문에 질문에 대해 시간적 여유를 가지고 신중히 응답할 수 있다.	• 낮은 회수율은 표본의 편파성과도 직결되어 연구결과의 일반화에 어려움을 갖게 한다. • 응답자가 질문에 빠짐없이 응답하고 있는지, 자신의 견해에 따라 솔직히 응답하고 있는지에 대해 전혀 통제할 방법이 없다. • 우편조사된 일부 문항의 미응답에 대해서나 응답자의 모호한 응답에 대해 연구자가 추가로 확인하여 재조사하기 어렵다.

(2) 온라인조사

온라인조사는 전자메일(e-mail)을 통해서 응답자에게 질문지를 전달하여 응답하도록 하는 방법으로, 우편조사를 실용적으로 대체할 수 있는 조사방법이다. 질문지의 발송과 수신, 질문지 응답이 컴퓨터를 이용하여 이루어진다.

[ㅇㅇ리서치연구소]

안녕하십니까?

여론조사전문기관 ㅇㅇ리서치연구소입니다.

본 조사는 ㅇㅇ정책연구소 주관으로 실시하는 조사입니다.

[유아교육/보육 통합에 대한 전문가 의견조사]

안녕하십니까? 저희는 여론조사전문기관 ㅇㅇ리서치연구소입니다.

저희는 이번에 ㅇㅇ정책연구소의 의뢰를 받아
〈유아교육/보육 통합에 대한 전문가 의견조사〉를 실시하고 있습니다.

본 조사는 유아교육과 보육 발전 로드맵에 대한 의견을 구하기 위하여 전문가를 대상으로 다양한 의견을 수집하고자 실시하게 되었습니다.

선생님께서 응답하신 내용은 연구 목적 외에 다른 어떤 용도로도 이용하지 않을 것을 약속드립니다.

본 조사 연구의 중요성을 감안하시어 솔직하고 성실하게 응답하여 주시기 바랍니다.
바쁘시더라도 잠시만 시간을 내어 응답해 주시면 감사하겠습니다.

공문보기 ▶

⊙ 조 사 문 의　ㅇㅇㅇ 조사담당자 (02-000-0000)
⊙ 조 사 기 간　2013년 ㅇ월 ㅇ일(ㅇ)~ㅇ월 ㅇ일(ㅇ)
⊙ 설문소요시간　약 5~7분
⊙ 응 답 사 례　사례비 ㅇ 원

설문참여하기

ㅇㅇ리서치연구소 [우: 000-000] 서울특별시 ㅇㅇ구 ㅇㅇ길 ㅇㅇ빌딩 ㅇ층
Tel. +82)2-000-0000|Fax. +82)2-000-0000|개인정보보호책임자 ㅇㅇㅇ

[그림 8-4] 온라인 조사의 예시

〈표 8-4〉 온라인조사의 장단점

장점	단점
• 질문지 우송과 회수의 과정이 필요하지 않아 응답자의 반응을 얻는 데 걸리는 시간이 상대적으로 짧다. 또한 응답자가 응답함과 동시에 응답내용이 데이터 파일로 입력되어 분석이 이루어짐으로써 조사결과를 얻는 데 시간이 절약된다. • 우편요금, 질문지의 복사비, 조사원의 교육비 등이 지출되지 않으므로 비용이 저렴하다. 또한 응답을 하지 않은 연구대상들에게 전자메일로 질문지에 대한 응답을 다시 요청할 수 있기 때문에 경제적이다. • 시간과 공간의 제약 없이 많은 수의 연구대상을 표집할 수 있다. 즉, 컴퓨터와 인터넷만 설치되어 있으면 어떤 지역도 가능하므로 광범위한 지역을 대상으로 조사를 실시할 수 있다.	• 온라인 조사는 전자메일주소가 있고 인터넷을 사용할 줄 아는 계층이나 연령대의 사람들만 연구대상으로 할 수 있어 모집단의 대표성에 심각한 문제가 생길 수 있다. • 연구대상이 아닌 사람이 응답하거나 한 사람이 여러 번 응답할 수 있기 때문에 산출된 결과를 일반화하는 데 어려움이 있다. • 스팸메일로 분류되어 메일이 삭제되거나 자신이 필요한 전자우편 이외에는 무관심해지는 경우가 있어 회수율이 낮아지는 경향을 보이고 있다. • 인터넷상에서의 개인정보 보호장치가 미흡한 경우 질문 대상자의 사생활 등이 침해를 받을 가능성이 크다.

〈표 8-5〉 주요 질문지 수집방법의 비교

기준	개별면접조사	전화조사	우편조사
1. 비용	높다	중간	낮다
2. 자료의 질			
응답률	높다	중간-높다	낮다
응답동기	높다	높다	낮다
면접자 편견	높다	낮다	없다
3. 표본의 질	높다	높다	낮다
4. 응답내용 확인가능성	높다	높다	없다
5. 익명성	낮다	낮다	높다
6. 응답자의 독해능력에 대한 의존성	없다	없다	높다

출처: 김병선 · 이윤옥(1998).

3. 면접법

면접법은 사회과학이나 행동과학 연구에 있어 관찰법이나 질문지법과 같이 가장 오래되고 널리 사용되는 자료수집의 한 방법으로 훈련을 받은 면접자와 피면접자 간의 대화를 통해 피면접자에 대한 생활사, 감정, 태도, 지각, 기대 등 언어적 진술 내용과 자세, 표정, 말투 등 비언어적 행동들의 자료를 수집한다. 면접은 주로 임상적 진단이나 상담 및 치료에 사용되어 왔으나, 최근 들어 하나의 연구방법으로 적용되어 유용하게 사용되고 있다. 특히, 면접은 아동연구에서 필수적인 조사방법이라고 할 수 있다.

〈표 8-6〉 면접법의 장단점

장점	단점
• 응답자가 질문을 이해하지 못하거나 무응답할 경우 재설명과 탐색하는 질문을 할 수 있으며 응답을 재확인할 수 있다. • 질문지에서 얻을 수 없는 심층적인 정보를 얻을 수 있다. • 면접은 피면접자의 이해수준에 따라 적절히 대응할 수 있기 때문에 적용대상의 범위가 넓고 교육수준이 낮거나 연령이 어린 대상에게도 적용될 수 있다. • 면접자와 피면접자 간의 언어적 상호작용을 통해 정보를 얻기 때문에 응답률이 높다. • 직접 면접할 경우 면접자는 관찰을 통해 여러 가지 유용한 정보(예: 피면접자가 응답하는 방식, 면접에 대한 태도, 언어구사 능력 등)를 함께 수집할 수 있다. • 제3자의 개입을 방지하여 피면접자 당사자만의 의견을 수집할 수 있으며, 누락되거나 불완전한 자료가 최소화되어 자료의 타당성이 높다.	• 개별방문과 면접에 걸리는 시간, 면접자의 훈련과 면접실시에 드는 비용과 노력이 크다. • 면접자에 대한 훈련과 감독이 어려우며, 면접과정의 균일화가 어렵다. • 면접자가 제시한 질문의 형태와 순서에 따라 피면접자들이 다른 반응을 나타낼 수 있기 때문에 면접과정의 균일화를 이루기가 어렵다. • 비구조화 면접을 통해 수집된 자료는 질적인 측면에서 풍부한 정보를 갖추고 있을지 모르나 수량적 분석과 해석이 어렵다.

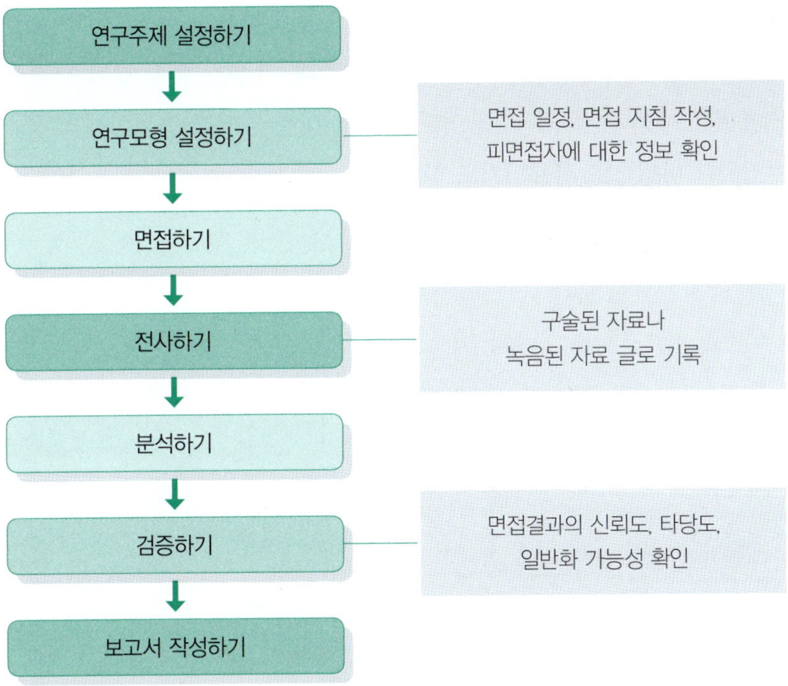

[그림 8-5] 면접법 절차

출처: Kvale(1996).

1) 면접의 유형

면접은 다양한 상황에서 여러 가지 목적으로 사용된다. 면접은 면접의 구조화 정도, 면접자가 피면접자를 대하는 방법, 면접자의 수에 따라 나누어 볼 수 있다.

(1) 구조화 면접과 비구조화 면접

면접은 면접자가 반드시 지켜야 할 준수사항이나 질문들이 사전에 얼마나 엄밀하게 정해져 있느냐에 따라 구조화 면접과 비구조화 면접으로 나누어 볼 수 있다.

구조화 면접은 면접의 내용과 순서가 미리 일관성 있게 준비되고 이에 따라 면접이 실시되는 형태이다. 즉, 면접자는 면접 스케줄에 제시되어 있는 어법이나 문항의 순서 등을 바꿀 수 없으며, 면접자에게 어느 정도의 융통성이 주어지는 개방식 질문에서도 구체적 지침을 따라야만 한다. 구조화 면접은 종종 질적 면접을 통해 설정된 가설을 나중에 검증하거나 어떤 문제에 대한 공개적인 논의에 앞서 기초자료를 수집위한 방법으로 사용되기도 한다.

구조화 면접 시 유의점

- 질문의 내용에 숙달되어 있어야 한다.
- 질문의 순서나 어법을 그대로 지켜야 한다.
- 피면접자가 반대로 면접자의 의견을 물어오는 경우, 면접자는 개인적인 견해를 피력해서는 안 된다.
- 피면접자가 질문에 대해 '모른다'는 응답을 계속하는 경우, 추가 질문을 통해 답을 알아내는 프로빙을 사용하여 그 원인을 탐색한다.
- 면접표는 피면접자에게 보이지 않도록 한다.
- 면접자는 피면접자의 말을 진지하게 들어 주어야 한다.

출처: 송인섭 · 김정원 · 정미경 · 김혜숙 · 신은영 · 박소연(2001).

비구조화 면접의 경우, 연구자는 면접의 주제나 내용을 개략적인 형태로 정하여 질문과 반응이 자유롭게 다루어지도록 한다. 구조화 면접과 달리 면접스케줄이 구체적으로 준비되어 있지는 않지만, 핵심 질문과 개략적인 절차는 제시되어 있다.

〈표 8-7〉 구조화 면접과 비구조화 면접의 장단점

유형	장점	단점
구조화 면접	• 면접자의 행동에 일관성이 높다. • 자료의 신뢰도와 객관성이 높다. • 면접자 훈련이 비교적 용이하다.	• 면접 시 융통성이 거의 없어 새로운 사실을 발견할 가능성이 적다.
비구조화 면접	• 면접을 융통성 있게 진행하여 새로운 사실이나 가설을 발견할 가능성과 타당성이 높다.	• 면접자의 자질과 훈련 정도에 따라 영향을 많이 받는다. • 자료의 신뢰도에 문제가 생길 수 있다. • 면접결과의 분석이 용이하지 않다.

(2) 대면면접과 비대면면접

대면면접은 면접자와 피면접자가 직접 대면하여 대화를 나누며 정보를 수집하는 방법으로 흔히 언급하는 면접법은 대부분 대면면접으로 실시된다.

비대면면접에는 전화면접이 해당된다. 최근에 전화면접은 조사연구에서 보편적으로 널리 사용되는 방법이다. 그 이유는 무작위로 전화번호를 표집하는 방법인 무작위 전화번호 선정방법이 개발되어 확률적 표집이 가능해졌기 때문이다. 전화면접은 여론조사나 선거 관련 조사에서 많이 사용된다.

[그림 8-6] 대면면접과 비대면면접(전화면접)

〈표 8-8〉 대면면접과 비대면면접(전화면접)의 장단점

유형	장점	단점
대면 면접	• 면접자가 피면접자의 응답내용과 함께 비언어적인 행동에 대한 자료도 함께 수집하여 응답내용의 해석과 진위 여부를 판단하는 데 활용할 수 있다.	• 익명성이 보장되지 않는다. • 면접자의 존재가 피면접자의 반응에 영향을 줄 수 있다. • 피면접자가 자신의 사적인 정보를 제공할 때 불편해할 수 있다.
비대면 면접 (전화면접)	• 시간과 비용이 적게 든다. • 사회적으로 비난받을 수 있는 응답에 솔직하게 답할 수 있다. • 대면하지 않음으로써 신체적, 심리적 안전이 보장된다.	• 피면접자가 면접 도중에 전화를 끊어 버림으로써 면접이 종료될 수 있다. • 피면접자의 비언어적인 행동을 파악할 수 없다. • 면접 동안 자료를 기록하기 어렵다. * 면접시간이 30분 이상 길어질 때에는 전화면접이 효과적이지 않다.

(3) 초점면접과 초점집단면접

초점면접은 특정한 경험을 한 피면접자들에게만 질문을 하는 방법이다. 초점면접은 피면접자로 하여금 특정한 사회적 상황과 경험에 대해 질문하고 응답하게 함으로써 그 상황으로부터 받는 영향을 중점적으로 파악하려는 면접이다.

초점집단면접은 특정 주제에 대해 한 집단의 사람들이 어떻게 느끼고 생각하는지를 살펴보는 방법이다. 초점집단은 보통 12~15명 정도로 구성되며, 주어진 과제나 문제에 관해 논의하기 위해 정해진 장소에 모이게 된다. 면접자는 토론의 내용이 주제에서 벗어나지 않는 한 자유롭고 개방된 방식으로 토론을 진행시켜 나가면 된다. 초점집단을 이용하면 면접자는 짧은 시간 내에 참여자를 구할 수 있고 이들로부터 심도 있는 정보를 수집할 수 있지만 초점집단 참가자들은 엄격한 확률표집 방법을 통해서 선정되는 경우가 거의 없으며, 모집단에 대한 대표성도 없다. 따라서 이 방법은 어떤 결정적인 결과를 기술하거나 설명하는 데 있다기보다는 탐색하는 데 있다.

〈표 8-9〉 초점집단면접의 장단점

장점	단점
• 실생활의 생생한 자료수집이다. • 안면타당도가 높다. • 집단사용에 융통성이 있다. • 연구결과를 신속하게 얻을 수 있다. • 연구비용이 저렴하다.	• 개별면접보다 집단을 통제하기 어렵다. • 자료분석이 어렵다. • 사회자에게 집단면접에 관한 기술이 필요하다. • 집단 간의 차이가 문제가 될 수 있다. • 집단구성원을 정해진 시각에 한 장소에 불러 모으기가 어렵다. • 토의가 촉진되는 분위기에서만 가능하다.

출처: Krueger(1988).

2) 면접 수행 시 유의점

면접을 진행하기 위해서 면접자는 일련의 진행과정에 세심한 주의를 기울여야 한다. 특히, 면접은 면접자와 피면접자 간의 상호관계에 기초하여 이루어지므로 우호적이고 신뢰할 수 있는 관계가 성립되지 않는 한 기대하는 결과는 이루어지지 않는다. 면접자가 효과적으로 면접을 수행하기 위해 유의해야 할 사항은 다음과 같다(황혜정 외, 2011).

① 핵심질문을 미리 구체화한다.

면접은 면접자의 기술과 역량에 따라 차이가 날 수 있으므로, 연구문제와 관련된 핵심 질문을 미리 준비하고 이를 면접과정에서 사용하는 것이 바람직하다. 일반적으로 핵심질문을 5~7개 정도로 구성한다.

② 적절한 장소와 시간을 찾는다.

면접을 방해받지 않고 진행하기 위해서는 조용한 장소를 찾는 것이 좋으며, 일반적으로 면접은 낮 시간을 이용하여 주중에 실시하는 것이 바람직하다.

③ 동의서를 받는다.

면접자들을 대상으로 면접을 할 수 있도록 사전에 허락을 구하는 것은 매우 중요한 일이다. 연구 응답의 비밀보장을 확신시키고 응답에 대해 보호가 적절하게 이루어지고 있음을 전달한다. 또한 목적과 면접내용을 결과에 어떻게 활용할 것인지를 설명하고 연구를 수행한 후에는 최종 연구결과를 제공하도록 한다.

④ 친밀감을 형성하여 면접하고 피면접자의 말을 경청한다.

피면접자에게 예의바르고 공손하게 대하며, 라포를 형성하기 위하여 그들이 말하는 것에 진정한 관심을 보이며 경청하도록 한다. 피면접자로 하여금 자신의 생각을 자유롭게 말하도록 하며, 추상적인 것보다는 구체적인 질문을 한다. 한편 피면접자를 당황하게 하는 질문은 삼가야 하며, 개인적이고 민감한 문제에 대해서는 신중을 기하도록 한다.

면접 도입부의 주요 내용

- 면접자의 신분 밝히기
- 연구기관이나 후원기관 등을 밝히기
- 연구목적, 내용, 수집하고자 하는 정보 등을 포함해서 면접 요청 동기 설명하기
- 연구에서 본래 의도한 면접대상자가 맞는지 확인하기
- 비밀보장, 자발적 참여, 대략적인 소요시간, 문의사항 등 면접과 관련된 중요한 조건을 설명해 주기
- 면접참여로 인한 이익 또는 불이익이 있다면 설명해 주기
- 면접참여에 대한 수락을 얻어내기

⑤ 면접내용을 그대로 전사하고 감정을 표현하지 않는다.

비구조화 면접의 경우 피면접자가 말한 모든 내용을 속기나 테이프 녹음, 휴대용 노드북 등을 이용해서 기록하도록 하며, 보다 정확한 정보를 얻기 위해 피면접자에게 놀라거나, 동의하거나, 부정하는 등의 반응을 보이지 않아야 한다.

⑥ 성인과 달리 아동을 대상으로 면접 시 다음 사항을 특별히 고려해야 한다.

첫째, 아동은 제한된 언어능력을 가지고 있으며, 이해능력이 아직 부족하다. 둘째, 면접상황에 대한 이해가 부족하여 주의집중력이 짧다. 셋째, 감정 통제가

어려우며, 면접자의 역할을 잘 이해하지 못하여 장난을 할 수 있다. 따라서 모든 면접을 한 번에 마무리하려고 하지 말고 충분한 시간을 두고 실시하며, 면접시간은 가능한 한 짧게 한다. 특히, 면접자와 아동과의 친밀감 형성이 중요하므로 아동이 면접장소와 물리적 환경에 익숙해 질 수 있도록 여유를 준다.

3) 면접자의 자질

면접자가 이상과 같은 역할을 제대로 수행하기 위해서는 연구의 목적이나 성격에 맞는 특정한 능력, 지식, 기술을 겸비해야만 한다(백욱현, 2006).

(1) 능력

면접자의 능력은 특별한 사전훈련 없이 면접을 수행하는 데 요구되는 기본적인 자질을 의미한다.

면접자에게 요구되는 능력

- 발음이 명료하며 어법에 맞게 정확하게 말을 구사하기
- 면접대본의 질문을 구두로 잘 제시하고 지시사항을 준수하기
- 응답자의 반응을 응답자의 언어로 정확하게 기록하기
- 질문하고 동시에 응답을 기록하고 지시사항을 준수하기
- 대면면접인 경우, 저녁시간이나 주말에 시간을 내기
- 대면면접인 경우, 면접장소를 찾아다니면서 면접할 수 있기
- 면접에 필요한 지식이나 기술을 습득할 수 있는 훈련에 참여하기
- 면접기술을 스스로 연마할 수 있기
- 응답을 촉진할 수 있는 응답자의 비언어적 단서를 포착하기

(2) 지식

면접자의 지식이란 면접을 잘 수행하기 위하여 면접자가 사전에 숙지해야 하는

면접에 관련된 정보나 절차를 의미한다. 이러한 지식은 면접 전의 훈련기간에 면접자에게 제공될 수 있다.

면접자에게 요구되는 지식

- 면접 시 면접자의 주요 역할 이해하기
- 면접 시 응답자의 질문에 답변할 수 있는 연구에 관한 제반사항 알기
- 연구의 목적과 주요 내용 알기
- 응답자로 하여금 면접거부를 최소화할 수 있는 요령 알기
- 응답자의 사생활 보호와 비밀보장에 관한 원칙 알기
- 면접을 위한 사전접촉과 면접에 응하도록 동기화하는 방법 익히기
- 응답자를 상대로 정확하게 질문하는 방법 알기
- 응답을 정확하게 기록하는 방법 알기
- 면접 시 대화의 상호작용에 관한 지식 익히기
- 응답자에게 심층탐색 질문을 하는 방법 알기

(3) 기술

기술은 면접수행 시 주어진 일을 적절히 잘 해내는 행동상의 요령이다. 이 면접기술은 개인이 지니고 있는 능력, 경험, 그리고 훈련의 융합으로부터 나온다.

면접자가 갖추어야 할 기술

- 낯선 사람과 대화를 시작하고 유지하기
- 예기치 못한 응답자의 질문에 적절히 대처하고 반응하기
- 면접과정에 개인적인 견해를 드러냄이 없이 중립적으로 행동하기
- 면접을 지루하지 않게 만들기
- 물 흐르듯이 매끈하게 면접과정을 진행하기
- 돌발상황에 임기응변적으로 대처하기
- 면접 분위기를 아늑하고 편안하게 만들기
- 비언어적 의사소통에 민감하기

09

사례연구

1. 사례연구의 특성

사례연구는 질적 연구방법 가운데 하나로, 어떤 현상의 특수한 사례를 연구하는 방법을 의미한다. 먼저, 질적 연구는 연구자가 자연스러운 상황에서 연구대상자가 경험하는 것을 관찰하거나 생각하는 것을 면접하고, 동시에 다양한 시각적 텍스트를 의도적으로 수집해서, 그 맥락 속에서 연구대상자가 의미하는 바를 이해하거나 해석하고자 하는 것을 의미한다. 이러한 질적 연구가 필요한 이유는 우선, 어떻게 혹은 무엇 때문에 이러한 일들이 시작되거나 발생하게 되었는지 등을 밝히기 위하여 실행할 수 있다. 둘째, 연구대상자들의 행동들을 설명하기 위해 활용할 수 있는 이론이 없지만, 이러한 이론들이 개발될 필요성이 있을 때 실행할 수 있다. 셋째, 어떠한 주제에 대해 구체적인 시각을 제시할 필요성이 있을 때 실행할 수 있다. 넷째, 자연스러운 맥락 속에서 연구대상자들을 연구해야 할 필요성이 있을 때 실행할 수 있으며, 마지막으로 연구대상자의 시각에서 이야기를 들어 볼 수 있을 때 이러한 연구를 실행 할 수 있다(Cresell, 1998).

여러 가지 질적 연구방법 중 사례연구는 특정한 개인이나 집단 혹은 기관을 대상으로 하나의 특정한 상황, 대상, 기록, 사건이나 개념 등에 대해 집중적으로 자세하게 조사하고 분석하는 연구방법이다. 사건이 '어떻게', '왜' 일어났는지에 대한 질문이 제기되거나, 연구자가 사건을 거의 통제할 수 없을 때나 사례가 독특할 때 선호되는 연구전략으로 사례 자체와 그 안에 포함된 의미를 심층적으로 이해하기 위해 사용하는 연구방법이다(Merriam, 1991; Stake, 1995; Yin, 2003).

사례연구는 많은 학문 분야에서 사용되어 왔으며, 이러한 연유로 사람들은 사례연구를 친숙하게 인식하고 있다. 심리학이나 의학 분야에서 사례연구는 환자의 특별한 상황에 대한 연구를 의미하였고, 법학에서는 판례법의 예가 되기도 하였으며, 경영학에서는 경영사례로 불리기도 하였다. 특히, 사회과학에서는 인류학자들이 특별한 지역에 대한 연구나 가족들에 대한 연구를 한 경우가 있다(Cresell, 1998).

인간발달과 교육 분야에서도 사례연구가 광범위하게 활용되고 있다. 특히, 교육 분야 중 교사교육에서 사례가 어떻게 사용되었는지를 연구한 Doyle(1990)에 따르면, 1920년대 후반부터 수업사례가 사용되었으며, 이러한 수업사례는 1987년 Shulman에 의해 조금 더 본격적으로 활용되게 되었다.

수업사례란 특정한 장소, 즉 교수 상황에서 일어난 사건에 대한 서술식 기록으로, 특정한 사건과 관련된 등장인물, 목적, 행위, 설명, 의미부여 등 정확한 구성을 갖추고 있다. 또한 교수 현장에서 일어나는 긴장과 스트레스, 위기를 포함하고 있기 때문에, 수집된 증거와 자료들을 조심스럽게 제공하고, 때로는 상황 속에서 내려진 다양한 결정에 대한 결과를 묘사하는 등 다차원적인 실제를 보여 준다(Gillespie, 1996; Kagan, 1993).

임상 사례연구는 임상적인 차원에서 실행이 되기도 한다. 개별적으로 아동의 발달을 최대한 도와주기 위해 현재 처한 문제를 진단하고, 그에 따른 처치나 치료 계획을 세우는 등의 임상 사례연구를 하기도 한다. 즉, 원인과 결과를 예측하기보다는 행동을 야기하는 잠재적인 여러 변인들을 찾거나 연구하려는 사건이나 현상을 그대로 기술하는 것을 강조하는데 이러한 유형은 실천연구 또는 현장연구의 차원에서 종종 활용된다(양옥승, 1997).

현장 사례연구는 교육 현장에서 문제가 발생했을 때, 그 문제에 개입되어 있는 사람들이 문제의 해답을 발견하기 위해 다음과 같은 단계를 거치며 해결하는 과정을 다룬다. 1단계에서는 문제를 확인하고, 2단계에서 문제의 원인에 대한 예측 및 문제해결 방법을 개발한다. 3단계에서 하나 혹은 그 이상의 예측을 검증한다. 이때 상황에 대한 자료와 증거를 수집하고, 예들을 실제 시행하고, 어떠한 일들이 발생하는지 알아보고, 이러한 증거들을 대상으로 평가 또는 일반화하는 과정을 거친다(Almy & Genish, 1996).

2. 사례연구의 장점과 단점

사례연구의 장점과 단점에 대해 여러 학자들이 정리한 내용을 살펴보면 다음과 같다(양옥승, 1997; Merriam, 1991; Yin, 2003).

첫째, 사례연구는 한 분야의 지식의 틀을 형성하고 발전시키는 데 큰 영향력을 미치고 있다. 교육의 과정, 교육 문제, 그리고 프로그램의 효과를 분석하고 개선하는 방안을 제시할 때 적절하게 사용되었다.

둘째, 사례연구는 교육혁신을 위한 연구, 프로그램 평가, 정책 결정에 유용한 정보를 제공한다. 즉, 사회 단위, 사회 체계 내의 상호작용과 변화를 평가하는 데 적절한 연구방법으로 정책 수립을 위한 기초 연구로 자주 활용된다.

셋째, 사례연구는 특정 상황이나 사회 문화적 맥락 내에서 상호작용을 하고 있는 사람을 이해하는 데 많은 도움을 준다. 어떤 현상에 대한 특정 사람이나 집단의 개입이 어떠한 변화가 있었는지 파악할 수 있게 해 준다.

그에 비해, 사례연구는 첫째, 시간과 비용이 비경제적이고, 둘째, 연구자의 능력에 따라 연구결과가 좌우된다. 특히, 연구 초보자는 사례를 지나치게 단순화시키거나 과장함으로서 하나의 사례가 전체를 나타낸다는 그릇된 결과를 내릴 수 있다는 단점이 있다.

3. 사례연구의 종류

사례연구는 연구 목적에 따라 탐색적 사례연구, 도구적 사례연구, 집합적 사례연구로 구분할 수 있으며, 그 특징도 조금씩 차이가 있다(Stake, 1995).

탐색적 사례연구(intrinsic case study)는 연구자가 탐구적인 목적을 갖고, 선택한 특정 사례에 대해 보다 나은 이해를 얻고자 이루어진다. 즉, 연구자가 선택한 사례가 특별한 경향이나 문제성을 갖고 있지만 동시에 일반적인 특성도 모두 중요해서 사례 자체가 곧 연구의 주요 관심이 될 때 실행된다.

도구적 사례연구(instrumental case study)는 연구자가 특정한 사례에 대한 검토 연구를 함으로써 기존의 이론을 더욱 발달시키거나 문제점을 분석해 보고자 할 때 이루어진다. 이 경우 선택된 사례는 다른 사례들에 대한 이해를 돕고자 부차적인 도구적 역할을 하게 된다. 그러나 특정 현상에 대한 인간의 이해라는 측면에서는 엄밀히 따진다면 탐색적인 사례연구와 명확하게 구분하기란 어렵고, 어느 정도의 공통점을 나누어 가진 상태에서 구획될 수 있을 것이다.

집합적 사례연구(collective case study)는 연구대상의 사례가 지닌 어느 한 가지 측면의 특별한 관심에 집중하기보다는 모집단이나 표본적인 조건, 혹은 관련 현상 등을 하나로 연계해서 다양한 관심사항들을 총체적으로 탐구하고자 할 때 이루어진다. 예를 들어, 오늘날 청소년들의 도덕적 위기 현상을 특별히 조명하거나 현상을 총체적으로 다룰 때 사용할 수 있다.

4. 사례연구 수행 절차

사례연구를 수행하는 데 있어서, 연구자는 다음과 같은 내용들을 고려해야 한다(Cresell, 1998).

첫째, 어떠한 사례연구 유형이 가장 가능성이 있는지, 유용한지를 고려해야 한다. 사례연구의 종류에는 하나의 사례만을 연구대상으로 하는 단일사례연구와 동일한 연구 내에 둘 이상의 사례를 연구하는 방법인 다중사례연구가 있다(Bogdan & Biklen, 2006). 다양한 사례 중 선택할 사례가 단일사례일 수도 있고, 집합적 사례일 수도 있고, 복합적인 현장을 포함할 수도 있고, 현장 내에서 이루어질 수도 있다. 선택할 사례가 어떠한지, 어떠한 사례를 선택할 것인지에 대해 의도적으로 표본을 추출(purposeful sampling)해야 한다. 의도적인 표본선정이란 연구자가 가장 많은 정보를 얻을 수 있는 사람을 선정하는 것이다(Merriam, 1991). 다중사례연구는 일반적으로 단일사례연구보다 더 타당하고 현실적이다(Merriam, 1991). 다중사례의 사례들은 같은 결과를 예측해 보거나, 다른 조건하에서 상반된 결과를 예측하기 위해 선택된다(Yin, 2003). 다중사례연구를 설계할 때 몇 개의 사례가 적절한지를 선택하는 것은 다중사례의 결과에 대해 얼마나 확신하는가에 따라 결정된다(Yin, 2003). 어떤 사례를 탈락시키고 다른 사례를 선정할지를 알기 위해서는 사례연구 과정에서 조기 평가를 하는 것이 중요하다(Stake, 1995). 사례선택기준은 연구하고자 하는 과정을 최대화하는 것이어야 하며, 의미 있는 특성들은 무수히 많을 수 있으므로 그 특성 중 몇 가지만을 포함할 수 있다(Stake, 1995).

둘째, 자료 수집원에 대해 고려해야 한다. 자료 수집은 폭넓게 이루어지며 관찰, 면접, 문서, 시청각 자료와 같은 다중적인 정보원(multiple sources of information)을 포함한다. 예를 들어, Yin(2003)은 문서, 문서기록, 면접, 직접관찰, 참여관찰, 물리적 인공물의 여섯 가지 정보 유형을 추천한다.

셋째, 수집한 자료를 어떻게 분석하고 제시할 것인지 고려해야 한다. 자료 분석에 대해 Yin(2003)은 사례 전체에 대한 총체적 분석(holistic analysis) 또는 사례의 구체적인 측면에 대한 삽입된 분석(embedded analysis)으로 할 것인지 결정할 수 있다고 하였다. Stake(1995)는 사례의 세부적인 기술(description)이 나타나며, 연구자에 의해 주제나 이슈들에 대한 분석(analysis of themes or issues)과 사례에 대한 해석이나 주장(assertion)을 통해 자료를 제시할 수 있다고 하였다. 또한 선별된 사례들을 주요 사건들의 연대기와 같은 기법으로 이야기를 선택할 것인지, 혹은 각 사례의 세부적인 기술과 그 사례들 내의 주제들을 제시하고 분석을 할 것인지, 아니면 사례들에 걸쳐 있는 주제를 분석하며 사례의 의미에 대한 주장이나 해석을 할 것인지 결정해야 한다.

5. 임상 사례의 연구의 예

여기에 제시한 연구는 해결중심 단기놀이치료 모델을 활용하여 실시한 임상 사례 연구이다(김태은, 2009). 6명의 사례를 정한 후, 이들을 관찰하고 면담하며, 치료를 해 나갔던 예이다. 다음은 실시한 연구의 방법 및 연구결과의 일부를 발췌한 것이다.

1) 해결중심 단기놀이치료의 모델과 내용

해결중심 접근의 철학과 원리에 기초한 '해결중심 단기놀이치료' 모델의 과정은 다음과 같다.

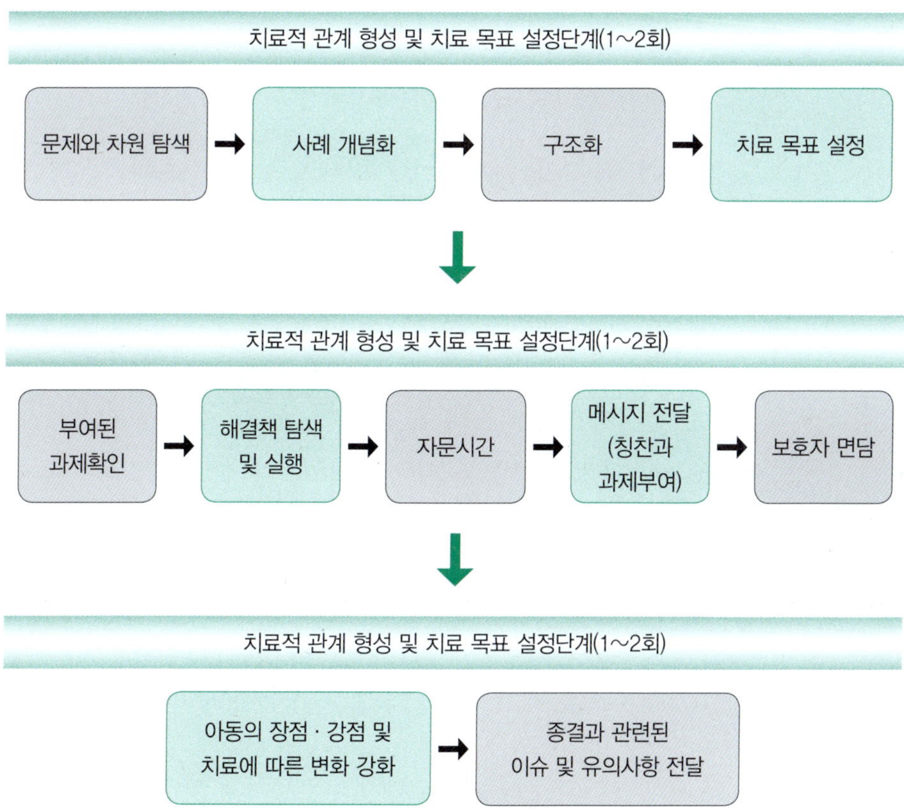

[그림 9-1] 해결 중심 단기놀이치료의 단계

해결중심 단기놀이치료의 단계별 내용을 〈표 9-1〉에 기술하였다.

〈표 9-1〉 해결중심 단기놀이치료의 단계별 내용

치료과정		내 용
치료적 관계 형성 및 치료 목표 설정단계 (1~2회)	문제와 자원탐색	치료자는 내담 아동과 아동의 보호자를 면접하여 아동의 문제와 자원을 알아봄.
	사례 개념화	치료자는 해결중심 접근의 철학에 기초해 문제해결 방안을 정의함.
	구조화	치료자는 치료 일시, 치료에서 허용되는 행동과 통제되는 행동, 치료를 위한 놀이의 내용과 형식에 대한 지침을 아동과 보호자에게 전달함.
	치료 목표 설정	보호자의 의견을 수렴해 아동이 치료 목표를 설정함.
해결책 탐색 및 실행단계 (2~9회)	과제 확인	지난 회기의 과제를 실천해 본 결과에 대해 아동과 치료자가 이야기를 나눔.
	문제해결책 탐색	아동은 해결중심적 놀이를 통해 문제의 해결책을 탐색함. 치료자는 치료 기법을 사용하여 이 과정을 촉진함.
	자문시간	치료자는 과제 확인 및 문제해결책 탐색에 대한 아동의 반응 기록을 참고하여 아동에게 전달할 메시지(회기 요약, 장점 칭찬)와 과제를 작성함.
	메시지 전달 (칭찬과 과제부여)	치료자는 자문시간에 작성한 메시지와 과제를 아동에게 전달함.
	보호자 면담	치료자는 보호자로부터 치료에 따른 아동의 변화를 보고 받고 해결중심 단기치료의 기법을 사용하여 보호자의 아동에 대한 관점을 긍정적으로 변화시킴. 아동의 문제와 자원에 대한 정보를 보호자에게 제공함.
종결단계 (9~10회)	장점 · 강점과 치료에 따른 변화 강화	치료자는 아동의 장점 · 강점, 치료에 따른 변화를 요약하고 축하함. 변화하기 위해 아동이 노력한 것을 인정하고 칭찬함.
	종결과 관련된 이슈 및 유의사항 전달	치료자는 치료 종결 후 일어날 수 있는 변화들과 변화를 유지하기 위해 할 수 있는 일들을 알려 줌.

2) 연구과정

(1) 사례선정

정서 및 행동 문제를 가진 정상 발달 범주에 속한 6명의 아동을 선정하였다.

각 아동별 기본적인 정보, 즉 대상 아동의 성, 연령, 가족 관계 등과 아동의 어려움에 대한 정보를 수집하였고, 각 아동별 치료 목표를 세웠다.

〈표 9-2〉 아동의 정보

	치료 목표		
아동 1	• 갈등해결 능력 향상	• 분노조절 능력 향상	• 또래와 상호 작용하며 놀기
아동 2	• 정서 및 행동조절 능력 향상 • 차분하게 늘리기	• 또래관계 개선 • 차분하게 행동하기	• 운동, 독서량 늘리기
아동 3	• 갈등해결 능력 향상	• 조절 능력 향상	• 또래관계 개선
아동 4	• 갈등해결 능력 향상 • 타인 입장 고려하기	• 분노조절 능력 향상 • 정서표현 능력 향상	• 또래관계 개선
아동 5	• 자기주장 능력 향상	• 또래관계 개선	
아동 6	• 분노조절 능력 향상	• 또래관계 개선	• 학업에 관심 갖기

(2) 자료 수집

○ 치료과정의 참여 관찰 및 녹화

연구자는 치료과정을 진행하면서 아동의 행동을 직접 관찰하고 내용을 기록하였으며, 치료과정을 모두 녹화하였다. 관찰 내용 기록과 녹화자료 두 가지 방법을 사용함으로서 자료의 정확성을 추구할 수 있었으며, 미시적 분석을 가능하게 하였다.

치료과정에서 연구자는 치료자의 역할을 수행하고 있었기 때문에 관찰한 내용을 빠짐없이 전부 기록할 수가 없었다. 따라서 아동의 미세한 표정 변화, 작은 한숨 소리 등 잘 녹화되지 않을 가능성이 있는 내용과 치료의 진전 및 지체에 대한 치료자의 느낌을 중심으로 기록하였다.

(3) 자료 분석

Creswell(1998)이 제안한 나선형 분석 방법으로 자료를 분석하였다. 나선형 자료 분석은 자료 수집, 자료 처리, 읽고 메모하기, 기술 · 분류 · 해석, 시각화를 통한 보고의 5단계로 진행된다.

- 자료 처리 단계에서는 참여자 6명에게 각각 7~10회까지 실시된 치료 회기를 녹화한 테이프를 모두 전사하여 원자료화하였다. 그리고 아동의 미세한 표정 변화나 작은 말 소리 등이 녹화되지 않을 경우를 대비해 치료 관찰 일지와 전사 자료를 비교했다. 회기에서는 관찰되었던 것이 녹화되지 않은 경우에는 원자료에 일지 자료임을 표시하고 기록하여 녹화 자료를 보완하였다.
- 읽고 메모하기 단계에서 연구자와 보조 분석자는 각자 원자료를 3회씩 반복해서 읽으며 치료 기법을 기록하고 이에 대한 아동의 반응을 메모하였다.
- 기술 · 분류 · 해석단계에서 연구자는 보조 분석자가 원자료에 메모한 내용과 연구자가 메모한 내용을 비교하고 기법에 대한 아동의 반응을 자세히 기술하였다. 이를 다시 읽으면서 기법별로 반응을 분류해 두고, 기법에 대한 반응에서 주제를 발견하였다. 치료적 개념과 연구자의 직관에 근거해 주제에 명칭을 부여하였고 보조 분석자와 이의 적절성에 대해 의논하였다.

〈표 9-3〉에 제시한 내용은 아동들이 보였던 반응의 내용에 따른 반응 주제와 사용된 치료 기법의 내용이다.

〈표 9-3〉 6명 아동들이 나타낸 반응-치료 기법에 대한 아동의 반응에 대한 주제어

사용된 치료 기법		빈응 내봉	반응 주제
해결중심 놀이 기법	1. 예외 찾기 놀이 기법	문제가 없었을 때 어떻게 행동했었는지 생각해 보고 그 행동을 놀이로 시연함	해결책을 찾고 실행해 보는 놀이를 함
	2. 기적 상상 놀이 기법	문제없이 성장한 미래 모습을 상상해 봄	치료 목표를 세움
		기적상황에 있는 나와 현재의 나를 비교해 보고 바꿔야 할 점을 찾음	
		지금과는 다르게 해야 할 행동, 생각, 태도를 치료 목표로 제안함	

사용된 치료 기법		반응 내용	반응 주제
해결중심 놀이 기법	3. 다른 사람 마음 알기 놀이 기법	나의 문제를 부모, 선생님, 친구의 관점에서 바라봄	자신을 객관적으로 평가함
		문제해결 결과를 부모, 선생님, 친구의 관점에서 바라봄	
		예외상황에서 나의 행동을 부모, 선생님, 친구의 관점에서 평가해 봄	
	4. 극복 경험 찾기놀이 기법	어려움에도 불구하고 잘 지내 온 이유를 깨닫고 이를 활용해 문제를 해결해 봄	해결책을 찾고 실행해 보는 놀이를 함
	5. 비교하기 놀이 기법	생각난 몇 가지 해결책들을 비교해 보고 가장 효과적이라고 생각되는 해결책을 선택함	자신에게 의미 있는 것을 하기로 결정함
		다양한 생각들을 서로 비교해 보고 더 낫다고 생각하는 것을 선택하고 결정함	
		치료 전과 후 나의 상태를 비교해 보고 변화한 것을 알게 됨. 열심히 상담에 임할 것을 결심함	
알지 못함의 의사소통 기법	6. 반영	문제행동이 나타나는 상황에서 느낀 것을 분명히 알게 됨. 치료자와 이에 대해 짧은 대화를 나눔	치료자와 정서적으로 접촉하고 해결책을 찾음
		생각과 느낌을 표현하여 문제를 해결하기로 결심함	
	7. 경청	부정적 감정이 해소됨	감정을 정화하고 치료에 대한 의지를 다짐
		문제를 빨리, 잘 해결하고 싶음	
	8. 치료에 대한 쉽고 간략한 설명	치료로 변화할 수 있을 것 같음	치료를 받아들임
		치료의 목적이 무엇인지 알겠음	
		치료의 긍정적인 면을 발견함	
		문제가 있었음을 인정함	
		문제가 무엇인지 생각함	
	9. 긍정적인 비언어적 행동에 주목	자원을 알게 됨	자원을 발견하고 긍정적 정서를 느낌
		자원을 알게 되니 기분이 좋고 뿌듯함	
아동의 발달을 고려한 기법	10. 견뎌 주기	부정적 정서를 극복함	치료과정에서 나타나는 어려움을 참고 극복함
		치료 장면에 집중함	
	11. 상징을 통해 드러내기	생각, 느낌을 표현함	자신을 표현함

- 시각화를 통한 보고단계에서 연구자는 발견된 주제가 치료과정에서 언제 나타나는지 알아보기 위해 원자료를 다시 살펴보고 이를 도식화하였다.

자료 분석 과정에서 Guba와 Lincoln(1981)이 제시한 사실적 가치(true value), 적용성, 일관성, 중립성 기준을 따라 연구의 객관성을 확보하고자 하였다.

- 양적 연구의 내적 타당도와 유사한 사실적 가치 확보를 위해, 연구자는 자료분석을 마친 후 원자료를 다시 읽으면서 발견된 주제와 도식에서 벗어나는 예외사례가 없는지 점검하였고 분석 결과를 가족치료 수퍼바이저 1인에게 검토받았다.
- 질적 연구의 적용성은 양적 연구의 외적 타당도와 유사한 것으로, 결과를 읽는 사람이 자신의 경험에 비추어 보았을 때 의미 있고 적용 가능하다고 평가하는지 알아보거나 심층적인 자료를 포화상태에 이를 때까지 수집함으로써 확보할 수 있다. 본 연구에서는 2명의 아동상담사에게 연구결과를 보여 주고 임상 경험에 비추어 타당성이 있는지 확인해 줄 것을 요청하였고 이에 대해 긍정적인 피드백을 받았다. 또한 6명의 아동에게 개별적으로 7~10회까지 실시한 총 53회기의 치료과정을 모두 분석에 포함시켜 충분한 양의 자료를 확보하기 위해 노력하였다.
- 일관성은 양적 연구의 신뢰도를 의미하는 것으로, 다른 연구자가 이 연구를 수행하였을 때 비슷한 결론에 도달할 수 있다면 일관성이 높은 질적 연구로 평가될 수 있다. 연구자는 대학원에서 질적 연구방법을 수강하고 논문 작성 중 질적 연구방법에 관한 학술대회에 지속적으로 참여하면서 널리 사용되는 질적 연구의 절차와 분석 방법에 대해 학습하였다.
- 중립성은 편견 없이 연구를 시행해야 한다는 것으로, 자료 분석 과정에 보조분석자를 포함시키고 의논하여 연구자의 주관과 편견이 작용할 가능성을 감소시켰다.

(4) 결과 및 해석

아동 1에게 나타난 반응에 대한 분석을 〈표 9-4〉에 제시하였다.

〈표 9-4〉 아동 1이 보였던 반응에 대한 분석들

1. 예외 찾기 놀이 기법	• 일찍 귀가했던 때가 생각남. • 다른 사람들이 귀찮을 수도 있으니 그만 장난쳐야겠다고 마음먹었던 때가 생각남. • 친구들과 다투지 않고 잘 놀았던 상황에서 어떻게 했었는지 기억남.
2. 기적 상상 놀이 기법	• S전자에 입사한 상황을 놀이로 표현함. • 내가 무엇을 원하는지 알겠음.
3. 다른 사람 마음 알기 놀이 기법	• 엄마와 친구 입장을 생각해 보니 폭력 행동을 없애야 하겠음. • 수업시간에 떠드는 것이 다른 아이들에게 방해가 되니 쉬는 시간에 떠들어야겠음. • 선생님 마음을 상상해 보니 도와드려야겠다고 마음이 먹어짐.
4. 극복 경험 찾기 놀이 기법	• 문제를 그동안 잘 해결해 온 방법이 생각남. • 위험한 곳에 가지 않았던 이유를 알았으니 그 방법을 다른 문제에도 사용해야겠음. • 컴퓨터 게임을 많이 했음에도 왜 더 많이 하지는 않았는지 알겠음. • 조금만 더 공부하면 성적이 오르는데 그걸 잊어버리고 있었음.
5. 비교하기 놀이 기법	• 내가 뭘 더 원하는지 알겠음. • 과제 안 하는 것보다 하는 것이 낫겠음. • 애들과 싸우는 것보다 안 싸우는 게 낫겠음.
6. 반영	• 왜 화가 났는지 알겠음. 화가 났다고 말로 하는 것이 좋은 방법일 것 같음. • 친구가 부러웠음. 미워하는 대신 자랑하지 말라고 말할 것임. • 귀찮게 하면 심하게 짜증을 냄. 짜증났으니 건드리지 말라고 말하는 것을 해야겠음.
7. 경청	• 속 시원함. • 빨리 다시 했으면 좋겠음. • 빨리 상담해서 방법을 알고 싶음. • 기분 좋음. • 기분이 나아짐.
8. 치료에 대한 쉽고 간략한 설명	• 침묵하지만 입에 힘을 주고 다묾. '짜증내는 것'이 변한다면 자신이 달라진 것을 알 수 있을 것 같음.
9. 긍정적인 비언어적 행동에 주목	• 난 잘하는 것이 많음. • 야무진 것 같음. • 의리파임, 침착함. • 기분이 썩 괜찮음, 쑥스러움(웃음).

10. 견뎌 주기	• 억울하지만 견딜 만함. • 폭력 대신 억울하다고 말로 하는 것이 나을 것 같음. • 언제 안 그랬는지 알겠음. • 다시 놀이를 하길 원함.
11. 상징을 통해 드러내기	• 걔가 저에요. 세 보이죠?(웃음) 저도 (모형) 딱 보고 알았어요. 깜짝 놀랐어요. • 피노키오가 저에요. • 저는 나무 위에 앉아 있어요. • 독수리는 세고 날아다녀서 부러워요. • 코끼리가 선생님이에요.

〈표 9-4〉에서 제시했던 아동 1의 반응 중 '치료에 대한 쉽고 간략한 설명에 대한 사례'에 해당하는 예와 그에 대한 해석을 〈표 9-5〉에 제시하였다.

〈표 9-5〉 해결중심 놀이 기법 중 '치료에 대한 쉽고 간략한 설명에 대한 사례'

[사례 1]

아동 1은 자신이 치료에 의뢰된 이유를 알지 못했기 때문에 치료에 소극적이었다. 아동에게 치료의 목적과 참여하는 이유에 대해 간략하게 설명하는 기법이 적용된 후 아동은 다음과 같이 반응한다.

치료자: 내가 너희 선생님한테, 조금, 아주 조금 변한다면 더 멋있게 변할 것 같은 아이들, 요거 조금만 바뀌면 100점짜리 아이가 될 것 같은 애들을 추천해 달라고 말씀드렸더니, 너를 뽑아 주시더라.

아동 1: 그래요?

치료자: 난 너랑 만날 게 기대돼. 어떻게 변하게 될까. 우린 많이 만나도 10번 안 넘게 만날 거야.

아동 1: (입에 힘을 주어 다물고 있다가) 그래요? 별로 안 되네.

치료자: 응. 10번 안에 변해야 할 거고, 또 변할 수 있을 거야. 너의 어떤 행동이나 마음, 생각 같은 것이 조금 바뀐다면 '아 내가 달라졌구나'라고 생각할거 같아?

아동 1: (잠시 생각하다가) 짜증내는 것.

– 1회기(치료적 관계 형성 및 치료 목표 설정 단계) –

[해 석]

아동 1은 치료에 대한 간략한 설명 기법이 적용된 후 치료를 통해 변화해야겠다는 의지를 갖게 되었다. 그리고 목표 설정을 위한 치료자의 질문에 반응함으로써 목표를 설정하기 시작했다.

10

실험연구

1. 실험연구의 개념

실험연구는 동일한 조건에서 연구대상에 처치(treatment)를 가한 후 나타나는 아동의 반응을 관찰하여 처치와 반응 간의 인과관계를 파악하기 위한 연구방법이다. 일반적인 아동관찰 연구는 연구자가 아동에게 적극적으로 어떤 작용을 가하기보다는 아동의 행동을 있는 그대로 이해하려고 노력한다. 그러나 실험연구는 연구자가 외부의 영향이나 다른 요소의 개입을 제거한 통제 상황에서 아동에게 계획된 실험처치를 제공하고 이에 따른 아동의 반응에 관심을 둔다. 실험연구는 자연 상태에서 쉽게 관찰할 수 없는 아동행동의 인과관계를 밝히고자 할 때 사용된다.

1) 실험연구의 특징

자연스러운 상황에서 아동의 행동을 관찰할 경우, 아동행동의 원인을 쉽게 파악하기 힘들다. 아동의 행동은 여러 가지 요인의 영향을 받기 때문에 아동행동의 원인과 반응 양식을 밝히고자 할 때 많은 어려움이 따른다. 실험연구에서는 아동행동의 원인과 결과를 명확히 파악하고자 통제된 상황에서 아동에게 특정 과제(자극)를 제시하여 주어진 과제(자극)에 대한 아동의 반응을 관찰함으로써 아동행동의 원인과 결과를 파악할 수 있다.

실험연구에서는 두 변수 간 인과관계를 밝히기 위해 체계적인 조작(manipulation)과 통제(control)를 사용한다. 즉, 실험연구에서는 조건을 일정하게 유지하고(통제), 원인이 될 만한 것을 선택하고 처치를 가하여 독립변수를 조작한다. 처치(treatment)란 독립변수가 결과변수에 어떤 영향을 미치는지를 파악하기 위해 마련된 조작을 의미하고, 이때 조작된 독립변수는 원인(cause)에 해당한다. 한다. 독립변수의 조작으로 인해 발생한 행동의 변화를 결과(effect) 혹은 종속변수(dependent variable)라고 한다. 따라서 아동행동 연구를 위한 실험연구에서는 통제와 조작이 매우 중요하다.

(1) 독립변수의 조작

실험연구에서는 연구의 핵심이 되는 변수를 직접 조작하여 실험의 효과를 검증함으로써 독립변수와 결과변수 간의 인과관계를 밝힐 수 있다. 연구자는 독립변수를 조작하여 관심이 있는 변수의 영향력을 확인할 수 있다.

실험연구에서는 다양한 조건으로 독립변수를 조작한 후 이에 따른 행동을 관찰함으로써 조작된 처치에 따른 결과를 얻을 수 있다. 이때 연구자가 의도적으로 조작한 변수를 처치 혹은 조작변수(manipulated variable)라고 한다. 반면 통제변수(control variable)는 실험상황에서 일정하게 유지되는 변수이다.

이때 조작변수와 복합적으로 얽혀 있는 혼합변수(confounding variable)에 유의하여야 한다. 아동행동의 원인이 조작변수 때문인지 조작변수와 얽혀 있는 혼합변수 때문인지를 명확히 밝혀내기가 어려울 수 있으므로 연구자의 관심변수에 대한 조작을 명확히 하여야 실험연구를 성공적으로 수행할 수 있다.

(2) 조건의 통제

실험연구는 엄격히 통제된 상황에서 이루어진다. 실험연구에서 연구자는 연구의 핵심이 되는 변수 이외의 모든 변수를 통제한다. 독립변수 이외에 종속변수에 영향을 미치는 변수를 가외변수(extraneous variables)라고 한다. 이와 같이 실험연구에서는 연구자가 관심이 있는 조작변수의 영향력을 확인하기 위하여 종속변수에 영향을 미칠 수 있는 조작변수 이외의 모든 가외변수를 통제하여야 한다.

조작변수 이외의 모든 가외변수를 통제하면 관찰된 아동의 행동은 조작변수로 인해 발생한 것이라고 볼 수 있다. 통제가 적절히 이루어지지 않으면, 아동행동의 원인이 실험처치에 해당하는 조작변수의 영향 때문인지, 아니면 다른 변수의 영향 때문인지를 밝혀내기가 어려워진다.

그러나 실제로 자연적인 상황에서 아동의 행동을 관찰할 때, 조작변수 이외의 모든 변수를 통제하기는 쉽지 않다. 실험연구에서는 적절히 통제된 실험상황에서 아동의 행동을 관찰하여 조작변수가 아동의 행동에 미치는 영향을 연구한다. 통제된 실험상황에서 이루어지는 연구를 실험실 실험연구(laboratory experimental research)라고 한다. 그러나 실험상황은 인위적으로 만들어진 특수한 상황이기 때문에 윤리적인 문제가 발생하기도 하며, 실험상황에서 얻어진 결과를 일반적인 아동의 행동에 일반화하기 힘들다. 따라서 적절한 실험조건을 위한 통제를 설정하는 데 있어 엄격한 주의가 요구된다.

아동행동을 연구할 때 조건을 엄격히 통제하는 실험실 실험연구가 가능하지 않은 경우가 많다. 실험실이 아닌 현장에서 이루어지는 현장 실험연구(field experimental research)는 자연스러운 상황에서 주어진 아동의 행동을 관찰할 수 있다는 장점이 있으나 실험처치 이외의 가외변수의 영향을 완전히 통제할 수 없다는 단점이 있다. 현장 실험연구는 외적 타당도는 확보되지만 가외변수를 적절한 통제를 하지 못함으로 인해 인과관계를 명확히 밝히는 데에는 제한적일 수 있다.

(3) 통제의 방법

실험연구에서 통제는 매우 중요한 부분이다. 그러나 아동연구에 있어서 통제는 쉽게 이루어질 수 없는 경우가 많다. 통제를 위한 방법으로는 무선화, 짝짓기, 평형화, 통계적 통제가 있다.

① 무선화

통제의 가장 대표적인 방법이 무선화(randomization)이다. 무선화는 표집된 연구대상자를 실험집단에 무선적으로 배정하는(random assign) 방법이다. 일반적으로 표본의 대표성(sample representativeness)을 확보하기 위해 가장 많이 사용되는 방법으로 무선표집(random sampling)한 연구대상자를 실험집단과 통제집단에 무선으로 배정하여 집단의 동질성을 확보한다.

무선 배정을 통해 실험처치 이외의 요인이 연구결과에 미치는 영향을 동일하게 유지되도록 통제할 수 있다. 무선화는 연구대상자뿐만 아니라 실험처치, 관찰자, 연구도구 등의 실험과 관련한 여러 가지 조건을 무선으로 배정하는 것을 포함한다.

② 짝짓기

무선 배정이 어려우면, 실험집단과 통제집단을 짝을 지어 동일하게 유지하는 짝짓기(matching) 방법이 사용된다. 짝짓기 방법은 비슷한 조건의 연구대상자를 짝지은 후, 짝지어진 연구대상자를 실험집단과 통제집단으로 나누어 배치하는 방법이다.

일반적으로 무선 배정으로 실험집단과 통제집단의 동질성을 확보하려고 하지만 연구의 주요 요인이 우연에 의해 각 집단 간에 동질하지 않는 경우가 발생할 수 있다. 이 경우, 선행연구에 기초하여 결과에 의미 있는 영향을 미치는 주요 변수를 선정하여 짝짓기를 한 후 각 집단에 무선으로 배정하면, 무선 배정보다 집단의 동질성을 효율적으로 확보할 수 있다.

짝짓기 방법은 연구결과에 주요한 영향을 미칠 것으로 예상되는 변수를 통제하는 데 매우 효율적이다. 특히, 표본의 수가 많지 않을 때 유용하다. 그러나 짝짓기에 사용될 변수를 선정하는 것은 집단의 동질성 확보에 매우 중요한 부분이므로 어떤 변수에 기초하여 짝짓기를 할 것인지를 결정하는 것이 매우 중요하다. 따라서 선행연구에 기초하여 짝짓기에 활용한 변수의 선정이 매우 중요하다. 만약 부적절한 변수에 기초하여 짝짓기가 이루어지면 집단 간의 동질성을 보장할 수 없다.

③ 평형화

집단의 동질성 확보와 더불어 각 집단에 제공된 실험처치도 동질해야 한다. 연구대상자가 여러 가지 실험처치에 노출될 때 발생할 수 있는 간섭효과를 통제하기 위해 평형화(counterbalancing)의 방법을 사용할 수 있다. 평형화는 여러 가지 실험처치가 가해질 때, 연구대상자별로 실험처치의 순서를 바꾸어 가면서 실험을 진행하는 방법이다. 연구대상자에게 실험처치를 바꾸어 가며 실험처치의 순서에 의해 발생하는 간섭효과를 적절히 통제하여 실험처치의 평형화를 확보한다.

④ 통계적 통제

실험연구에서 통제는 매우 중요한데, 통제가 쉽지 않은 경우가 많다. 즉, 실험집단과 통제집단에 있어서 독립변수 이외에 실험결과에 중요한 영향을 미치는 변수로 인해 차이가 존재하는데 이러한 변수를 적절히 통제할 수 없어 집단의 동질성을 확보하기 힘든 경우가 발생한다. 통제가 불가능할 경우에는 공변량분석(Analysis of Covariance)을 사용하여 실험처치 전에 존재하는 집단 간 차이를 통계적으로 통제할 수 있다. 공변량분석을 사용하여 두 집단 간에 존재하는 차이를 고려하여 통계적으로 보정한 후 변수의 효과를 비교한다. 공변량분석에서 실험처치가 이루어지기 전에 종속변수에 영향을 미치는 변수로 개인차를 발생시키는 변수를 공변수(covariate)라고 한다. 적절한 통제 대신 집단 간 차이를 보정할 때 공변수를 사용한다. 공변량분석을 사용하면, 공변수를 통해 집단 간 차이를 보정한 후, 보정된 집단 간 실험결과를 산출하여 실험의 효과를 효과적으로 비교할 수 있다.

2) 실험연구의 장단점

아동행동 연구에 있어 실험연구가 지닌 장점은 다음과 같다. 우선, 실험연구는 아동의 여러 가지 행동 중 관심이 있는 변수들을 선별하고 원인이 되는 변수를 조작하여 아동행동의 인과관계를 파악하도록 도와준다. 독립변수는 엄격한 통제하에 조작된다. 통제는 실험연구를 통해 현실성 있는 객관적 자료를 얻도록 도와주고 결과에 영향을 줄 수 있는 외생변수의 영향을 최소화하기 때문에 인과관계를 파악하는 데 매우 중요하다. 실험연구에서는 외생변수의 영향을 엄격하게 통제된 상황에서 처치변수를 의도적으로 조작하여 나타난 결과변수를 측정하기 때문에 명확한 인과관계를 검증할 수 있다. 또한 실험연구에서는 아동의 행동이 발생하기를 기다렸다가 관찰하여 연구결과를 얻기보다는 적극적으로 상황을 만들어 아동행동을 이해할 수 있으므로 실제적인 아동의 문제에 명확한 해답을 줄 수 있다.

그러나 실험연구는 다음과 같은 제한점을 지닌다. 실험연구에서 중요한 부분을 차지하는 통제와 실험처치로 인해 연구결과를 일반화하는 데 많은 어려움이 있다. 인위적인 통제와 조작으로 인한 문제논 통제와 조작을 자연스럽게 구성하는 현장 실험연구를 통하여 극복할 수 있다. 반면 현장 실험연구는 현장의 다양한 요인을 직접적으로 통제하지 못한다는 단점이 있다.

실험설계를 계획하고 실시하기 위해서는 많은 시간과 노력이 요구된다. 실험연구에서 제공되는 처치가 비윤리적이거나 현실적이지 않은 경우도 있다. 특히, 연구대상자 모르게 제공된 처치가 연구대상자의 의도와 무관하게 제공되지 않도록 유의하고 아동에게 유해한 처치가 제공되지 않도록 각별한 주의하여야 한다. 최근 들어 강조되고 있는 연구윤리를 고려하여 연구를 수행하여야 한다.

마지막으로 실험연구는 변수의 처치와 조작이 불가능한 경우에는 수행할 수 없다. 실험연구에서 변수의 처치와 조작이 불가능할 경우에는 실제 상황에서 발생한 경험을 바탕으로 사후설계(ex post facto)를 실시할 수도 있다. 사후설계는 실험 전에 결정된 것이 아니라 자연적으로 발생한 사건에 기초하여, 이미 발생한 사건의 효과를 확인하는 설계방식이다. 이는 이미 발생한 결과나 독립변수의 조작이 불가능한 경우에 주로 사용된다. 사후설계는 시간과 비용이 절약되며 현실성 있고 객관성 있는 자료를 얻을 수 있다는 장점이 있다. 그러나 원인을 거슬러 추적하고자 할 때, 원인과 결과를 뒤집어 해석하여 그릇된 결과를 이끌어낼 가능성이 있으므로 주의하여야 한다. 또한 사후설계는 무엇보다도 외생변수를 통제할 수 없다는 점이 단점으로 지적된다.

2. 실험연구의 타당도

실험연구는 변수 간의 인과관계를 밝히는 데 사용되는 방법으로 실험연구를 설계하고 계획할 때 타당도는 매우 중요하다. 실험연구의 내적 타당도와 외적 타당도에 대해 살펴보자.

1) 실험연구의 내적 타당도

실험연구의 내적 타당도(internal validity)는 실험결과의 해석에 있어서 반드시 고려되고 갖추어야 할 최소한의 요건으로, 실험연구에 있어서 주어진 실험처치

(experimental treatments)가 실험효과에 미치는 영향의 정도를 의미한다(Cook & Campbell, 1979). 즉, 내적 타당도는 관찰된 실험결과가 실험변수 때문에 일어난 것인지를 정확히 예측할 수 있는지와 관련이 있다. 실험연구에서 다른 다양한 요인들이 종속변수에 우연히 영향을 주는 일이 없도록 독립변수 이외에 다른 변수들이 종속변수에 미치는 영향을 잘 통제하여 연구결과의 내적 타당도를 높이도록 한다.

내적 타당도를 위협하는 외적 요인으로 자연적인 성숙, 실험기간 동안 다른 사건이 개입되는 역사, 사전검사 영향, 측정도구의 변화, 통계적 회귀현상, 연구대상자 선정의 편파성, 연구대상자의 탈락, 처치의 확산 및 모방, 그리고 이러한 외적 요인들 간의 상호작용에 의한 영향 등이 있다(Campbell & Stanley, 1963). 내적 타당도를 저해하는 각 요인에 대해서는 〈표 10-1〉에 요약하여 제시하였다.

〈표 10-1〉 내적 타당도를 저해하는 요인들

내적 타당도 저해요인	설명
성숙 (maturation)	실험이 진행되는 동안 시간의 흐름에 따라 나타나는 아동의 생물학적, 심리적 변화로 인해 실험결과에 영향을 미치는 경우
역사 (history)	실험이 진행되는 동안에 일어나는 예기치 않은 사건이나 천재지변과 같은 통제 불능의 우발적 사건들에 의해 발생
검사 (testing)	처치 전에 수행된 사전검사의 경험이 연습효과나 기억효과 등으로 사후검사결과에 영향을 미치는 경우
측정도구 (instrument)	사전검사와 사후검사에 각기 다른 검사도구를 사용할 경우, 검사도구의 특성으로 인해 실험결과에 영향을 미치는 경우
통계적 회귀 (regression)	사전검사결과가 너무 높거나 낮을 경우, 실험처치의 효과와 관계없이 모집단의 평균값으로 회귀하려는 경향으로 인해 발생하는 요인
연구대상자 선정 (selection)	실험집단과 통제집단의 선정이 편파적으로 이루어져 두 집단이 동일하지 않아 처치결과를 정확하게 검증하기 힘든 경우
연구대상자의 중도 탈락 (mortality)	실험이 진행되는 동안 연구대상자의 중도 탈락에 의해 실험집단이나 통제집단의 동질성에 변화가 생겨 실험결과에 영향을 미칠 때 발생
처치의 확산 및 모방 효과 (diffusion/imitation)	실험집단과 통제집단의 구성원이 상호작용하거나 모방함으로써 처치의 효과에 영향을 미치는 경우
이러한 외적 요인들 간의 상호작용	연구대상자의 성숙, 역사, 선정 등이 서로 상호작용하여 처치효과와 같은 효과를 나타내면서 실험결과에 영향을 미치는 경우

2) 실험연구의 외적 타당도

내적 타당도가 실험결과의 해석에 대한 문제라면 외적 타당도(external validity)는 실험결과의 일반화 가능성과 관련한 문제를 다룬다. 즉, 외적 타당도란 실험결과를 다른 대상, 다른 시기, 다른 상황에 일반화할 수 있는 정도를 의미한다. 실험결과가 다른 시기의 다른 상황에 놓인 다른 대상에서 동일하게 얻어질 수 있는 것이라면 외적 타당도는 높아진다.

또한 외적 타당도는 실험연구에서 사용된 연구대상 및 연구과정의 대표성(representative)을 의미하기도 한다. 연구대상자가 모집단을 얼마나 잘 대표하는가는 실험연구의 일반화 가능성과 관련이 있다. 그밖에 처치변수와 종속변수의 대표성, 실험상황의 대표성 등이 포함된다.

이러한 외적 타당도를 위협하는 요인으로 검사와 실험처치 간의 상호작용 영향, 잘못된 연구대상자 선정과 처치변수의 상호작용, 실험배치의 반발적 효과, 중다처치의 간섭 등이 있다. 외적 타당도를 저해하는 요인에 대해서는 〈표 10-2〉에 요약하여 제시하였다.

〈표 10-2〉 외적 타당도를 저해하는 요인들

외적 타당도 저해요인	설명
검사와 실험처치 간의 상호작용 (interaction effect of testing)	사전검사의 실시로 인하여 실험처치에 대한 연구대상자의 관심이 증가되거나 감소됨으로 인해 실험결과에 영향을 미치는 요인
연구대상자 선정과 실험처치 간 상호작용 (selection-treatment interaction)	연구대상자의 특성에 따라 실험처치의 영향이 서로 다르게 작용하는 경우
실험배치의 반발적 효과 (reactive effects of experimental arrangement)	연구대상자가 자신이 실험에 참여하고 있다는 사실을 의식하는 경우에 발생하는 효과로 Hawthorne 효과라고도 함
중다처치의 간섭 (multiple-treatment interference)	연구대상자가 여러 개의 실험처치를 받을 때 이전의 실험처치 경험이 이후의 처치에 영향을 미치는 경우

3. 실험설계 방법

실험연구를 수행하기 위해서는 실험을 위한 적절한 설계가 필요하다. 실험설계 방법(design of experiment)은 실험을 계획적, 합리적으로 설계하도록 안내해 준다. 실험연구의 기본적인 설계방법은 우선, 처치변수(독립변수)가 관찰된 결과변수(종속변수)에 영향을 미치는 원인과 결과에 대한 가설에서 출발한다. 둘째, 필요한 경우 사전검사를 실시하고 각 집단별로 계획된 처치변수를 조작한다. 마지막으로 처치에 따른 반응이나 사후검사를 실시하여 처치변수의 효과를 측정한다.

실험연구가 적절한 방법으로 수행되도록 하려면 내적 · 외적 타당성을 고려하여 실험을 설계한다. 그러나 여러 가지 현실적인 제한이 따르기 때문에 이러한 현실적인 제한을 고려하여 내적 · 외적 타당성을 최대한 확보할 수 있는 실험설계 방법을 선택하여야 한다. 일반적으로 실험설계는 진형실험설계(true-experimental design)와 준실험설계 혹은 유사실험설계(quasi-experimental design)로 구분된다(Cambell & Stanley, 1963).

1) 진형실험설계

진형실험설계(true-experimental design)는 완벽한 통제 상황에서 외재변수가 철저하게 통제되고 처치변수의 조작이 가능한 이상적인 실험설계를 말한다. 진형실험설계에는 무선 배정을 통해 동질화된 통제집단이 존재한다. 또한 사전검사와 사후검사를 통하여 실험처치의 효과를 비교적 타당하게 검증할 수 있다. 진형실험설계는 역사, 성숙, 검사, 측정도구, 연구대상자 선정 등 내적 타당도를 위협하는 요인들의 통제가 가능하고 외적 타당도도 우수한 실험설계 방법이다. 대표적인 진형실험설계로는 사후검사 통제집단 설계(posttest-only control group design), 사전-사후검사 통제집단 설계(pretest-posttest control group design), 솔로몬 4집단 설계(Solomon four-group design) 등이 있다. 각 진형실험설계의 특징은 〈표 10-3〉에 제시한 바와 같다.

〈표 10-3〉 진형실험설계의 종류와 특징

진형실험설계(모델)	특징
사후검사 통제집단 설계 (posttest-only control group design) (R) X O_1 (R) O_2	• 연구대상자를 실험집단과 통제집단에 무선 배치하여 동질화한다. • 두 집단이 동질화되었다는 가정하에 사후검사만 실시한다. • 사전검사를 실시할 수 없는 경우에 적합하다. • 장점: 역사와 성숙의 효과 및 사전검사의 효과를 통제할 수 있어 내적 타당도가 높고, 사후검사 통제집단 설계는 사전검사를 실시하지 않으므로 시간과 노력을 줄일 수 있다. • 단점: 사전검사의 측정치가 없기 때문에 처치에 따른 사전-사후의 변화량, 즉 실험처치의 효과 크기를 파악하는 데 어려움이 있다.
사전-사후검사 통제집단 설계 (pretest-posttest control group design) (R) O_1 X O_2 (R) O_3 O_4	• 연구대상자를 실험집단과 통제집단에 무선 배치하여 동질화한다. • 두 집단에 사전검사를 실시한 후, 실험집단에만 실험처치(X)를 한다. • 사후검사를 실시하여 사전검사와 사후검사의 증가량을 비교한다. • 장점: 역사, 성숙, 검사, 측정도구, 편향적인 연구참여자의 선정, 통계적 회귀 등 내적 타당도를 위협하는 요인들을 통제할 수 있다. • 단점: 외적 타당도의 확보에 어려움이 있다.
솔로몬 4집단 설계 (Solomon four-group design) (R) O_1 X O_2 (R) O_3 O_4 (R) X O_5 (R) O_6	• 외적 타당도를 높이기 위해 Solomon이 고안한 방법이다. • 사전-사후검사 통제집단 설계에 사후검사 통제집단설계를 덧붙여 네 집단으로 구성된다. • 연구대상자를 실험집단과 통제집단에 무선 배치하여 동질화한다. • 장점: 외적 타당도를 위협하는 요인을 제거함으로써 외적 타당도를 높이기 위한 설계이다. 또한 동질한 통제집단 선정과 사전검사 실시를 통해 내적 타당도도 확보한 방법이다. • 단점: 네 집단을 무선 배치하는 것이 쉽지 않으며, 네 집단을 구성하기 위해서는 연구대상자의 수도 많아야 한다. 통계적 검증도 번거로워 실제 사용하는 데는 어려움이 많다.

2) 준실험설계

준실험설계(quasi-experimental design)는 충분한 통제가 가능하지 않아 바람직한 실험조건을 갖추지 못한 설계를 말한다. 준실험설계는 무선 배치를 할 수 없는 실험상황에서 통제집단이 실험집단과 동질하지 않을 때 사용된다. 준실험설계는 실험조건에 대한 통제가 적절히 이루어지지 못하거나 처치변수를 철저하게 조절할 수 없는 등 자연적 상태에서의 실험상황을 적절히 통제할 수 없으므로 검사결과의 타당성이 높지 않다. 일반적으로 진형실험설계가 바람직한 실험설계 유형이지만 현실적인 제약으로 인해 진형실험설계가 가능하지 않을 경우, 준실험설계를 사용한다. 준실험설계의 경우, 어떤 조건들을 통제할 수 없는지를 정확히 파악하여야 한다. 대표적인 준실험설계로는 단일집단 사후검사 설계(one-group posttest-only design), 사후검사 통제집단 설계(posttest-only control group design), 시계열 설계(time-series design) 등이 있다. 각 준실험설계의 특징은 〈표 10-4〉에 요약하여 제시하였다.

〈표 10-4〉 준실험설계의 종류와 특징

준실험설계(모델)	특징
단일집단 사후검사 설계 (one-group posttest-only design) X　　O_1	• 한 집단에 실험처치를 하고 한 번 측정하여 결과를 얻는 방법이다. • 통제집단을 구할 여건이 안 되고 사전검사도 가능하지 않아 실험처치 후 사후검사만 실시한 경우에 사용하는 방법이다. • 단점: 연구결과가 실험처치에 의한 것인지를 알 수 없기 때문에 연구의 타당성이 매우 낮다.
사후검사 통제집단 설계 (posttest-only control group design) X　　O_1 　　O_2	• 실험집단과 통제집단을 선정하여 실험집단에 처치를 한 후, 사후검사를 실시하여 두 집단의 결과를 비교하는 방법이다. • 이질집단 사후검사 설계(posttest-only nonequivalent group design)라고도 한다. • 단점: 두 집단이 동질화되지 않았기 때문에 실험처치의 효과를 명확하게 판단하기 어렵다.
시간계열 설계 (time-series design) O_1 O_2 O_3 X O_4 O_5 O_6	• 통제집단을 구하기 어려운 경우에 하나의 실험집단만을 대상으로 처치 전과 후에 여러 번 반복적인 측정을 통하여 통제집단의 부재로 인한 영향을 보완하려는 방법이다. • 단점: 역사, 성숙, 검사 등의 내적 타당도를 위협하는 요인을 통제하기는 어렵다. 특히, 실험처치를 전후하여 특정 사건이 대상에게 영향을 주었을 경우 이를 실험처치의 효과와 구별하기 어렵고, 반복측정으로 인해 검사의 효과가 나타날 수도 있다.

4. 실험연구 절차

연구자는 실험연구를 실시하기 전에 구체적인 계획을 세우고, 일련의 절차에 따라 연구를 수행한다. 실험연구의 일반적인 절차는 다음과 같다.

① 연구목적을 명확히 한다. 무엇을 연구할 것인지를 명료하게 진술한다. 연구목적은 간단명료하면서도 포괄적인 문장으로 서술한다.

② 연구문제 또는 가설을 설정한다. 연구하고자 하는 내용을 구체화하여 연구문제 또는 가설을 간결하고 명확하게 진술한다. 연구문제는 주요 연구변수를 포함하여 진술한다. 처치변수(독립변수), 종속변수, 매개변수를 규명하고 이에 대한 조작적 정의를 제시한다.

③ 연구목적에 맞는 실험설계 방법을 선택한다. 가능하면 진형실험설계 방법을 선택하고 여건상 어려움이 있다면 준실험설계 방법을 선택한다.

④ 연구대상을 선정하고 각 집단에 배정한다. 연구대상은 연구결과를 일반화시킬 수 있는 대표성 있는 표본을 선정한다. 또한 선정된 표본을 실험집단과 통제집단에 무선 배정하는 것이 중요하다.

⑤ 실험의 효과를 측정할 연구도구를 선정한다. 이때 조작적 정의에 적합한 도구를 선정하거나 개발한다.

⑥ 소수의 연구대상을 선정하여 사전연구를 수행한다. 사전연구를 통해 발생 가능한 문제점을 확인하고 본 연구에서 발생할 문제를 최소화하기 위해 연구방법을 수정, 보완한다.

⑦ 필요시 실험처치에 앞서 사전검사를 수행하고 연구설계에 따라 실험처치를 한다.

⑧ 실험처치가 끝난 후 사후검사를 수행하여 자료를 수집하고, 실험의 효과를 파악하기 위하여 자료를 정리한다.

⑨ 사후, 혹은 사전-사후검사에서 얻어진 연구결과를 분석한다. 연구목적에 맞는 통계분석 방법을 사용하여 연구결과를 분석하고 해석한다.

⑩ 연구목적에 따라 연구방법 및 연구결과를 정리하여 연구보고서를 작성한다.

11

대안적 평가

1. 교육적 패러다임 변화 속에서 대안적인 평가

역사적 맥락 속에서 많은 학자들은 아동들이 무엇을 알고, 무엇을 할 수 있고, 어떤 것에 관심을 갖고 있는지와 이들의 흥미, 관심, 감정, 태도, 성향 등에 대해 관심을 가져 왔다. 초기 학자들은 자연적인 맥락 속에서 아동들을 관찰을 하였다. 실제 1774년 Pestalozzi가 42개월된 아들의 성장 발달을 직접 관찰하였고, 그의 연구는 체계적인 관찰 연구의 시초가 되었다(Pellegrini, Symons, & Hoch, 2004).

그러나 과학의 발달은 아동을 연구하는 방법이나 관점에 커다란 영향을 미치게 되었다. 특히, 19세기 말 Hall의 아동연구법은 아동을 연구하는 방법에 많은 영향을 주었다. Hall 이후의 학자들은 합리적이고, 객관적인 방법을 통해 아동의 발달이나 능력, 학습 상태를 살피는 것을 강조하였다. 표준화된 도구를 사용해서 아동들의 발달 및 학습 상태를 측정하였다. 이처럼 중립적이고, 보편적, 객관적, 절대적 지식과 진리를 토대로 아동들의 능력을 측정하고, 학습의 결과물을 중시하는 평가가 실시되고 있다.

그러나 각 개인들이 삶이나 일상생활 속에서 구성한 지식과 그 과정을 중요하게 인식하는 구성주의는 평가에 대한 관점에 변화를 가져오게 하였다. 특히, 유아교육 분야에서는 NAEYC에서 '발달에 적합한 실제(Developmentally Appropriate Practice: DAP)'가 제기되면서 연령과 개인차를 고려하여 아동들에게 질적으로 우수한 교육의 기회를 제공해 줄 것을 강조하고, 표준화된 검사의 부당성에 대해 밝히게 되었다.

단순히 결과물 자체보다는 과정 속에서 아동들이 갖고 있는 실제의 능력을 실제 상황에서 측정하는 것의 중요성이 부각되었다. 특히, 표준화검사나 관찰 평가들이 가진 검사도구 자체의 문제, 과도한 사용 및 잘못된 사용, 다양한 집단에서의 부적합성 등의 문제로 인해, 이러한 약점을 보완하거나 대신해서 사용할 수 있는 대안적인 평가의 패러다임이 등장하게 되었다(김남희, 2010; 이진희, 2007; 황해익, 2000; McAfee & Leong, 2008; Meisel, 1993).

전통적인 평가에 대한 대안으로 제시되는 새로운 평가 패러다임으로 다양한 평가의 방식이 나왔다. 새로운 평가 방식의 예로는 수행평가(performance assessment), 대안평가(alternative assessment), 실제상황평가(authentic assessment), 포트폴리오 평가(portfolio assessment) 등이 있다. 이러한 평가 방식들은 모두 전통적인 표준화된 검사의 대안이며, 아동이 실제 무엇을 할 수 있는지에 대한 능력과 과정에 초점을 맞추었다는 점에서 공통적인 특징을 갖는다. 각 평가의 차이를 살펴보면 다음과 같다(McAfee & Leong, 2008).

- **대안평가(alternative assessment)**: 표준화검사나 이와 유사한 검사를 제외한 모든 형태의 평가를 지칭한다.
- **수행평가(performance assessment)**: 구체적인 평가의 유형으로, 아동 자신의 학습을 증명하는 기술이나 창출된 산물의 평가를 지칭한다.
- **실제상황평가(authentic assessment)**: 아동들이 교실이나 운동장, 복도, 식당 등 전형적인 교육기관의 실제 상황 속에서 일어나는 생활과 학습을 평가하는 것을 지칭한다.
- **포트폴리오 평가(portfolio assessment)**: 장기간에 걸쳐서 수집된 아동들의 활동과 그 활동에 따른 결과물을 정해진 준거에 따라서 교사와 아동이 협력하여 평가하고 활용하는 방법을 의미한다.

이 밖에 형성평가(formative assessment)는 교수 프로그램을 조성하고 개선하기 위한 정보를 모으거나 교수 프로그램의 고안을 돕는 평가를 의미하며, 총괄평가(summative assessment)는 프로그램의 유효성을 결정하기 위해 학년말이나 연구 프로젝트 마무리 시기 등의 특정 기간의 끝에 이루어지는 것이다.

결국, 아동들의 학습과 발달에 대한 대안적 평가는 아동이 무엇을 알고, 무엇을 할 수 있는지 현 상태(status)를 살펴보고, 이들에게 적절한 수업 계획 및 교육을 제공하며, 아동의 발달과 교육에 관심이 있는 사람들과의 소통을 하기 위한 것으로, 아동의 현재의 발달뿐만 아니라 잠재적 발달의 수준까지 평가할 수 있는 것이다.

2. 수행평가

1) 수행평가의 개념

수행평가(performance assessment)는 전통적인 평가에 대한 대안으로 제시되는 새로운 평가 패러다임이다. 실제로 아동이 무엇을 수행할 수 있는지에 초점을 맞추어 아동의 수행과정과 결과를 평가하는 것으로(이용숙, 2000), 평가자가 아동의 학습과제 수행과정을 직접 관찰하고, 이들이 자신의 학습 능력을 증명하는 기술을 드러내거나 산물을 창출하는 것을 전문적으로 판단하는 평가방법이다(Stiggins, 1995). 수행평가는 아동의 실제 수행하는 능력과 과정에 초점을 맞추고 수시로 평가를 하는 것으로, 이를 토대로 아동들을 위한 차별화된 교육이 제공될 수 있다(교육부, 1998).

2) 수행평가의 특성

아동을 위한 수행평가는 아동에게 친숙한 일상적 상황에서 다양한 방법으로 표현하며, 이러한 상황 속에서 아동의 발달 특성을 포착할 수 있도록 지속적으로 이루어져야 한다. 수행평가에 대한 여러 학자들이 밝힌 특성을 살펴보면 다음과 같다(김경철, 2000; 김지은 · 김진숙, 2006; 백순근, 1997; Meisels, 1993).

첫째, 아동이 실제로 수행한 활동이나 작품, 성취에 관심을 둔다. 아동이 교실 내의 다양한 학습 경험을 자유롭게 행하도록 하며, 이를 근거로 아동을 평가한다.

둘째, 교수–학습의 결과뿐만 아니라 교수–학습의 과정도 함께 중시한다. 아동들이 실제 수행하면서 만든 활동표본이나 결과물, 이를 성취하는 과정에서 나타난 사고 능력이나 이야기 등 모든 내용을 근거로 평가한다.

셋째, 평가가 계속적, 지속적으로 이루어진다. 아동의 인지적 영역, 정의적 영역, 신체적 영역 등 광범위한 영역을 평가하며, 이들에게 나타난 발달이나 변화과정을 지속적이고, 종합적으로 평가한다.

넷째, 평가가 실제적이다. 아동이 실제 상황 속에서 자기 스스로 정답을 작성하거나 행동을 하도록 함으로써 이들의 실제 생활과 학습을 평가한다. 개인뿐만 아니라 집단에 대한 평가를 할 수 있다.

다섯째, 부모에게 아동의 진보와 성취에 대한 의미 있는 정보를 제공한다. 부모에게 아동의 발달과 관련된 구체적인 정보를 제공함으로써 아동에 대한 부모의 이해를 돕기 때문에 더욱 확장시킬 수 있다.

여섯째, 교사의 역할이 중요하다. 아동에 대한 다양한 정보를, 다양한 시간에, 다양한 상황 속에서 수집하고, 기술하고, 종합하고, 해석할 수 있는 전문적인 능력이 요구되기 때문에 교사 훈련이 요구된다.

결과적으로 수행평가는 맥락 속에서 아동이 다른 또래 아동이나 교사, 그리고 교구와의 상호작용을 하는 동안 나타난 내용들을 수집하고, 기록하고, 해석하고, 이해하는 매우 복잡한 과정으로, 교사의 역할이 중요하며, 객관적인 기준과 체계적인 절차가 필요하다.

3) 수행평가의 방법

아동에게 적합한 수행평가를 실행하기 위해 두 가지 중요한 과정이 포함되는데 하나는 관찰이고, 또 하나는 면접이다. 아동들에게 일상적인 생활 속에서 자연스럽게 일어나는 행동을 관찰하고, 면접을 통해 이들의 발달 수준이나 성장을 이해할 수 있다. 특히, 아동의 연령이 어릴수록 두 방법은 중요해지고 더 많은 역할을 하게 된다.

아동을 관찰한 내용과 면접의 결과는 기술하여 평가에 사용할 수 있다. 이때 관찰결과에 대한 진술은 체크리스트, 평정척도, 일화기록, 활동작품 표본 등의 다양한 형태를 띨 수 있다. 선다형과 진위형 문항을 포함한 표준화된 준거 관련 검사들의 대안이나 보완책으로 수행평가를 실행할 수도 있다. 다음은 여러 학자들이 언급한 다양한 수행평가방법을 기술하였다(김지은 · 김진숙, 2006; 서명숙, 2008; 황해익, 2000).

(1) 관찰(observation)

여러 상황 속에서 나타나는 아동들의 행동 및 발달 상태를 보다 더 잘 이해하기 위해 자세히 관찰하고 기록 · 분석하는 유아교육의 대표적인 평가방법이다.

(2) 체크리스트(checklist)

미리 정해 놓은 일련의 행동목록을 의미한다. 정해진 행동이 나타나면 '예', 나타나지 않으면 '아니오' 항목에 표시하는 것으로, 행동의 질을 나타내지는 않는다.

(3) 평정척도(rating scale)

체크리스트와 달리 학습자가 그 과제를 얼마나 잘 수행했는가에 대한 질적인 정보가 포함된다.

(4) 일화기록(anecdotal record)

한 가지 행동이나 상황에 초점을 맞추어 그 특정 사건을 구체적으로 기술하는 것이다.

(5) 활동작품표본(work samples)

아동이 만들어 낸 결과물로 그림이나 글씨, 그 외에 아동과 관련된 것들을 포함한다.

(6) 면접(interview)

면접은 공식적으로 이루어질 수도 있고 비공식적으로 이루어질 수도 있다. 공식면접은 개별 아동을 집단과 분리하여 따로 불러서 질문을 하거나 과제를 요구하는 일이다. 비공식적 면접은 아동이 놀이하는 상황 안에서 질문을 하는 형태이다.

(7) 자기평가(self-evaluation) 및 동료평가(peer-evaluation) 보고

자기평가 보고는 특정 주제나 교수, 학습영역에 대하여 자기 스스로 학습과정이나 학습 결과에 대해 평가를 하는 것이고, 동료평가 보고는 동료 아동들과 함께 상대방에 대해 평가하도록 하는 방법이다.

(8) 개념지도(concept map)

아동들이 개념 및 개념 간 관련성에 대한 자신의 이해정도를 표현하기 위해 스스로 만들어 낸 정보의 묶음을 가리키는 것이다. 종이 중앙에 핵심개념을 적어 놓고, 그 개념과 관련이 있다고 생각되는 개념들을 선이나 단어로 연결하여 하나의 주제망을 그려가는 것이다.

(9) 포트폴리오(portfolio)

하나 또는 여러 영역에서 아동의 노력, 진보, 성취를 나타내는 작품을 수집한 것으로, 작품을 선정하는 과정에서 아동이 참여할 수 있다. 수행평가 기법 중 아동에게 가장 많이 적용되는 방법이다.

위에서 제시한 수행평가의 방법은 아동이 일상적인 실제 생활 속에서 무엇을 할 수 있는지를 알 수 있는 증거들을 제시한다. 이러한 수행평가의 방법들은 학문적 기초 활동에 관한 아동의 능력에 대해 더 정확하게 이해할 수 있도록 도와준다.

4) 수행평가의 어려운 점

수행평가는 아동의 실제적인 발달과 학습 능력을 알 수 있는 참 평가로서 여러 가지 장점을 갖고 있지만, 현장에서 실시할 때 결코 쉬운 일만은 아니다. 다음은 수행평가의 어려운 점이나 유의해야 할 점에 대해 살펴보고자 한다(강숙현, 2000; 김윤경, 2001; 김은영, 2001; 김지은 · 김진숙, 2006; 방춘남, 1999; 서명숙, 2008; 손미경, 1999; 이원미, 2001; 이정환 · 김지영, 1996; 황해익, 2000).

(1) 수행평가 도구 개발의 어려움

수행평가를 손쉽게 실행하고, 해석할 수 있는 도구 개발의 부족이다. 관찰법, 부모나 아동 면담, 포트폴리오 등 다양한 수행평가 방법을 활용하고 있지만, 교사들은 관찰하고 면담한 내용을 적절하게 분석하고 평가하는 것에 어려움을 겪고 있다.

(2) 비용 및 시간

교사 혼자서 교실 내의 모든 개별 아동의 발달과 학습과정을 나타내는 자료를 수집하고 평가하는 데 시간과 노력이 너무 많이 든다. 또한 아동들의 발달과 학습과정을 평가하기 위해 관찰을 하고, 관련 자료를 수집하였다 하더라도 의도한 대로 아동평가의 근거자료로 활용되지 못하고 사장되거나 다양하게 활용되지 못하는 경향이 있다.

(3) 채점 기준 설정의 어려움

수행평가에 대한 구체적이고 명쾌한 지침서가 없어 평가한 내용을 체계적으로 정리하고 기록하는 데 어려움이 있다.

(4) 타당도 및 신뢰도 확보의 어려움

타당도란 평가 결과가 평가목적에 얼마나 부합되었는가에 관한 문제이며, 신뢰도는 평가자의 관찰이나 판단의 일관성에 대한 문제이다. 수행평가는 평가자의 관찰이나 판단에 의해 주관적으로 나타날 수 있기 때문에, 타당성을 입증하는 것의 어려움이 있다. 뿐만 아니라 아무리 타당하여도 신뢰도를 얻지 못하면 어떠한 목적으로도 평가 결과를 사용할 수 없게 된다. 이에 수행평가에서는 내용타당도를 중요하게 다루고 있고, 동시에 신뢰도를 확보하기 위해 다수의 채점자를 확보하거나 명확한 채점기준을 정하고, 채점자 훈련 등을 실시하는 것이 필요하다.

3. 활동표본평가

1) 활동표본평가(work sampling)의 개념

활동표본평가는 Meisels(1993)에 의해 개발된 대안적 평가 방법으로 다양한 상황에서 아동들이 활동을 수행한 결과 나타나는 아동의 지식, 행동, 기술, 성취를 기록하고 평가하는 체계적인 틀이다. 이는 구체적인 기준과 체계적인 절차에 따라 이루어진 교사의 관찰에 기초하여 아동이 무엇을 알고 있고, 할 수 있는지를 파악함으로써 아동의 성장과 발달 정도를 평가한다. 참 평가로서 아동이 교실에서 학습하고, 문제를 해결하고, 상호작용하고, 결과물을 만드는 과정을 교사가 관찰함으로써 아동을 평가한다(Meisels, 1996).

활동표본평가는 취학 전 연령(만 3세)부터 5학년까지의 학생들을 위해 개발되었다. 활동표본평가의 구성은 발달지침(developmental guidelines)과 발달체크리스트(develop-mental checklists), 포트폴리오(portfolios), 총괄보고서(summary report)가 상호보완적으로 구성되어 있다. 이는 체계적인 기준 없이 실시되었던 아동 수행평가의 문제점을 보완해 줄 수 있다. 즉, 발달에 기초한 접근과 수행에 기초한 접근의 혼합된 사례라고 할 수 있다(Lidz, 2003).

2) 활동표본평가의 특징

의미 있는 교육과정에 기초한 활동 속에서 아동의 수행을 교사가 관찰함으로써 아동의 발달과 성취를 평가하는 활동표본평가는 아동의 독특한 학습방식을 인식하고 격려한다. 활동표본평가는 아동이 무엇을 학습하고, 교사가 어떻게 가르치는지를 객관적으로 기록함으로써 더욱 의미 있는 평가가 될 수 있게 한다(Meisels, Jablon, Marsden, Dichtelmiller, Dorfman, & Steele, 1994).

활동표본평가는 여러 연구들(김지영 외, 2000; 주소영, 2000; Meisels, Jablon, Marsden, Dorfman & Steele, 1995)을 통하여 타당도와 신뢰도를 인정받았으며, 취학전 아동의 전반적인 학급 수행을 측정하는 데 적합한 평가도구임이 밝혀졌다.

활동표본평가의 특징을 구체적으로 설명하면 다음과 같다(주소영, 2000; Dichtelmiller & Jablon, 1996; Meisels, Harrington, McMahon, Dichtelmiller, & Jablon, 1995; Meisels et al., 1997; Wortham, 1995).

첫째, 활동표본평가는 체계적인 구조를 지닌 평가이다. 활동표본평가의 체계는 관찰, 수집, 요약하는 과정으로 구성되어 있으며, 이런 구조는 다양한 자원으로부터 나온 광범위한 정보를 수집하게 함으로써 아동이 알고 있고, 할 수 있는 것을 평가할 수 있도록 한다.

둘째, 아동의 실제 수행을 강조하고 교육과정 속에 삽입되어 있는 수행평가의 특성을 지닌다. 교육과정 토대 수행평가(curriculum-embedded performance assessment)는 교사의 판단에 주로 의존하고, 교실 상황과 관련된 학습 경험, 일상적 교육과정과 통합되며, 광범위한 기준에 대한 수행의 실제 사례들로 구성된다(Shepard, 1991). 활동표본평가는 아동의 일상 경험 속에서 아동의 발달에 적합한 방식으로 평가가 이루어진다. 교사는 아동의 실제 수행을 관찰하고, 아동의 작품을 수집함으로써 아동의 발달에 대한 정보를 수집하며, 이러한 정보에 기초해 아동의 발달 특성을 설명하는 종합적인 판단을 내리게 된다.

셋째, 아동이 '할 수 있는 것'에 평가의 초점을 맞춤으로써 아동의 학습 동기를 유발시킨다. 아동이 무엇을 할 수 없느냐보다는 무엇을 할 수 있느냐에 관심을 두고 평가를 함으로써 아동의 장점, 개별적인 독특성을 파악할 수 있고, 아동은 자신이 가장 잘 수행할 수 있는 영역에서의 활동을 통하여 자신의 잠재능력을 충분히 발휘할 수 있게 된다. 또한 활동에 능동적으로 참여하려는 동기가 고양된다.

넷째, 교수활동과 평가활동이 통합되어 이루어지는 교수적 평가이다. 교사는 아동과 활동 속에서 서로 상호작용하면서 아동의 발달을 평가할 수 있고, 평가를 하는 동안 아동의 발달을 촉진시킬 수도 있다. 활동표본평가를 통해 파악된 아동의 발달 특성에 기초하여 교사는 아동에게 적절한 교수 계획을 세우는 데 도움을 받을 수 있다. 교사는 아동을 평가함으로써 아동의 발달에 적합한 교육을 제공하고 적절한 시기에 중재를 하는 등 학급에서 실시하는 활동에 대해 의사결정하는 것을 도울 수 있다.

다섯째, 평가의 세 가지 구성요소인 발달체크리스트, 포트폴리오, 총괄보고서가 상호 보완적인 기능을 함으로써 평가에 개입될 수 있는 편견을 최소화할 수 있다. 활동표본평가는 다양한 상황에서 여러 학습영역의 활동을 하는 아동을 다양한 방법을 통하여 평가함으로써 아동에 대한 평가를 더욱 정확하게 할 수 있다. 평가의 세 구성요소들은 평가의 과정 속에서 독립적으로 기능하지 않는다. 교사는 각 요소들을 평정하면서 동시에 다른 요소의 평정을 참고함으로써 교사의 주관적 판단의 오류를 방지하고, 아동에 대한 종합적인 평가를 할 수 있다.

여섯째, 평가의 과정에 교사, 아동, 부모가 함께 참여함으로써 아동을 평가하는 데 상호 협력적인 체제를 유지할 수 있다. 평가 참여자가 확대됨에 따라 아동에 대한 정보를 수집하고 아동을 평가하는 데 협력체제가 마련되어 평가 참여자들의 다양한 의견을 수렴하여 아동을 평가할 수 있게 된다.

3) 활동표본평가의 구성요소

활동표본평가는 발달지침과 발달체크리스트, 포트폴리오, 총괄보고서로 구성된 통합적 평가 방식이다(주소영, 2000; Meisels et al., 1995).

(1) 발달지침과 발달체크리스트

① 발달지침과 발달체크리스트는 교사가 개별 아동의 성장과 진보를 관찰하고 기록하는 것을 보조하기 위해 구성되었다.

- 발달체크리스트는 영역(domain), 세부영역(functional components), 내용(perfor-mance indicators)으로 구성되어 있다.
  - 영역이란 아동의 성장과 학습에 주요한 개념으로 생각되는 개인 및 사회발달, 언어 및 문해, 수학적 사고, 과학적 사고, 사회 연구, 예술, 신체 발달의 7가지 영역이다.

- 세부영역이란 7개의 각 영역 내의 하위 내용 모음이다.
- 내용이란 각 세부영역을 구성하는 수행척도로 학급에서 교사가 가르치고 평가하게 될 아동의 기술, 행동, 성향, 성취를 나타낸다.

〈표 11-1〉 발달체크리스트 언어 및 문해영역 구성요소의 예

영역	세부 영역	내 용
언어 및 문해	A. 듣기	1. 토론과 대화 시 의미를 생각하며 듣기 2. 활동의 시리즈에 포함된 지시 따르기
	B. 말하기	1. 논의와 대화중에 아이디어를 포함하여 명확하게 말하기 2. 여러 가지 목적으로 언어 사용하기
	C. 문학과 읽기	1. 크게 읽어 주는 이야기에 흥미를 가지고 듣기 2. 읽기와 연관된 활동에 독립적인 관심 보이기 3. 지침의 내용과 그림을 이용해 다음에 무슨 일이 일어날지 예측하기 4. 이야기로부터의 정보 다시 말하기 5. 구어와 문어의 관계 인식하기
	D. 쓰기	1. 단어와 아이디어를 묘사하기 위해 글자 모양 또는 어휘 사용하기 2. 놀이 또는 작업에 필요한 글자 모양 또는 어휘 사용하기

- 발달체크리스트는 교사들이 개별 아동의 성장과 진보를 관찰하고, 기록하는 작업을 지원해 주기 위해 고안된 관찰 도구이다.
  - 아동이 어떤 기술을 수행했는지의 여부에 초점을 두어 평정한다.
  - 교사는 체크리스트에 제시된 항목을 기초로 관찰할 내용을 선정하여 관찰하고, 관찰 내용을 토대로 하여 아동이 수행한 내용을 평가한다.
- 아동을 관찰하고 아동의 성장과 진보에 관한 판단을 내리는 과정에서 발달지침을 참고하여 평가할 수 있다.

〈표 11-2〉 발달체크리스트 기록지 중 언어 및 문해영역의 예

	7월	10월
2. 언어 및 문해		
A. 듣기		
1. 토론과 대화 시 의미를 생각하며 듣기		
2. 활동의 시리즈에 포함된 지시 따르기		
B. 말하기		
1. 논의와 대화 중 아이디어를 포함하여 명확하게 말하기		
2. 여러 가지 목적으로 언어 사용하기		
C. 문학과 읽기		
1. 크게 읽어 주는 이야기에 흥미를 가지고 듣기		
2. 읽기와 연관된 활동에 독립적인 관심 보이기		
3. 지침의 내용과 그림을 이용해 다음에 무슨 일이 일어날지 예측하기		
4. 이야기로부터의 정보 다시 말하기		
5. 구어와 문어의 관계 인식하기		
D. 쓰기		
1. 단어와 아이디어를 묘사하기 위해 글자 모양 또는 어휘 사용하기		
2. 놀이 또는 작업에 필요한 글자 모양 또는 어휘 사용하기		

- 발달지침은 영역, 기능요소, 수행척도로 구성되어 있다.
  - 발달지침은 관찰의 과정을 향상시키고, 더욱 신뢰롭게 하며, 각각의 수행척도들에 대한 이론적 근거를 제시함으로써 관찰에 일관성을 가지도록 한다.

〈표 11-3〉 언어와 문해영역 중 쓰기에 관한 발달지침의 예

D. 쓰기

1. 단어와 아이디어를 묘사하기 위해 글자 모양 또는 어휘 사용하기아동들이 쓰기를 통해 그들의 사고를 다른 누군가와 의사소통을 할 수 있게 한다는 것을 이해하면서 자신이 형식적 쓰기와 철자 쓰기 기술을 가지지 못했지만 단어를 만들어 내는 법을 연구하기 시작했다.
   - 키보드의 철자를 인식한다.
   - 쓰기 상징과 스펠링이 아동에게 독특하지만 그들 저널에 쓰인 이야기를 읽는다.
   - 아이디어를 포착하기 위해 철자와 비슷한 마크를 만들어서 문어 상징을 가지고 탐구한다.
   - 그들 자신의 이름, 또는 다른 사람의 이름을 컴퓨터에 입력한다.
   - 익숙한 단어를 쓰고 때로 단어 스펠링 또는 철자를 구성하기 위해 도움을 요청한다.

② 발달체크리스트와 발달지침은 아동의 개별적인 성장에 대한 프로파일을 생성한다. 취학 전 연령부터 5학년까지 발달체크리스트의 양식은 동일한 구조를 가지므로, 교사는 장기간에 걸친 아동의 성장을 차트화할 수 있고, 개별적인 성장과 변화를 반영하는 교육과정을 계획할 수 있다.

③ 아동의 발달을 관찰하기 위해 다음과 같은 방법으로 관찰 내용을 기록한다.

- 교육 활동 중에 간단한 단어로 관찰 내용을 기록한다. 빠른 시간 내에 핵심적인 단어를 사용하여 메모지에 기록한다.
- 한 가지 행동이나 사건에 초점을 맞춘 일화기록을 사용한다. 일화기록을 작성할 때는 일어난 사건을 있는 그대로 서술하며, 관찰자의 편견이 개입되지 않도록 조심한다. 영역별 기록양식지를 활용하여 하루에 세 명 정도의 아동을 관찰하도록 한다.
- 아동의 입체작품이나 활동 모습은 사진으로 찍어 기록할 수 있다.
- 아동의 이야기, 노래, 극놀이, 신체표현 등은 오디오나 비디오 매체를 활용하여 기록한다.

(2) 포트폴리오

① 아동의 개별적인 특성, 아동 작품의 질, 일정기간 동안의 진보를 평가하려는 목적으로 체계적으로 수집한 작품이다.

- 아동의 수행여부보다는 아동이 어떻게 학습하고 지식을 적용하는지에 대한 질적인 정보를 제공한다.
- 아동들의 활동과정과 그들의 사고과정이 잘 나타난 작품, 사진, 녹음, 녹화 자료 등을 수집하여 그것을 근거로 아동의 진보와 성장을 설명하는 것이다.

② 언어와 문해, 수학적 사고, 과학적 사고, 사회연구, 예술영역에서 아동의 작품을 수집한다.

- 개인 및 사회 발달, 신체 발달 영역에서는 아동의 작품을 수집하는 것보다 직접적인 관찰이 더 효과적으로 평가할 수 있기 때문이다.

③ 아동의 작품을 공통 항목과 개별 항목으로 구분하여 수집하는 구조적 접근이다.

- 공통 항목은 교사가 선정한 학습영역과 관련하여 아동의 성장과 진보를 나타내는 특정한 학습영역이다.
  - 5개 영역(언어와 문해, 수학적 사고, 과학적 사고, 사회연구, 예술)에서 각 영역별로 학습영역을 2가지 선정한다.
  - 교사가 선정한 기준에 따라 수집되므로 모든 아동이 공통적인 내용을 수집하지만, 아동들의 활동내용은 다르다.
  - 수집하는 공통 항목의 개수: 각 영역별(5개 영역)로 학습영역(2개)당 일 년에 2번 수집한다(5개 영역 × 2개 학습영역 × 2번 = 20개).

〈표 11-4〉 포트폴리오 공통 항목 수집 활동지

영역	학습영역
언어와 문해 수학적 사고 과학적 사고 사회연구 예 술	
학습영역에서 수행되어야 할 기술과 개념	
교실 활동	아동작품/공통 항목

출처: 주소영(2000).

〈표 11-5〉 포트폴리오 공통항목 수집 계획

아동__________ 교사__________

영역	학습영역	수집기간
언어와 문해	항목1	
	항목2	
수학적 사고	항목1	
	항목2	
과학적 사고	항목1	
	항목2	
사회연구	항목1	
	항목2	
예술	항목1	
	항목2	

출처: 주소영(2000).

- 개별 항목은 아동의 흥미를 포착할 수 있는 아동 작품의 독특한 사례로, 영역 간 학습의 통합을 반영하는 것이다.
  - 수집하는 개별 항목의 개수: 전체 영역에서 4개 이상을 일 년에 2번 수집한다(4개 이상 × 2번 = 8개 이상).
  - 공통항목과 달리 개별 항목은 교사가 미리 계획하지 않으며, 아동에 따라 다양한 항목을 수집한다.

④ 다양한 상황에서 수집된 포트폴리오는 아동의 성장과 발달을 기록하고, 분석하고, 요약하는 도구가 될 수 있게 하며, 교수와 평가를 통합하는 기능을 한다.

(3) 총괄보고서

총괄보고서는 다음과 같은 특징이 있다.

- 학급에서 강조되는 학습영역과 행동에서 아동의 수행을 평가하기 위한 구체적인 기준을 포함하며, 아동의 전체적인 교육적 진보에 대한 정보를 기록하고, 요약하고, 수집하는 것을 돕는다.
- 아동의 가족과 교육 관련 전문가들에게 아동의 성장과 진보에 대한 정보를 제공하기 위한 것이다.
- 발달체크리스트, 포트폴리오를 실시한 후 그 결과를 바탕으로 아동의 발달을 교사의 판단에 근거해 수행과 진보 평정을 하고 아동 학습의 독특한 면을 서술문으로 작성한다.
- 아동의 강점과 약점이 잘 드러나도록 기술하고, 수행 정도와 진보한 정도에 대하여 긍정적으로 기술하고 설명한다.
- 필요한 정보를 포함하여 기술하고, 아동의 개별적인 특성(특징적인 행동이나 언어 등)을 기술한다.

총괄보고서의 평정방법과 진보에 대한 평정을 살펴보면 다음과 같다.

- 총괄보고서의 평정방법
  - 아동의 행동, 기술, 지식, 성취에 대한 평가로, 발달체크리스트 수행과 포트폴리오 수행을 평정한다.
  - 3단계(아주 조금 발달, 조금 발달, 많이 발달)로 평정한다.
  - 학기 말에 평정한다.
- 진보에 대한 평정
  - 발달체크리스트와 포트폴리오를 통해서 나타난 아동의 전반적인 성장과 변화를 평가한다.
  - 3단계(아주 조금 발달, 조금 발달, 많이 발달)로 평정한다.

〈표 11-6〉 총괄보고서

아동 ____________ 교사 ____________ 연령 ____________ 날짜 ____________

	체크리스트			포트폴리오			진보			교사 의견
	많이 발달	조금 발달	아주 조금 발달	많이 발달	조금 발달	아주 조금 발달	많이 발달	조금 발달	아주 조금 발달	
개인 사회 발달										
언어와 문해										
수학적 사고										
과학적 사고										
사회연구										
예술										
신체 발달										

출처: 주소영(2000).

4) 활동표본평가의 의의

활동표본평가의 의의를 찾아보면 다음과 같다. 우선, 활동표본평가의 과정에 교사, 아동, 부모가 모두 참여하게 함으로써, 아동의 발달을 돕는 평가로서 활동표본평가의 의미를 공유할 수 있도록 한다. 활동표본평가는 교사가 아동의 수행을 기록하고, 교육과정을 운영하고, 가족과 운영자에게 정보를 제공하는 방식에 변화를 가져오게 한다. 교사는 아동이 활동을 얼마나 잘 수행하는지를 평가하는 힘을 가지는 동시에 평가자로서의 책임도 가지게 된다.

둘째, 활동표본평가는 교사가 아동을 관찰하는 것의 중요성과 그들의 전문성을 증진시킬 수 있도록 도와준다. 활동표본평가는 교실 활동을 수행하고, 문제를 해결하고, 상호작용하며, 결과물을 창조해 내는 활동 중에 있는 아동들에 대한 교사의 관찰에 기초하는 참 수행평가이므로(Meisels, 1996), 활동표본평가를 실시하는 교사는 더욱 나은 관찰자가 되는 데 초점을 두어야 한다. 교사는 개별 아동을 돌보도록 스스로를 가르치고, 평가에 아동의 실제 수행보다 자신의 사전개념을 더 많이 반영하는 것을 비판할 줄 알아야 하며, 무엇보다 자신의 관찰이 교육과정에 변화를 가져올 수 있도록 관찰을 사용하는 방법을 배워야 한다(Meisels et al., 1994).

동시에 교사들은 아동의 학습에 대한 기록화와 평가가 자신의 실제, 신념, 지식을 반성하도록 유도하였으며, 자신의 전문성 발달을 촉진하였다고 진술하였다. 이런 결과는 활동표본평가가 아동의 발달과 학습과정에 대한 이해를 깊게 함으로써, 교사가 스스로 자신의 실제를 반성하고 변화시킬 수 있음을 보여 준다.

셋째, 활동표본평가는 아동 자신에게 자기평가를 경험하고, 자신의 수행을 반성할 수 있는 기회를 제공해 준다. 활동표본평가는 아동이 자신의 경험적 상황 속에서 수행하는 것을 교사가 기록하게 함으로써, 아동들은 풍부하고 다양한 경험에 호기심을 가지고 주도적으로 참여하며, 이런 과정 속에 자신의 지식, 기술, 성취, 태도를 자연스럽게 드러내게 된다. 특히, 활동표본평가의 포트폴리오는 아동에게 의미가 있다. 아동이 자신의 작품들 간의 질적 차이를 분별하고, 자신의 작품을 평가하는 데 적극적인 역할을 수행할 수 있게 한다(Meisels, 1996).

넷째, 활동표본평가는 아동의 부모들에게도 아동평가에 대한 새로운 인식을 심어준다. 부모들은 활동표본평가를 통하여 아동을 등급이나 서열에 따라서 구분하는 것이 아동을 정확하게 평가하는 것이 아니라는 것을 알게 되고, 아동이 무엇을 알고 이해하며 수행할 수 있는지에 대한 종합적인 증거를 제시하는 결과가 아동의 발달을 객관적으로, 개별 아동의 특성에 맞게 설명해 줄 수 있다는 것을 이해하게 된다.

비록 부모들이 활동표본평가가 아동의 발달을 더 잘 이해하는 데 효과적이라는 것을 인식하기까지는 어느 정도 변화를 수용할 시간이 필요하지만(Xue, 2000), 그런 변화의 과정 끝에 부모들은 왜 아동을 평가해야 하며, 아동을 평가하는 적절한 방법은 무엇인지, 평가를 통해 얻은 정보를 아동의 발달과 어떻게 관련시키는지에 대하여 알게 된다.

결국, 활동표본평가는 평가의 과정 속에 참여하는 교사, 아동, 부모에게 모두 긍정적인 영향을 미치며, 교사를 위한 체계적인 조직을 갖추었으므로, 아동을 위한 수행평가도구로서 현장에서 충분히 활용할 가치가 있다고 본다.

12

포트폴리오 평가

1. 포트폴리오 평가

1) 포트폴리오의 개념

서류가방, 자료 수집철, 자료 묶음 등을 뜻하는 포트폴리오는 이미 오래전부터 다양한 분야에서 사용해 왔던 용어이다. 예술 분야에서 포트폴리오는 자신이 과거에 만든 작품이나 관련 내용 등을 모아 놓은 자료철 또는 자료 묶음, 작품집을 의미한다. 경제영역에서 포트폴리오는 진행 중인 모든 거래 기록의 총괄을 의미하는 것이고, 세일즈맨에게 포트폴리오는 업무를 수행할 수 있는 능력의 근거를 제시하는 목록으로서 인식된다(Collins, 1992). 교육학에서 포트폴리오의 물리적 의미는 아동의 학습 증거를 저장하는 폴더, 파일, 성과, 혹은 보관함을 의미한다(McAfee & Leong, 2008).

2) 포트폴리오 평가의 개념

수행평가에서 사용하는 여러 방법 중 하나인 포트폴리오 평가에 대해 학자들이 정의한 개념들을 살펴보면 다음과 같다(황해익 · 송연숙 · 최혜진 · 정혜영 · 이경철 · 민순영 외, 2001; McAfee & Leong, 2008; McMillan, 1997; Shaklee, Barbour, Ambross, & Hansford, 1997; Wortham, 2005).

- 아동들의 지식, 기술, 태도의 성장을 점검하기 위해 교사와 아동들이 체계적이고 조직적으로 증거를 수집한 것이다.
- 수집된 기록물들을 근거로 아동들의 학습 및 수행력을 향상시키거나 모니터하기 위해 고안된 평가의 한 유형이다.
- 학습 목표 성취를 향한 학생들의 발전을 기록하기 위하여 학생들의 결과물을 의도적이면서도 체계적으로 모으고 평가하는 과정이다.
- 아동을 관찰한 내용, 아동의 작품, 검사결과, 그리고 다른 유의미한 정보들을 모아 두는 방법이다.

- 아동에게 지속적으로 나타나는 발달과 학습을 기록한 증거들을 의도적으로 조직화한 의도적인 결과물이다.
- 발달과 학습의 연속체이며 숙달한 기능뿐만 아니라 아동 전반에 관한 정보, 교사가 수업과 활동을 계획할 수 있게 해 주는 진단적 정보 그리고 아동의 이해를 나타내는 활동 사례 등을 포함하고 있다.

이상의 포트폴리오 평가는 아동의 진보 및 발전을 확인하고, 개별 아동에게 적절한 교수 계획을 수립하고, 아동의 학습동기와 자율성을 향상시키며, 가족이나 행정가와의 의사소통, 연계성 있는 교육을 위한 정보를 제공하기 위해 사용되는 것으로 요약될 수 있다(황해익 외, 2001). 따라서 포트폴리오 평가는 개인의 경험, 노력, 진보상황, 성과를 볼 수 있으며, 평가의 기초가 될 뿐만 아니라 아동의 학습과 발달에 관한 지침을 제공한다고 볼 수 있다.

3) 포트폴리오 평가의 목적

포트폴리오 평가를 하는 목적은 다른 평가와 마찬가지로 아동의 특정한 측면의 성장, 발달, 학습을 살펴보고 그와 관련된 현재 아동의 조건이나 상황, 그 상태(status)를 살펴보기 위해서이다. 또한 이들에게 적절한 수업 계획 및 교육을 제공하기 위한 것이고, 때로는 특별한 도움이 필요한 아동을 규명하기 위한 것이다. 동시에 아동들의 발달과 교육에 관심이 있는 다른 사람들과 소통하는 것을 목적으로 삼고 있다.

그러나 이러한 평가 목적 이외에 포트폴리오 평가를 하는 목적은 아동이 자신의 학습과정 및 결과에 대해 스스로 평가를 하거나 반성적인 사고를 하는 경험을 제공해 주고, 교사에게는 교사 스스로의 반성적 사고를 할 수 있는 기회를 증진시켜 줌으로써 교사 개인이 전문가로서의 성장을 이룰 수 있도록 도와준다. 또한 아동, 교사, 그리고 부모 간의 지속적인 의사소통을 증가시키도록 도와주는 것이다(McAfee & Leong, 2008).

다른 학자들도 포트폴리오 평가를 하는 목적에 대해 언급하였다. 예를 들어, Harris (2009)는 우선, 교사는 학급 속에서 아동들의 경험을 관찰하고, 이들의 경험을 기록하면서 아동들 수준에서 가르칠 수 있으며, 둘째, 교사가 아동들을 관찰하면서 필요한 것들을 메모함으로 효과적인 중재를 제공해 줄 수 있다고 하였다. 셋째, 교사, 행정가, 그리고 가족 모두가 아동들을 위해 더 나은 풍부한 교실 경험에 대한 결정을 도울 수 있다고 하였다.

Kingore(2008)는 첫째, 아동들은 포트폴리오를 만들어 가는 과정 속에서 자기 자신의 가치성을 높이는 경험을 하거나 자아존중감이 높아지는 경험을 하며, 둘째, 아동들은 오랜 기간 동안 만든 문서화된 포트폴리오를 보면서 자신의 학습 성장 및 기술 증진을 볼 수 있다고 하였다. 뿐만 아니라 학부모나 다른 교육자들, 그리고 관리자들은 개별 아동이 만든 결과물을 봄으로서 이들의 학습 정도나 발달 수준을 볼 수 있다고 하였다. 셋째, 교실 속에서 만들어진 학습 결과물은 학습이 어려운 아동, 특별한 도움이 필요한 아동, 혹은 학습을 연장할 필요가 있는 아동을 알아볼 수 있으며, 넷째, 아동들은 포트폴리오를 보여 주면서 자신이 배운 것이 무엇이고 어떠한 것을 할 수 있는지 친구들과 공유하며 기쁨을 누리게 되기도 하고, 서로 칭찬과 격려하는 경험을 할 수 있다고 하였다. 학부모 또한 아동의 포트폴리오를 보며, 칭찬과 격려를 해 줄 수 있으며, 자녀의 발달과 성장 정도를 이해할 수 있게 된다고 보았다.

황해익(2000)은 첫째, 포트폴리오 평가는 일 년 동안 아동이 경험한 것에 대한 풍부한 정보를 제공해 주기 때문에 아동의 능력이 발전해 가는 과정을 볼 수 있으며, 뿐만 아니라 여러 영역에서의 아동의 다양한 능력들을 살펴볼 수 있게 해 준다고 하였다. 둘째, 교사는 포트폴리오에 포함될 아동의 작품을 검토하고, 아동의 행동을 관찰하면서 현재 아동의 발달 상태를 파악함으로서 개별 아동 수준에 적절하게 자신이 교수 활동을 하는지 살펴볼 수 있으며, 이를 수정해 나갈 수 있다고 하였다. 셋째, 교사가 아동의 작품에 대한 구성과 선택에 안내 지침을 제공할 수는 있지만, 동시에 포트폴리오 평가 과정에 아동이 함께 참여할 수 있다고 하였다. 이 과정에서 아동은 자신의 목표가 성취되었는지 교사가 함께 평가해 봄으로서 자율성을 경험하고 학습 활동에 대한 아동 스스로의 책임을 경험할 수 있다고 하였다. 넷째, 아동이 산출한 자료와 교사가 수집한 자료를 모은 포트폴리오 평가를 통해 부모나 동료교사, 행정가, 기타 사람들에게 아동에 대한 더욱 구체적이고 의미 있는 정보를 제시할 수 있다고 하였다. 다섯째, 포트폴리오 평가는 새로운 교사에게 아동의 발달 정도나 관심영역에 대한 정보를 제공해 줌으로서 연계성 있는 교육을 할 수 있도록 해 준다고 하였다.

4) 포트폴리오 평가의 특징

아동의 발달에 대한 비형식적이고, 구체적인 자료를 저장하고, 보관하는 데 적합한 포트폴리오 평가에 대해 많은 학자들은 다음과 같이 특징을 설명하였다.

McAfee와 Leong(2008)는 아홉 가지 특징을 언급하였다.

첫째, 융통성이 있고 조정 가능하다. 즉, 아동의 연령과 발달, 발달 영역이나 교육과정 영역, 학교 혹은 교육기관의 목적, 혹은 다른 고려 점에 맞게 다양해질 수 있다.

둘째, 아동의 발달과 학습의 많은 차원을 포착한다.

셋째, 아동의 장점, 즉 할 수 있는 것에 초점을 둔다.

넷째, 아동이 자신의 학습에 대한 책임을 지도록 도와준다.

다섯째, 시간이 흐름에 따라 다양한 평가 창으로부터 표집할 수 있다.

여섯째, 자신의 발달에 적합한 항목 그리고 숙고 중에 있는 항목의 선정과 반성적 사고에 아동을 포함시킨다.

일곱째, 각각의 아동에게 독특한 것뿐만 아니라 집단에 있는 모든 아동에게 공통적인 정보를 포함할 수 있다.

여덟째, 정적인 보고서, 성적 혹은 점수가 아닌 역동적, 지속적인 평가를 제공한다.

아홉째, 아동과 그들의 학습에 대하여 함께 의사소통하기 위한 정보의 풍부한 원천이다.

Kingore(2008)는 다음과 같은 포트폴리오 평가의 특징을 언급하였다.

첫째, 아동들은 포트폴리오를 만들어 가는 과정 속에서 자기 자신의 가치성을 높이는 경험을 하거나 자아존중감이 높아지는 경험을 한다.

둘째, 아동들은 오랜 기간 동안 만든 문서화된 포트폴리오를 보면서 자신의 학습 성장 및 기술 증진을 볼 수 있다고 하였다. 뿐만 아니라 학부모나 다른 교육자들, 그리고 관리자들은 개별 아동이 만든 결과물을 봄으로서 이들의 학습 정도나 발달 수준을 볼 수 있다.

셋째, 교실 속에서 만들어진 학습 결과물은 학습이 어려운 아동, 특별한 도움이 필요한 아동, 혹은 학습을 연장할 필요가 있는 아동을 알아볼 수 있다.

넷째, 아동들은 포트폴리오를 보여 주면서 자신이 배운 것이 무엇이며, 어떠한 것을 할 수 있는지 친구들과 공유하며, 기쁨을 누리게 되기도 하고, 서로 칭찬과 격려하는 경험을 할 수 있다고 하였다. 학부모 또한 아동의 포트폴리오를 보며, 칭찬과 격려를 해 줄 수 있으며, 자녀의 발달과 성장 정도를 이해할 수 있게 된다고 보았다.

또 다른 학자 Oosterhof(2009)은 다음과 같이 언급하였다.

첫째, 각 개인의 교수목표에 의해 조정된다.

둘째, 창의적 결과물을 만들어 내는 과정과 결과물 모두를 강조한다.

셋째, 각 개인의 약점보다는 강점을 강조한다.

넷째, 각 개인이 자신의 포트폴리오 평가에 참여한다.

다섯째, 포트폴리오는 부모와 행정가와의 의사소통의 매개물이다.

여섯째, 포트폴리오 준비과정에는 시간이 많이 들지 않더라도, 이를 고찰하는 시간은 많이 걸린다.

일곱째, 교사와 각 개인이 함께 평가한 것이므로, 포트폴리오는 믿을 만하다. 특히, 포트폴리오의 내용과 범주를 결정하는 의사결정과정에서 각 개인이 참여한다는 점은 각 개인에게 자신감을 갖게 함으로서 자아 개념을 증진시키고, 주제에 대한 가치성 부여가 향상된다. 뿐만 아니라 자신이 만들었던 포트폴리오에 재방문할 기회를 가지므로, 자신의 작업에 대한 계속적인 재검토를 격려받고, 시간이 흐르면서 향상되는 성취감과 학습 능력을 볼 수 있게 된다.

5) 포트폴리오 평가의 유형

포트폴리오 평가는 단순히 정보를 모으고 보관하는 방법이 아니라 반드시 심사숙고를 하여 계획하고, 조직한 것이다. 포트폴리오 속에 무엇을 넣고, 어떻게 조직하여, 어떻게 활용할 것인가에 따라 그 목적, 특성, 개념이 달라질 수 있다. 사용자의 목적에 따라 포트폴리오 평가의 종류를 선택할 수 있다.

Valencia와 Place(1994)는 사용 목적에 따라 그 유형을 4가지로 구분하였다.

- 전시 포트폴리오(showcase portfolio): 학습자가 가장 잘한 작품이나 좋아하는 작품을 선정해서 전시하는 것이다.
- 평가 포트폴리오(evaluation portfolio): 평가를 위해 기준에 맞게 필요한 자료를 선정하는 것이다.
- 기록작업 포트폴리오(documentation portfolio): 학습자의 포괄적인 발달 수준을 기술하기 위해 아동의 작품이나 진보된 상황에 대한 증거를 선정한다.
- 과정 포트폴리오(process portfolio): 학습자가 프로젝트를 진행할 때, 그에 의해 기록되고 논평되는 과정이 포함된다.

6) 포트폴리오 평가의 장점과 단점

포트폴리오 평가의 장점과 단점을 살펴보면 다음과 같다(박영충, 1997; 황해익, 2000; McMillan, 1997; MacDonald, 1997; Gullo, 1994).

(1) 포트폴리오 평가의 장점

포트폴리오 평가의 장점을 살펴보면 다음과 같이 정리할 수 있다.

첫째, 아동의 발달과정에 대한 정보를 얻을 수 있다. 결과물이 만들어지는 과정과 그것에 대한 아동의 반성적 사고 및 자기평가를 중요시하기 때문에 구체적으로 아동의 사고 발달에 대한 정보를 얻을 수 있다.

둘째, 아동의 긍정적 자존감 형성에 도움이 된다. 아동이 교사와 협력해서 평가 목표와 평가 준거 설정, 자기평가나 동료평가의 실시, 그리고 협의회를 통해 평가의 결과 활용에도 참여한다. 이러한 경험은 아동의 긍정적인 자존감 형성에 도움이 된다.

셋째, 아동들이 날마다 경험하는 친숙한 환경 속에서 평가가 이루어진다. 인위적인 검사 상황이 아니라 매일의 친숙한 환경 속에서, 아동들의 행동을 평가할 수 있다.

넷째, 아동의 장점에 초점을 맞춘다. 장기간에 걸친 작품 수집을 통해 아동이 할 수 있었던 점, 새롭게 할 수 있었던 점, 더 나아진 점 등 구체적으로 아동들의 변화에 대해 관심을 가질 수 있다.

다섯째, 개별 아동에게 적합한 평가를 실시할 수 있다. 포트폴리오 평가는 개별 아동의 나이나 발달 수준, 발달 영역 및 교육과정 영역, 영유아교육기관의 목적, 또는 그 이외의 여러 요인 및 상황에 따라 평가를 할 수 있기 때문에 개별 아동에게 가장 적절하고, 정밀하고, 완전하며, 발달적으로 적합한 평가를 실시할 수 있다.

여섯째, 평가의 과정에 부모와 가족도 참여하게 된다. 아동에 대하여 가장 많은 정보를 가지고 있는 부모가 평가의 과정에 참여함으로써 아동에 대한 이해를 높이고 교육의 효과를 증진시킬 수 있다.

일곱째, 협동을 장려한다. 포트폴리오 평가의 과정에서 아동과 아동, 아동과 교사, 교사와 교사 간 함께 평가를 하면서 다른 사람의 작품에 대한 평가 능력을 기를 수 있을 뿐만 아니라, 다른 사람과의 협동적 학습 능력도 기를 수 있다.

여덟째, 평가의 결과가 교수 계획에 바로 반영될 수 있다. 매일의 수업 과정 속에서 평가가 이루어지기 때문에 평가의 결과에 따라 교수 과정을 계획하고 수정하며 교육을 진행할 수 있다.

(2) 포트폴리오 평가의 단점

포트폴리오 평가의 단점을 살펴보면 다음과 같이 정리할 수 있다.

첫째, 비용과 시간이 많이 소요된다. 아동의 작품을 모으고 평가하는 데 교사의 노력과 시간이 많이 소요되며, 비용 또한 표준화검사와 비교하여 많이 든다.

둘째, 단순히 감상적인 기억들을 담은 상자가 될 수 있다. 포트폴리오 평가의 목적이나 방법에 대한 이해가 선행되지 않으면, 포트폴리오 평가가 단순한 자료철이나 아동의 작업 표본을 수집해 놓은 것으로 편향될 우려가 있다.

셋째, 기록물들을 보관할 충분한 공간이 필요하다. 아동들의 작품을 수집하고 조직할 수 있는 상자나 파일 등 충분한 공간이 필요하게 된다.

넷째, 기록물을 수집하고 평가하는 과정에서 교사의 편견이 작용할 가능성이 많다. 교사가 아동에 대해서 가지고 있는 학습 결과나 아동의 발달에 대해 갖고 있는 사전 지식이나 개인적인 감정으로 인하여 아동의 작품에 대해서 과대 또는 과소평가하게 될 수도 있다.

다섯째, 포트폴리오 내용 타당서의 확보가 쉽지 않으며 평가 결과에 대한 신뢰성 및 객관성의 확보가 어렵다. 자료수집과 평가의 과정에 교사의 판단과 주관이 개입되고, 또 교사마다 관점이 다르기 때문에 같은 아동에 대하여도 전혀 다른 작품을 수집하고 전혀 다른 평가를 내릴 가능성도 배제할 수 없다.

이상을 종합해 보면, 포트폴리오 평가는 다방면에서 아동이나 교사, 부모에게 긍정적인 측면을 줄 수도 있지만, 부정적인 측면도 가지고 있다. 이러한 양면성을 고려하며 포트폴리오 평가를 적절하게 사용해야 한다.

2. 포트폴리오 평가 절차

포트폴리오 평가를 위한 절차는 정형화되어 있지 않지만, 대체로 다음과 같은 절차를 고려해서 실행을 한다. 우선, 포트폴리오 평가를 위한 계획을 세우고, 둘째,

포트폴리오 평가를 위한 다양한 작업 표본을 수집 및 조직 관리하며, 셋째, 포트폴리오에 대한 해석 및 활용을 하는 과정으로 진행된다(김지은 · 김진숙, 2006; 황해익, 2000; McAfee & Leong, 2008). 여러 학자들이 언급했던 내용을 토대로 다음과 같이 정리를 하였다.

1) 1단계: 포트폴리오 평가를 위한 계획

이 단계는 평가를 위한 가장 중요한 단계로 포트폴리오 평가의 성공여부를 판가름 할 수 있다. 포트폴리오 평가를 계획할 때, 포트폴리오 평가를 어떻게 구성할 것인가에 대한 부분과 평가 참여자들에 대한 안내와 연수에 대한 부분을 고려해야 한다.

(1) 포트폴리오 평가 구성하기

포트폴리오 평가의 목적, 이에 따라 수집할 내용물 및 수집방법, 실시 시기, 채점의 준거, 활용방법 등을 계획한다.

① 평가 목적에 따라 포트폴리오 평가 내용을 결정한다.

포트폴리오는 단순히 정보와 기록을 모아 놓은 잡동사니 파일이 아니기 때문에 반드시 심사숙고하여 계획되고 조직되어야 한다.

- 전시를 위한 것인지, 평가를 위한 것인지, 아니면, 포괄적인 발달 수준을 기술하기 위한 것인지 등 그 목적에 따라 적합한 항목의 유형을 선정해야 한다.
- 허용범위(latitude)를 고려하여 항목을 선정해야 한다.
  - 항목은 반드시 정보를 제공하고, 수집하기 쉽고, 유의미한 교실활동의 대표물로 구성하는 것이 필요하다.
  - 한정된 공간 속에 무엇을 넣을 것인지 결정하는 상황에서 아동과 교사가 함께 무엇을 수집할 것인가에 대해 토의하고, 동의를 통해 이루어진 항목들을 수집할 때, 포트폴리오 수집의 가능성은 커진다.

- 이때 아동의 연령 및 발달 수준을 고려해서 참여 정도를 결정해야 한다.

- 항목을 선정할 때 특정 필수 항목, 필수 증거, 개별 표집, 자발적으로 표현한 자료 등으로 구분할 수 있다.
  - 필수 항목은 모든 아동으로부터 수집할 특정 항목을 의미하는 것으로, 구체적으로 지정한다.
  - 필수 증거는 포트폴리오 평가 유형을 결정한 후, 그에 따라 필수적으로 수집할 자료들을 결정한다.
  - 개별 표집은 현재 진행 중인 학급 작업이나 활동 중 교사, 아동, 혹은 둘이 함께 아동의 작품, 다양한 자료 등을 선정하는 것이다. 이러한 개별 표집은 각 아동의 독특한 접근, 진보 상황 등을 알 수 있다.
  - 자발적으로 표현한 자료는 아동의 자발적인 행동으로 발생한 것으로, 교사가 목표로 한 중요한 내용에 해당한다면 체계적으로 기록할 수 있다.

포트폴리오 내용에 활용할 수 있는 항목유형

- 발달체크리스트
- 일화기록
- 시간표집 자료–정해진 날 혹은 특정 기간에 아동이 한 일, 참여도 차트, 정해진 날 혹은 특정 기간에 아동이 수행한 것에 대한 시간표집 혹은 세기
- 인터뷰
- 상, 자격증, 감사장
- 활동 자료들–작업 결과물, 견본들, 아동 혹은 성인에 의한 아동 작품(블록 구성물, 패턴 블록, 모래, 3차원 작품)에 대한 스케치, 작업을 위한 계획의 스케치, 수학 · 과학 · 사회 · 건강영역에 대한 자료수집과 발표에 대한 기록
- 미디어 자료–중요한 작업이나 놀이에 참여하는 아동의 사진, 아동 혹은 집단에 의해 준비된 전시나 진열의 사진, 오디오나 비디오 기록
- 가족으로부터 받은 자료들 관찰–부모의 논평 혹은 목적, 부모–교사 협의회와 아동–교사 협의회로부터의 기록, 아동이 부모에게 그린 그림 혹은 받아 적거나 쓴 메시지

② 포트폴리오 평가에 들어갈 내용을 어떻게 수집할 것인지 방법을 결정한다.

포트폴리오 평가를 실행할 시기와 방법, 그리고 내용을 어떻게 조직 및 요약할 것인지 결정을 한다.

- 실행할 시기와 방법을 결정한다. 평가의 시기는 수집하고, 기록하려는 정보의 유형에 영향을 준다.
  - 학기 동안 언제 무엇을 평가할 것인가에 대한 시기와 정보 내용을 결정한다.
  - 학기 초에 평가할 것, 상시 평가할 것, 정기적으로 평가할 것, 학습할 생활 주제나 프로젝트의 전후에 평가, 걱정스러운 상황이 발생했을 때 평가할 것 등 그 시기와 내용을 결정한다. 예를 들어, 필수 항목으로 결정한 내용은 연 4회에 걸쳐 수집을 하고, 개별화된 포트폴리오에 넣을 자료는 연중 수시로 첨가를 한다.
- 수집할 내용을 어떻게 조직하고, 요약할 것인가 방법을 결정한다.
  - 아동의 특성이나 개성을 담을 수 있는 방법을 고려한다.
  - 작품으로 남지 않은 활동의 결과들을 수집할 수 있는 방법과 활동들을 고려한다.
  - 수집한 자료들의 조직 및 요약 방법을 결정한다.
- 수집할 내용을 어디에 보관할 것인가 결정한다.
  - 포트폴리오 보관을 위해 내용물을 넣을 장소를 결정한다.

③ 포트폴리오 평가의 채점의 준거를 선정한다.

목적에 따라 수집할 내용의 평가 기준 및 채점의 준거를 선정한다.

- 수집할 내용의 평가 기준을 선정한다.
  - 어떠한 영역의 내용을 선별해서 평가하고, 어떠한 기준으로 채점할 것인가에 대한 준거를 마련해야 한다. 예를 들어, 발달지침이나 발달체크리스트를 활용할 수 있다.
  - 아동, 교사, 부모의 논평을 첨가한다.

④ 포트폴리오 평가의 활용방법을 결정한다.

- 수집할 정보의 해석을 어떻게 활용할지 결정한다.
  - 아동들의 다음 교육계획에 반영하여 교수-학습과정 개선에 기여할 수 있다.
  - 부모나 다른 성인들을 위한 정보를 제공할 수 있다. 부모와 포트폴리오 협의회를 어떻게 할지 계획을 할 수 있고, 그에 따른 실행방법을 고려할 수 있다.
  - 다음에 해당 아동을 가르칠 교사나 학교에 아동에 대한 정보로 제공할 수 있다.

(2) 평가 참여자들에 대한 연수 및 안내하기

포트폴리오 평가를 성공적으로 실시하기 위해서는 평가 참여자들, 즉 아동, 교사, 그리고 부모와 가족들에 대한 연수 및 안내가 필요하다.

① 교사 연수가 필요하다.

- 아동의 발달 및 학업 성취를 평가하는 새로운 방법이고, 다양한 자료를 수집하고 기록해야 하는 과정이 포함되기 때문에 교사들에게 자세한 과정을 설명하고 안내해야 한다.
- 구체적으로 포트폴리오 평가의 목적, 특성, 그리고 구체적인 수집 방법, 조직 및 해석, 활용방법, 관찰 및 기록능력 등에 대해 연수가 요구된다.

② 아동들에게 포트폴리오 평가에 대한 소개를 해 준다.

- 학기 초 모이는 시간에 포트폴리오 평가에 대한 간단한 설명 및 안내를 해 줌으로써 아동들이 포트폴리오 평가에 참여할 수 있도록 적극적으로 도와준다.
- 이후 아동들이 일상생활 속에서 자신의 작품이나 활동들에 대해 자기 스스로 혹은 동료들과 함께 평가하고, 사고할 기회를 점차 늘려 준다.

③ 부모들이나 가족들에게 포트폴리오 평가에 대한 소개를 해 준다.

- 기존의 평가방법과 차이가 있는 포트폴리오 평가의 목적, 가치, 장점, 아동들에게 미치는 영향이나 규정 등을 안내한다.
- 동시에 부모들이 참여할 부분에 대해 충분히 설명을 하고, 가정에서도 아동의 작업과 활동에 대한 관심을 갖고 적극적으로 참여할 수 있도록 한다.
- 구체적으로 부모교육 모임이나, 가정 통신문, 워크숍, 학부모 면담 등 공식적인 절차를 통해 이루어질 수도 있으며, 일상적인 전화면담, 개별면담, 아동의 귀가 시간 등을 통해 이루어 질 수 있다.

2) 2단계: 포트폴리오 수집, 조직 및 관리

이 단계에서는 포트폴리오에 포함시킬 자료들을 어떻게 체계적으로 수집하고, 조직 및 관리를 할 것인가를 고려해야 한다. 포트폴리오 정보를 수집하고, 조직·관리를 할 때, 아동에 대해 정보를 얻을 수 있는 정보원이나 맥락을 고려하며, 정보를 수집하고 기록하는 방법을 고려하고, 포트폴리오 평가의 종류에 따라 어떻게, 언제 정보수집을 해서, 관리를 할 것인가 고려해야 한다.

(1) 아동에 관한 정보수집: 정보를 얻을 수 있는 다양한 창(multiple windows)

다양한 방법을 통해 아동에 관한 정보를 수집할 수 있다. 아동에 대한 다양한 정보를 획득할 수 있는 정보원이 무엇인지, 이러한 정보를 어떻게 얻을지 그 방법과 이를 평가나 사정해 볼 수 있는 맥락이나 환경이 무엇이 있는지 고려해야 한다.

① 다양한 사람이나 자료들을 통해 대상 아동에 대한 정보를 얻을 수 있다.

- 대상 아동으로부터 직접 정보나 기록을 얻을 수도 있다.
- 다른 아동들, 부모, 전문가, 다른 성인들로부터 간접적으로 아동에 대한 정보나 기록을 얻을 수 있다.

② 대상 아동에 대한 정보는 교사의 체계적인 관찰, 아동과의 상호작용, 아동의 활동 결과물, 학부모나 다른 아동들로부터 얻을 수 있다.

- 교사의 체계적인 관찰을 통해 정보를 얻을 수 있다.
  - 체계적인 관찰이란 교사는 아동, 특별한 행동 유형, 상황 또는 문제, 혹은 정해진 목표를 향한 진보 상황에 초점을 맞춰 관찰하는 것을 의미한다. 교사는 모든 아동들의 행동을 전부 파악할 수 없으며, 단순히 바라보는 것은 진정으로 본다는 것을 의미하지 않는다.
  - 체계적인 관찰을 하기 위해 아동이 놀이하는 것을 방해하지 않도록 장소를 선택하고, 가능한 객관적인 태도를 갖고, 특이한 아동, 행동, 상황, 관심사 혹은 정한 목표에 관찰의 초점을 맞춘다. 아동의 언어적, 비언어적 행동을 다 관찰할 때까지는 판단, 결론, 의미의 다른 해석을 중지해야 한다.
- 아동과의 상호작용을 통해 정보를 얻을 수 있다.
  - 교사는 아동과 일상적인 교실 상황에서 자연스럽게 대화를 나누고, 활동에 대해 토의를 하고 질문과 대답을 교환하며, 정보를 얻을 수 있다.
  - 교사는 교육적 대화나 문답을 사용할 수 있다. 아동에게 필요한 정보에 초점에 맞춰 직접 질문할 수 있으며, 아동의 사고과정, 문제해결 전략, 추론 그리고 거의 모든 것에 대한 관심사를 알아내기 위해 질문과 대답을 교환하며 정보를 얻을 수 있다.
  - 교사는 기대하는 수행 수준의 반응을 아동으로부터 얻기 위해, 질문이나 요청을 하거나 진술을 한다. 이때 아동에게서 원하는 반응을 도출하기 위해 비언어적 힌트나 실마리 등을 제공해 줄 수 있다. 다음의 표에 나와 있는 상호작용의 수준을 참조하여 질문을 할 수 있다.
  - 교사는 아동이 반응하기 쉽도록 질문과 요구를 직접적으로 분명하고, 명료하게 한다. 아동에게 구체적인 반응이 요구된다면, 지시문 자체에 행동을 포함시킨다. 또한 길고 복잡한 질문보다는 한 번에 하나씩 주는 간단한 단서를 준다. 아동이 질문이나 요구를 이해했는지 확인을 한다. 동일한 질문을 한 가지 이상의 방법으로 물어 볼 수 있도록 하고, 반응을 기대하기

전 아동이 생각할 시간을 주고, 이들이 계속해서 생각할 수 있도록 격려해 주는 방식으로 아동의 답에 반응을 한다.

〈표 12-1〉 아동의 반응 수준

1. 재인반응 수준 VS. 회상반응 수준
• 재인반응 수준: 배열된 것 중에서 옳은 대답을 선택하도록 질문 – '이게 저것보다 더 큰가, 아니면 더 작은가?' • 회상반응 수준: 선택할 수 있는 대안이 없는 상태에서 옳은 대답을 선택하도록 질문 – '이 책은 무엇에 관한 것일까?' '2 더하기 2는 뭘까?'
2. 수용적 반응 수준 VS. 표현적 반응 수준
• 수용적 반응 수준: 신체적 대답을 요구하는 질문 – '원을 가리켜 보아라.' – '나무 주위를 돌아간 다음에 사다리에 올라가라.' • 표현적 반응 수준: 아동의 생각을 단어로 표현하고 만들어 내고 진술하는 질문 – '이 모양의 이름을 내게 말해 줄래?'
3. 수렴적 반응 수준 VS. 확산적 반응 수준
• 수렴적 반응 수준: 구체적인 또는 비언어적인 반응을 요구하며 정답을 갖고 있는 질문 – '이것은 무슨 색깔이지?' – '내가 사과 두 개를 갖고 있다가 하나를 네게 주면 남아 있는 건 몇 개일까?' • 확산적 반응 수준: 아동의 의견, 생각, 추론과정 혹은 감정을 도출해 낼 때 하는 질문, 명확한 정답이 없는 질문 – '읽으면서 이 이야기 속 동물들이 서로 다른 방법으로 문제를 해결하려고 하는 이유를 생각해 보아라. 다 읽고 난 후 그 이유에 대해 토의하도록 하자.'
4. 인지적 복잡성의 수준
• 인지적 복잡성의 수준: Bloom의 이원 분류표에서 제시한 인지적 과정에 맞는 질문 – 지식: 어떤 아이디어나 사실을 회상하거나 기억하거나 재인하는 능력 '가'를 가리켜 봐.' – 이해: 자신의 말로 해석하거나 설명하는 능력 '원 모양을 가진 것들의 이름을 말해보렴.' – 적용: 정보를 새로운 상황과 실제 환경에 적용하면서 활용하는 능력 '이 피자를 나누기 위해 수학 기술을 사용해 보렴.' – 분석: 정보를 여러 부분으로 나누는 능력 '호랑이를 고양이와 비교해 보렴.' – 종합: 서로 별개인 부분들을 새로운 하나로 통합하고, 다양한 자료원에서 얻은 정보를 새로운 형태로 재결합하는 능력 '이 입체물을 가지고 너 자신의 패턴을 만들어 보렴.' – 평가: 기준 또는 일련의 준거를 이용하여 정보에 대해 판단하는 능력 '이 이야기의 결말이 왜 좋다고 생각하는지 설명해 보렴.'

출처: McAfee & Leong(2008).

- 작업 결과물을 수집하는 것으로 정보를 얻을 수 있다. 아동의 상태나 진보 상황 정도에 대한 가치 있는 증거를 제공해 주는 결과물이나 대상물을 수집하는 것이다.
  - 활동의 결과물을 수집하기 위해 표집계획을 세워야 한다. 모든 발달 및 내용영역에 대한 기록 작업을 하기 위해서 상이한 매체로 다양한 결과물을 수집한다.
  - 아동이 배우고 경험한 것을 얼마나 잘 보여 주는가에 기초하여 결과물을 선택한다.
  - 결과물을 저장하고 요약하는 체계를 설정한다.
- 학부모나 다른 아동들로부터 정보를 얻을 수 있다.
  - 학부모나 다른 아동으로부터 다양한 방법으로 정보를 얻을 수 있다. 비형식적 대화와 의사소통, 협의회, 가정방문, 서식과 질문지, 그리고 부모가 자녀 평가에 함께 하는 것 등을 통해서 정보를 얻을 수 있다.
  - 모든 부모는 협력적이지 않지만, 대다수의 부모는 협력적이고, 모든 사람에게 도움이 된다. 교사는 지속적인 노력을 통해 부모의 참여를 증가시킬 수 있다.

③ 맥락 속에서 대상 아동에 대한 정보를 얻을 수 있다.

- 맥락 혹은 환경은 물리적 공간이나 인적 자원 같은 환경으로 아동의 행동을 정하는 주요한 요인으로 작용한다. 또한 수행평가가 실제상황평가인지 아닌지를 결정하게 된다.
- 맥락은 매일의 일상적인 활동, 실외놀이터나 실내교실 상황 혹은 검사실 상황, 학습영역이나 극놀이 상황, 개별학습 상황이나 집단활동 시간 등을 의미한다.
- 평가의 맥락을 선정할 때, 아동이 편하게 느끼도록 만들어 주고, 아동들이 몰두 할 만큼의 충분히 흥미롭고, 현실적인 맥락을 제공하며, 바람직한 활동을 증가시키고, 주의 산만함을 최소한으로 하기 위해 적절한 교구를 사용하고, 물리적 공간을 잘 활용한다.

(2) 정보수집 및 기록방법

아동들의 정보를 기록하는 것은 중요하다. 아동의 발달, 중요한 교육목표, 실제 상황 평가 및 수업이 서로 연결되도록 자료를 수집하도록 한다.

① 다양한 정보수집 및 기록방법

- 기술하는 방법으로 아동들에 대한 정보를 기록하는 방법
  - 아동을 기술하는 방법은 기술적인 내러티브, 일화기록, 메모와 같은 내러티브 기록이 포함되며, 이것들의 차이는 상세성과 내용 길이의 차이를 의미한다.
  - 내러티브(narrative) 기록은 일어난 것에 대한 자세하고 이야기 같은 기술이다. 마치 비디오 녹음 같이 평가를 하는 동안의 행동, 말 등 거의 모든 것을 끊임없이 기록하는 것이다.
  - 일화기록은 특정 사건에 초점이 맞춰진 짧고 내러티브적인 설명으로 소집단의 아동이나 개인 아동의 독특한 행동이나 기술을 기록하는 것이다.
  - 메모(joting)는 행동이나 사건의 중요한 국면이나 특징에 대한 짧은 기록이다. 일화기록보다는 쓰는 시간이 적게 걸리지만, 구나 약어를 사용하고 단어를 생략하고, 좀 더 손이 빠른 방법을 택하여 중요한 세부사항을 기록한다.
  - 아동을 기술할 때, 우선 날짜를 기록하고, 사건이 일어난 순서대로 정확하게 보고, 들은 것을 기록해야 한다. 가능하다면 사건이 일어나는 동안에 기록을 하고, 기술한 내용을 이해하는 데 필요한 모든 정보를 포함시키도록 한다.
- 사진, 다이어그램 및 스케치 등으로 아동들에 대한 정보를 기록하는 방법
  - 다이어그램은 망 혹은 개념도, 아이디어 지도라고 부른다. 이는 아동의 지식이나 학습에서 개념과 과정을 기록하는 데 유용하게 사용될 수 있다.
- 비디오나 오디오 테이프로 아동들에 대한 정보를 기록하는 방법
  - 비디오 기록은 발화와 행동 모두를 기록하기 위해, 그리고 다른 기록방법

을 보충하거나 백업하기 위해 사용되며, 오디오 기록은 기록하는 것 대신 녹음할 때 유용하다.

- 세기, 시간재기, 계수 표시 등 체크리스트의 유형을 통해 아동들에 대한 정보를 기록하는 방법
  - 관찰 행동이 일어났는지, 일어나지 않았는지, 발생 빈도 혹은 횟수는 어떠한지, 행동의 지속시간은 어떠한가에 대한 정보를 기록하는 것이다. 이때 가능한 모든 행동을 범주화하고 기록하며, 반드시 상호 배타적이고, 중복되지 않도록 한다.
  - 체크리스트는 여러 가지 행동, 기술, 태도, 성향, 그리고 결과물까지 기록할 수 있는 실제적이고 다목적적인 방법이다. 이는 개별 혹은 집단의 정보를 볼 수 있는 것으로, 시간대에 따라 만들어진 사정을 기록할 수도 있고, 진보 상황을 기록할 수도 있다. 한꺼번에 모든 아동이 평가될 필요가 없으며, 그 내용들이 서서히 채워지기도 한다.
  - 참여차트는 아동들이 얼마나 참여를 했고, 얼마나 기여를 했는지, 참여의 양과 질을 기록할 수 있다. 또한 아동의 선호도, 성향, 참여 패턴 등에 대한 통찰을 제공한다.
  - 빈도 산출이나 사건 표집은 행동이 발생할 때마다 계수표시를 하고, 발생 비율이나 횟수를 기록한 것이다.
- 평정 유형의 기록을 통해 아동들에 대한 정보를 기록하는 방법
  - 평정하는 유형은 루브릭이나 평정척도를 활용해서 다른 개인 혹은 미리 정해진 기준에 상응하는 연속선상 위에 있는 정보를 기록하는 것이다. 이는 아동의 행동 혹은 작업에 대한 전체적인 혹은 총체적인 평가뿐만 아니라 질적인 측면에서의 정교한 특징들에 대한 기록이 이루어진다.
  - 평정척도는 전형적으로 평정자가 고려하는 특징에 따라 개인을 평가하는 것으로 단어와 숫자는 척도의 수준을 의미한다.
  - 루브릭은 복잡한 수행을 판단할 수 있는 명확한 준거를 제시한 것으로, 교사가 루브릭을 갖고 작업하는 경우 그 기준에 적합한 정보를 분석하고 그

척도상의 어떤 진술이 특정 시간에 이루어진 아동의 수행을 가장 잘 묘사하는지 결정하는 것이다.

② 포트폴리오 내용을 기록할 때, 주석을 달면 더 많은 정보를 습득할 수 있다.

- 작업 결과물에 대한 아동의 이름, 날짜, 교사의 이름, 상황, 시간대, 기타 정보 등 관련된 정보를 포함시키도록 한다.
- 주석에는 다음과 같은 내용이 포함되면 도움이 된다.
  - 항목이 선택된 이유
  - 과제의 변인: 상황(해야 하는 것인지, 자발적인지, 도움을 받았는지, 혼자 했는지, 어느 정도의 도움을 받았는지, 이용한 자료들, 들어간 시간과 노력 등)
  - 아동의 반응, 기술, 의견, 평가, 관찰 사항 등
  - 질문이나 단서에 대한 반응
  - 아동의 학습과 이전 작업 간의 비교에 대한 분석

(3) 포트폴리오 정보 조직

① 포트폴리오 평가 종류 선정

포트폴리오 평가는 개인 포트폴리오 평가와 집단 포트폴리오 평가로 조직할 수 있다.

- 집단 포트폴리오 평가
  - 집단 포트폴리오 평가는 교실 내 비슷한 장점과 요구사항을 가지고 있는 아동 집단의 질적이고 양적인 특성을 찾아주며, 동시에 전체 집단의 성장과 성취에 대한 정보를 제공해 준다.
  - 집단 포트폴리오 구성 시, 다음의 내용을 고려하면 도움이 된다.
    - ✓ 교사의 목적에 따라 무엇을 프로파일할 것인지 결정을 한다.
    - ✓ 가능하면 기존 집단 기록을 프로파일로 전환한다.

✓ 필요하면 집단 프로파일용 별도 양식을 만든다.

✓ 각 프로파일마다 항목군이나 하위 항목을 식별해 주는 기록 코드를 정한다.

✓ 행동의 범위를 구분한다.

✓ 가능한 한 빨리 집단 프로파일을 구성해서 사용한다.

✓ 집단 프로파일을 사용하여 계획한다.

- 개인 포트폴리오 평가
  - 개인 포트폴리오 평가는 학급 내 평가를 통해 얻은 특정 아동의 능력을 요약한 것이다.
  - 아동의 능력과 행동 패턴에 대해 기록을 하고, 아동의 개별 장점과 아동의 욕구를 충족시켜 계획하는 것을 도와줄 수 있다. 아동의 독특함과 자발적으로 생성되었던 결과물도 항목을 선정할 수 있다.
  - 개인 포트폴리오 구성 시, 다음의 내용을 고려하면 도움이 된다.

✓ 집단 포트폴리오에서 쓰인 것과 같거나 비슷한 범주를 활용한다.

✓ 일관성 있도록 참조체계를 구축해서 사용한다.

✓ 이용 가능한 모든 정보를 활용한다.

✓ 한 번에 한 아동, 한 번에 한 영역에서 정보를 집계한다.

✓ 학습에 있어 성장이나 돌파구를 나타내는 경향을 요약한다.

✓ 아동의 독특한 특성을 요약한다.

✓ 지속적으로 점검할 행동이나 영역을 포함한다.

✓ 정해 놓은 시기별로 파일을 갱신한다.

✓ 시간의 순서대로 입력한다.

✓ 포트폴리오 평가 정보수집 시기

- 평가 시기는 수집하고 기록하려는 정보의 유형에 영향을 준다.
  - 시기별 평가의 내용을 다르게 할 수 있다. 예를 들어, 학기 초에는 아동의 발달 상태 혹은 능력을 나타내는 기준 작품(baseline work)을 수집한다. 선정한 영역 혹은 활동에 따라 현재 발달 상태를 나타내 줄 수 있는 작품을

수집하며, 수집한 내용에는 날짜, 현재 발달 상황에 대해 교사의 간단한 견해를 첨부해 놓는다.

- 포트폴리오 평가를 할 때, 자주 점검을 해야 한다. 모든 아동을 대상으로 관심영역의 내용이 다 들어 있는지 확인을 해야 하기 때문에 자주 확인을 해서 골고루 모든 영역의 정보가 들어가도록 해야 한다.

• 포트폴리오 필수항목의 결과물을 아동으로부터 획득할 때, 그 과정을 최대한 수업과정이나 절차로 활용할 수 있도록 개발하면 도움이 된다.

- 아동의 작업 결과물을 통해 교사는 여러 가지 정보를 함께 얻을 수 있다. 예를 들어, 아동이 자화상을 그려 보라고 했을 때, 아동에게 나타나는 행동과 반응을 통해 교사는 아동의 쓰기 능력, 공감지각 능력, 협응력, 지시에 따르는 능력 등 관찰할 수 있다.
- 교사가 매 순간 평가내용이나 반성적 사고를 기술해 놓는다면, 교사의 일이 줄어들고, 통찰력은 증가될 수 있다.

• 효율적인 절차에 따라 포트폴리오 평가를 한다.

- 수행과제에 대한 일관성 있는 지시와 절차를 개발하는 것이 도움이 된다.
- 상시 평가, 정기 평가, 학습할 생활주제나 프로젝트의 전후에 평가, 걱정스러운 상황이 발생했을 때 평가 등 포트폴리오 평가 시기와 내용을 결정한다. 예를 들어, 필수 항목으로 결정한 내용은 연 4회에 걸쳐 수집을 하고, 개별화된 포트폴리오에 넣을 자료는 연중 수시로 첨가를 한다.

② 포트폴리오 평가 정보 조직 및 관리

• 포트폴리오 정보를 조직하는 데 한 가지 방법만으로 실행되지는 않지만, 주로 전통적인 발달 영역에 의해 구분하거나 활동 영역으로 구분한다.

- 활동표본평가(work sampling)는 개인성 및 사회성 발달, 언어와 문해, 수학적 사고, 과학적 사고, 사회, 예술, 신체 발달로 일곱 개의 범주를 사용해서 조직한다.
- 누리과정의 영역에 따라 신체운동 건강영역, 의사소통영역, 사회관계영

역, 예술경험영역, 자연탐구영역으로 구분하여 사용한다.

– 그러나 포트폴리오 내용 중 범주화를 하지 못하는 내용들이 있거나 내용이 여러 범주에 걸쳐 있을 수도 있다.

〈표 12-2〉 포트폴리오 평가 정보영역 및 가능한 방법

대근육 운동	• 율동, 실외놀이, 신체활동 동안 움직이는 아동에 대한 체계적인 관찰 • 아동이 가장 좋아하는 게임 활동 또는 기구와 그것을 가장 좋아하는 이유에 대한 자기 보고서 또는 도출된 정보 • 아동의 기술 수준에 대한 체계적인 관찰 • 대근육 활동에의 참여 증거 • 몇 가지 기술을 결합한 장애물 코스의 수행 사례 • 한 가지 구체적인 기술의 수행 사례 • 신체 운동에 피곤해하지 않고 적극적으로 참여하는 시간에 대한 증거 • 점진적으로 더 어려운 동작 패턴 모방하기의 수행 사례(노래, 비디오테이프, 혹은 교사 따라하기) • 방과 후 및 주말 신체활동에 대한 부모들의 기술
소근육 운동	• 소근육 기술에 대한 체계적인 관찰과 사례(결과물): 손유희나 필기구 사용, 진흙 만들기, 조작물, 크레용, 물감, 연필, 분필, 진흙, 반죽, 또는 소근육 사용을 필요로 하는 다른 교재들(이는 자연적으로 이루어지거나 교사에 의해 선정될 수 있다) • 자발적으로 이루어진 오리기 작업 결과물과 수행 표본 • 자발적으로 이루어진 문자와 숫자 낙서 또는 프린팅 작업 결과물과 수행표본 • 큐브, 패턴블록, 못, 씨앗과 같은 것으로 만든 구성물 • 그림/페인트 프로그램으로 만든 아동 작품의 컴퓨터 출력(결과물) • 아동의 키보드, 마우스, 주변기기 사용 능력에 대한 체계적인 관찰 • 아동의 바느질 표본(결과물) • 손 도구와 기구 사용에 대한 체계적인 관찰(비디오로 촬영할 수 있음) • 자신의 구성물에 대한 아동의 스케치 • 구성물 수행 표본(마을 이쪽에서 저쪽으로의 다리 짓기, 여기까지 높이 타워 쌓기) • 학기 초와 학기 말에 그린 초상화 • 아동의 자조 기술에 대한 교사의 체계적인 관찰 • 집에서 보인 자조 기술에 관하여 부모로부터 얻은 보고
인지 발달	• 아동의 지식 및 사고과정에 관해 도출된 정보(정보를 기록하는 망 또는 의미론적 지도 이용하기) • 특정 조작, 프로젝트, 또는 과정에서 아동의 생각하는 것에 대해 도출한 정보 또는 자기 보고서(조개껍질을 왜 그런 방식으로 분류했나요?) • 그래프 형태로 정보를 제시하여 아동의 능력을 보여 주는 자기 보고, 도출된 정보, 또는 작업 결과물

인지 발달	• 퍼즐, 해결된 문제, 해결된 방식에 대한 체계적인 관찰 또는 수행 표본 • 상이한 주제 영역에서 얻은 작업 표본 • 기본적인 인지적 과정(분류하기, 패턴 만들기, 순서대로 배열하기, 생각하기, 상징을 사용하여 표상하기, 순서, 수 개념과 연산 사용, 관찰, 비교와 대조, 그 외)을 수행하는 아동의 능력에 대한 수행 표본 • 기억 전략에 대한 자기 보고 또는 도출된 보고(아동이 만든 목록) • 가장 좋아하는 음식이 어떻게 만들어지는가와 같은 과정 이해에 대한 자기 보고 또는 도출된 보고 • 구체적인 지식 또는 기술에 대한 수행 사례 • 보고서, 연습장, 전시, 프레젠테이션, 모형, 그 외 프로젝트 작업의 최종 결과물과 같은 작업 결과물 • 아동이 구성했거나 해 보았던 게임과 알려진 게임을 하는 방법에 대한 자기 보고(필요한 지식, 사용된 전략) • 아동이 자신의 사고를 돕기 위해 사용했던 것들에 대한 체계적 관찰, 도출된 보고, 또는 자기 보고(손가락 사용, 혼잣말, 사고과정 모니터링) • 아동이 문제를 해결하도록 도와주었던 서로 다른 수준의 힌트 목록 혹은 도움이 되지 않았던 힌트 목록 • 연습장과 수행 표본에서 찾은 실수 패턴에 대한 보고 • 아동이 가장 좋아하는 문제해결 게임과 퍼즐에 대해 가정에서 얻은 보고 • 아동이 부모에게 "이것은 어떻게 해요?"와 "왜 해요?"에 대해 질문한 목록
언어와 문해 발달	• 의사소통 능력을 보여 주는 체계적인 관찰과 수행표본 • 구체적인 개념, 어휘, 문장에 대한 이해와 사용의 증거 • 책을 읽거나 보는 데 보낸 시간, 독서영역에서 보낸 시간에 대한 증거 • 가정 혹은 교육기관에서 읽은 책 또는 아동에게 읽어준 책에 대한 자기 보고 또는 기록 • 가장 좋아하는 책에 대한 자기 보고 또는 도출된 목록 • 다른 아동, 부모, 친구, 조력자, 자원봉사자, 또는 교사에게 큰 소리로 읽어 주는 아동에 대한 수행표본(오디오테이프나 비디오테이프로 기록될 수 있음) • 문자의 기능적 사용에 대한 아동의 이해 증거(예: 간판, 지도, 편지, 신문, 목록, 책, 교사 기록, 사진) • 아동 작문(노래, 시, 이야기, 자세히 말하기, 저널 표본)의 초안 및 최종본 사본과 같은 작업 결과물 • 아동의 음성적 인식 또는 문자 지식을 보여 주는 수행 표본(테이프로 기록될 수 있음) • 자신의 쓰기에 대해 이야기하기, 다시 교정하여 이야기하기, 혹은 읽기에 관한 수행 표본 • 쓰기의 수행 사례: 연속적인 초안 및 교정 또는 단독 표본 • 집단 작문 또는 경험 차트 • 인쇄물에 대한 아동의 개념을 보여 주는 수행 표본 • 가정에서 가장 좋아하는 책 또는 읽기 활동에 대한 부모의 보고

개인적 · 사회성 발달	• 아동과 또래 간 상호작용의 구체적인 측면에 대한 교사 관찰과 기록 • 우정과 친화 능력에 대한 증거 • 협력적 작업집단, 학급 프로젝트, 야외활동에서 아동의 기술에 대한 자기 보고 또는 관찰 • 정해진 시간 동안 아동의 활동 선택에 대한 증거 • 또래 간 상호작용을 요하는 다양한 활동에 있어서의 참여 및 기여에 대한 증거 • 과제를 완수하기 위해 자신과 다른 이들을 조직화하는 아동의 능력에 대한 증거 • 우정에 관해 도출된 정보(친구가 되고 친구를 갖는다는 것은 무엇을 의미하는가?)와 사회적 문제해결(너는 이 문제를 어떻게 처리하겠는가?) • 다른 이들과의 긍정적 또는 부정적 관계, 적절하지 못한 상호작용에 대한 증거 • 가정에서의 아동의 우정 및 친화 능력에 대한 부모의 기술 • 아동의 자아개념에 대해 도출된 정보 또는 자기 보고(나는 누구인가?) • 상이한 유형의 활동 중에 아동의 동기화 수준에 대한 체계적 관찰과 자기 보고
태도와 성향 (거의 모든 것에 대한)	• 주어진 활동이나 과제에 보낸 시간을 보여 주는 증거 • 활동, 책, 프로젝트, 음식에 대한 아동의 선택을 보여 주는 증거 • '가장 좋아하는' 활동, 책, 노래, 과목, 가정과 놀이터에서 하는 것들과 그 이유에 대해 도출된 정보와 자기 보고 • 접근, 태도 및 성향에 있어 아동의 독특성에 대한 증거 • 읽은 책, 완성한 퍼즐, 만든 지도, 그린 그림, 또는 숙달한 기술의 수에 대한 자기 보고 또는 도출된 정보 • 특정 발달 영역 또는 주제 영역에서의 지식과 기술 • 아동의 태도와 성향에 관한 부모 보고, 다른 교사들의 보고 • 특정 영역에서의 수행 사례 중에 관찰된 동기 수준, 태도, 성향에 대한 기술
특정 내용 영역	• 특정 기술, 개념, 또는 과정을 도출하도록 설계된 아동의 능력에 대한 수행 사례 • 연습장과 다른 작업 결과물: 과학, 수학, 또는 통합적 프로젝트 저널 혹은 보고 • 개념, 과정, 사용 전략 사이의 관계에 대한 증거(망이나 의미론적 지도에 의해 기록될 수 있음) • 특정 기술, 개념, 과정에 대한 보고
다른 중요한 평가 창	• 출석과 지각 기록 • 자신의 발달에 대한 아동의 성찰 • 낮잠시간에 자는가에 대한 관찰(어린이집) • 아침에 피곤해하거나 배고파하는 아동에 대한 관찰 • 아동이 선호하는 학습시간(오전 혹은 오후), 조용한 시간, 소음이나 다른 상황에 대한 반응, 그 외 학습 유형의 특징에 대한 관찰

출처: McAfee & Leong(2008).

- 포트폴리오 정보를 조직할 때, 자기평가와 자기 성찰을 포함해야 한다.
  - 자신의 행동과 작업에 대해 평가하고 성찰하는 아동의 능력을 발달시키는 것은 포트폴리오 평가에서 중요한 부분을 차지한다.
  - 자신의 행동과 작업에 대해 평가하고 성찰하는 아동의 능력을 발달시키기 위해 교사는 시범을 보이고, 토의하고 연습하는 기회를 제공하는 것이 필요하다.
  - 자기평가와 자기 성찰을 위해 사용할 수 있는 질문의 구체적인 예를 보면 다음과 같다(McAfee & Leong, 2008).
    - ✓ '무엇을 한 것인지 말해줄 수 있니(보여줄 수 있니)?'
    - ✓ '네가 ~할 때, 무엇을 생각했니?'
    - ✓ '이것(그림, 글 등)에서 어떠한 것이 좋으니?'
    - ✓ '만약 이것을 다시 한다면 어떻게 고쳤으면 좋겠니?'
    - ✓ '이것을 하면서 무엇을 배웠니?'
    - ✓ '이것을 하는 동안 어떤 문제들이 생겼었니? 어떻게 해결했니?'
- 포트폴리오 정보를 관리하는 방법
  - 효율적으로 파일을 작성하고 보관하는 방식은 시간을 절약해 주고, 중요한 기록을 잘못 보관하거나 분실되지 않게 한다.
  - 아동들이 활동을 수집하고 조직하기 위해 활동 폴더와 영구적인 포트폴리오, 최소한 두 개의 저장 방식이 필요하다. 이러한 구분은 조작 및 보관 시스템에 영향을 미친다. 예를 들어, 활동폴더는 일시적인 폴더로 아동이 활동 중이거나 교사가 볼 필요가 있는 완성된 작품을 보관한다. 또한 아동들이 자신의 파일에 쉽게 접근할 수 있고, 스스로 정리할 수 있는 곳에 보관을 한다.
  - 포트폴리오 정보를 보관하는 곳은 많은 공간과 융통성이 필요하다. 그러므로 효과적으로 보관하고 정리를 해야 한다.

3) 3단계: 포트폴리오 평가의 해석 및 활용

이 단계에서는 포트폴리오 평가를 어떻게 해석하고, 활용을 할 것인가 고려해야 한다. 포트폴리오 평가를 해석하고, 활용할 때, 교사는 정보의 신빙성과 확실성에 근거해서 해석을 하는지 고려하고, 포트폴리오 평가의 활용은 아동, 교사, 그리고 부모나 다른 성인들의 입장에서 어떻게 활용할 수 있는지 고려해야 한다.

(1) 정보의 신빙성과 확실성에 근거한 해석

① 신뢰 있고, 타당하고, 공정하고 적절한 평가를 하도록 노력을 해야 한다.

- 포트폴리오 정보를 해석하기 전 다음의 내용을 검토해야 한다.
  - 사례가 충분히 확보가 되어 있는가?
  - 사례가 평가 내용을 대표하는 것인가?
  - 사례가 다양한 정보원과 방법, 그리고 맥락에서 수집된 것인가?
  - 다양한 방식으로 수집한 증거물을 함께 종합한 것인가?
  - 정보는 시간, 정보원, 맥락, 그리고 방법적인 면에서 일관성이 있는가?
  - 증거들은 실제와 일치하는가?
- 여러 학자들이 언급한 포트폴리오 정보를 해석하는 방법을 정리해 보면, 다음과 같다(이영석 · 이정화, 2000; 이정환 · 박은혜, 1995).
  - 한정된 프로파일의 교육적, 발달적 목표에 따라 포트폴리오 정보를 요약, 편집한다.
  - 한 번에 한 영역, 한 아동에 대한 정보를 편집한다.
  - 아동의 독특한 특성, 초기 작업 견본과 현재의 것을 비교하거나, 바람직한 성장의 경향이나 학습에서의 성공을 요약한다.
  - 아동과 함께 포트폴리오를 검토해 본다.
  - 아동의 작품과 교사의 관찰 기록을 적절하게 조화시켜 판단한다.

– 객관적이고 공정하게 평가하기 위해 아동의 성취 정도, 성장 발달 정도, 장점 및 개선할 점 등을 평가 기술한다.

② 포트폴리오 평가의 활용 및 효과

- 자기평가를 해 보는 아동
  - 아동들은 자신의 학습에 대한 검토가 이루어지고 준거를 형성하기도 하고 의사결정을 내리게 되므로 아동의 반성적 사고를 촉진시킬 수 있다.
  - 포트폴리오 평가 과정 중에 수집된 자료에서 수행물의 내용, 장단점 및 특징을 찾아내고 학습목표를 다시 설정하며 자신의 전략을 수정하여 적용하고, 평가준거를 인식하여 새로운 활동을 창안하는 등의 반성적 사고를 할 수 있다.
  - 아동들 간 포트폴리오를 공유하면서 자기 반성적 사고를 하는 시간과 연습을 가짐으로써 아동들에게 포트폴리오 평가가 의미 있고, 반영적인 사고를 할 수 있게 한다.
- 전문가로서 반성적 사고를 하는 교사
  - 교사의 전문성 발달에 중점을 둔다는 점이다. 포트폴리오 평가는 교사에게 필요한 지식과 기술을 향상시키도록 도와주어 전문성 발달에 맥락이 된다.
  - 포트폴리오 평가는 아동의 발달과 학습을 극대화하는 것으로, 교사는 평가 결과를 활용하여 의도된 변화를 계획하고 조직할 수 있다. 즉, 평가된 아동의 요구를 충족시키기 위한 방법을 계획하고 풍부한 자원이나 정보, 다양한 전략 등을 심사숙고해서 아동의 학습과 연계시키고, 다른 성인들과 함께 계획을 세울 수 있다(Shores & Grace, 1998).
  - 아동 개개인의 흥미, 발달과 욕구에 초점을 둠으로써 발달에 적합한 교육과정과 교실 풍토를 만들고 더불어 다중지능을 적용한 프로젝트 접근법 등 적절하고도 진보적인 교육과정을 지원할 수 있다. 또한 개별 아동의 장점과 욕구에 초점을 맞춰 다양한 결과를 성취할 수 있도록 공간과 시간을

할애하고, 평가 결과에 따라 자료를 선정하고, 배열을 할 수 있다.

- 부모와의 의사소통과 협력
  - 가족과의 의사소통을 중시하고 가족중심적인 교육과정의 발달을 지원한다. 아동, 가족, 교사가 함께 활동하는 학습자 공동체가 형성되어 부모는 평가와 교수를 이해하고 능동적으로 참여하고 지원할 수 있다.
  - 교사가 아동들과 가족을 진정한 학습 공동체에 참여하게 만들 때, 포트폴리오의 장점은 더욱 부각될 수 있다. 그러므로 포트폴리오 평가에 중요한 역할자인 부모를 평가과정에 어떻게 끌어들일 것인가에 대한 방법이 요구된다.

13

아동검사

1. 아동검사의 이해

아동검사는 아동행동과 발달을 보다 구체적으로 이해하는 데 도움이 된다. 아동검사는 아동의 행동특성과 발달 및 성장과 향상을 표준화된 절차에 따라 체계적으로 측정하고 평가하여 객관적인 결과를 제공해 주는 과학적인 방법에 의존한다. 일반적으로 아동검사는 표준화된 검사도구를 사용하여 이루어지며, 아동의 행동 및 발달 특성을 전반적으로 확인하여 아동의 행동을 설명하거나 예측하고 아동이 지닌 발달상의 문제나 발달지체 정도를 파악하는 데 유용하다. 아동검사를 이해하기 위하여 일반적인 검사의 개념과 특성에 대해 살펴보도록 하자.

1) 검사의 개념

검사(test)는 아동의 행동 및 발달을 과학적이고 객관적인 방법으로 파악하기 위한 측정방법이다. 일반적으로 검사는 심리적 특성을 측정하기 위한 도구를 의미하기도 하며, 특히 아동을 대상으로 한 검사는 아동의 발달적 특성이나 능력과 성향, 가치나 태도 등의 심리적 특성을 파악하기 위하여 검사 문항에 대한 아동의 반응을 관찰하거나 기록하여 평가하는 과정을 거친다. 검사를 통해 아동의 행동이나 발달 특성을 측정하는 것은 아동 개인이나 집단의 특성을 정확하게 평가하고 기술하는 데 그 목적이 있다.

검사라는 용어는 아동의 정신능력이나 행동특성을 측정하기 위한 정신검사(mental test)를 개발한 Cattell에 의해 처음 사용되었다(Anastasi, 1988). 검사는 측정(measurement), 평가(evaluation), 사정(assessment), 진단(diagnosis) 등과 같은 용어와 혼용되는 경우가 많으므로(김영환 · 문수백 · 홍상황, 2005) 각 용어의 의미를 정확히 이해할 필요가 있다.

- **측정**: 일정한 규칙에 따라 특정 사물이나 그 속성에 대해 수치를 수여하는 과정
- **평가**: 사물과 그 속성에 대한 가치판단을 포함한 것으로 가치판단의 기준이나

준거에 의해 판단을 하는 과정

- **사정**: 개인이 지닌 특성의 질적 · 양적인 수준을 풍부한 자료에 기초하여 객관적으로 추정하고(estimating), 감정하고(appraising), 평가하는(evaluating) 과정(Aiken, 1989).
- **진단**: 개인이 지닌 심리적 특성을 특정 기준에 근거하여 발달적 이상이나 심리적 장애를 판단하는 과정

아동의 행동을 이해하기 위해서는 적절한 검사도구를 선택하여야만 한다. 또한 일반적인 검사도구의 특성, 검사도구의 유형, 검사도구의 선정방법, 검사의 실시절차 등을 적절히 이해한 후 검사를 수행한다.

2) 검사의 특성

Kerlinger(1986)는 검사란 검사자가 의도했던 특성을 추론하기 위해 일련의 질문에 대한 검사대상자의 반응을 수량화하는 체계적인 절차로 정의하고, Anastasi(1988)는 검사를 행동의 표본을 표준화된 방식으로 측정하는 기법이라고 정의하였다. 즉, 검사에 있어서는 수량화나 표준화 등의 과정이 매우 중요하다. 구체적으로 검사의 특성을 살펴보면 다음과 같다.

첫째, 검사는 체계적이고 표준화된 절차에 따라 실시된다. 즉, 검사도구는 검사하고자 하는 행동특성에 적합한 문항을 선별하여 체계적으로 구성된다. 검사를 수행할 경우, 모든 대상에게 동일한 문항으로 구성된 검사가 동일한 방식으로 수행해야 한다. 즉, 모든 검사대상자에게 검사의 실시방법, 실시시간, 채점방법 등이 동일하고 일관성 있는 방법으로 이루어져야 한다. 표준화된 절차에 따라 검사를 수행함으로써 개인적 · 상황적 변수가 검사점수에 미치는 영향을 최소화할 수 있다.

둘째, 모든 검사는 검사자가 측정하고자 하는 특성을 반영한 문항으로 구성된다. 즉, 검사자가 선정한 검사의 문항은 검사자가 측정하거나 추론하려는 행동특성을 적절히 반영하고 이러한 검사를 통해 측정된 결과는 실제의 행동특성을 추론하고 예측한다.

셋째, 검사결과는 아동의 추상적인 심리적 특성을 수량화하여 제시함으로써 아동의 행동 및 발달에 대한 객관적인 자료를 제공해 주며, 통계분석의 수행을 용이하게 도와준다(이은해, 1985). 즉, 검사는 심리적 특성을 측정하여 그 결과를 수량화하여 제시해 줌으로써 보다 효과적으로 아동의 행동과 발달을 연구할 수 있도록 도와준다.

마지막으로 검사는 경제적이고 효율적인 정보를 제공해 준다. 검사는 표준화된 절차에 따라 이루어지기 때문에 검사를 통해 얻은 정보는 관찰이나 면접을 통해 얻는 정보에 비해 보다 경제적으로 유용한 자료를 확보하도록 도와준다.

3) 개발과정

아동검사도구의 개발과정은 일반 표준화된 검사도구의 개발과정과 유사하다. 일반적인 검사도구 개발과정을 살펴보면, 다음과 같다.

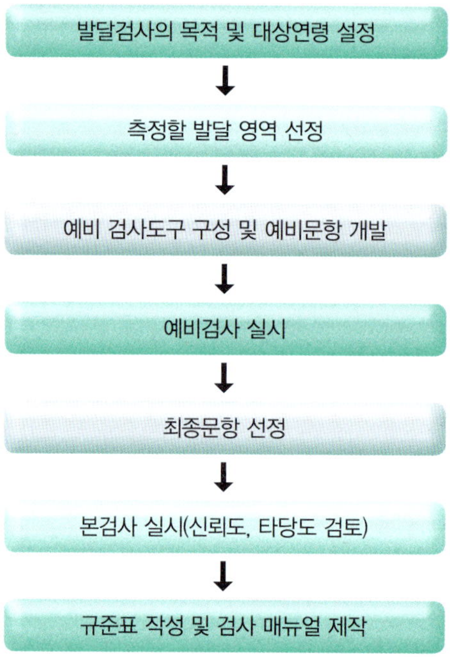

[그림 13-1] 아동검사도구의 개발과정

(1) 아동검사의 목적 및 대상연령 설정하기

아동검사도구를 제작하고자 할 때에는 검사도구의 제작 목적을 명확히 하는 것이 좋다. 또한 검사의 실시 목적과 더불어 대상연령의 범위도 명확히 한다. 왜냐하면, 아동검사를 수행하는 목적과 대상에 따라 검사의 형태 및 문항의 구성 등이 달라질 수 있기 때문이다. 예를 들면, 빠른 시간 내에 발달지체 등 발달적 문제를 조기에 판별하는 것이 목적인지, 발달상의 문제와 장애의 종류 및 상태를 파악하는 것이 목적인지를 명확히 한다. 영아를 위한 검사도구인지, 학령기 전 아동을 평가하기 위한 도구인지에 따라 검사도구의 하위영역 구성 및 검사 길이 등이 달라진다. 예를 들면, 대부분의 영아 검사는 관찰에 기초하지만 학령기 아동 대상 검사는 직접 검사지를 사용하여 검사를 수행한다.

(2) 검사영역 정하기

아동검사의 목적이 명확히 설정되었다면 측정하고자 하는 영역을 구체화한다. 특정 영역에 대한 보다 구체적인 진단을 위한 검사인지, 전반적인 발달 영역을 검토하기 위한 것인지에 따라 아동발달 검사도구의 하위영역이 달라지며, 검사대상자에 따라서도 검사영역이 달라진다. 예를 들어, 발달검사를 수행할 경우, 영아를 대상으로 할 경우에는 감각운동의 발달이나 소근육 발달 등이 검사영역의 중요한 부분을 차지하지만, 좀 더 나이 든 아동을 대상으로 한 검사의 경우, 읽기나 수 개념 등 보다 높은 수준의 발달적 특성을 다룰 수 있다.

(3) 예비 검사도구 구성 및 예비문항 개발하기

발달검사의 목적, 대상, 영역 등이 구체화된 이후에는 이에 따른 검사 문항을 개발한다. 관련 분야의 전문가들이 참여하여 예비문항을 작성하고 작성된 문항이 적절히 구성되었는지를 검토하여 내용타당도를 확보하고 특정 성별이나 집단에 유리하게 혹은 불리하게 작용할 가능성이 있는 문항이 없는지를 검토하여 편파적이지 않은 문항으로 구성된 검사도구를 개발한다. 예비검사의 문항 수는 본검사에서 필요한 문항수의 1.5~2배 정도가 되도록 충분한 문항을 개발하는 것이 좋다.

(4) 예비검사 실시하기

예비검사 문항이 개발되면, 예비검사를 수행하여 개발한 문항이 적절한지를 검토한다. 문항의 적절성은 문항의 정답률, 변별도, 응답분포, 신뢰도, 타당도 등을 분석하여 검토한다. 이러한 예비검사를 통해 부적절한 문항의 경우 문항의 내용을 수정하거나 보완한다. 필요한 경우, 전체적인 검사 실시과정이나 검사방법을 수정 · 보완해 준다.

(5) 최종 문항 선정하기

예비검사를 통해 부적절한 문항을 수정 · 보완하거나 불필요한 문항을 제거하여 최종문항을 선정한다. 이렇게 선정된 최종문항은 해당 분야 전문가의 검토를 거쳐 본검사를 위한 준비를 완료한다.

(6) 본검사 실시하기

예비검사와 전문가의 최종 검토를 거쳐 최종 검사문항이 선정되면, 검사의 목적과 의도에 적절한 대상자를 선정한 후, 예비검사에서 확정된 검사실시 방법 및 절차에 따라 본검사를 수행한다. 본검사에서는 검사목적에 따른 대상자를 잘 대표할 수 있는 표본을 추출하여 검사를 실시한 후 신뢰도와 타당도를 검토하고 검사결과를 표준화한다. 표준화는 검사결과 해석에 필요한 규준표를 작성하는 데 요구되는 과정이다.

(7) 규준표 작성 및 검사 매뉴얼 제작하기

본검사 결과에 기초하여 검사의 실시 절차 및 검사결과를 해석하는 데 필요한 전반적인 사항을 상세히 기록한 검사 매뉴얼을 작성해 준다. 또한 검사 매뉴얼에는 검사대상자의 연령이나 성별에 따른 점수 분포표를 규준표와 함께 제시해 준다. 규준표(norm table)란 본 연구에서 추출된 표준화집단 혹은 규준집단 내에서 발달검사를 수행한 후 얻은 원점수의 상대적 위치를 밝혀 주는 표를 말한다.

일반적으로 규준표는 퍼센타일점수나 표준점수를 사용하여 제시한다. 특히, 최근 들어서는 편차지수를 활용하여 검사결과를 제시해 주는 경우가 많다. 예를 들어, 발달지수를 [(원점수−해당 집단 평균)/표준편차]×15+100으로 산출했다면, 원점수가 해당 집단의 평균과 동일하다면, 발달지수는 100이 되고 원점수가 해당 집단의 평균보다 표준편차만큼 높은 점수를 나타낸다면, 발달지수는 115가 된다.

2. 아동검사의 유형

여기서는 아동대상 검사도구 중 가장 보편적인 발달검사와 지능검사를 중심으로 살펴보았다.

1) 발달검사

발달검사는 크게 발달 선별검사(screening test), 발달 진단검사(disagnosis test), 준비도 검사(readiness test) 등으로 구분할 수 있다. 아동 발달검사는 국내에서 개발된 검사도구와 외국에서 개발된 도구를 국내 아동을 대상으로 표준화한 발달검사가 있다. 최근 발표된 발달검사도구 및 표준화된 도구에 대한 자세한 자료는 〈표 13−1〉과 〈표 13−2〉에 제시하였다.

〈표 13-1〉 국내에서 개발된 발달검사도구

저자명 (연도)	도구명	대상연령	하위척도 구성	문항수
이준석 (2005)	발달선별검사	0~71개월	인지(18), 사회 · 정서(18), 운동(18), 적응(18), 의사소통(18)	90
윤치연 (2006)	한국 유아발달검사	2.5~7세	인지(40), 언어(40), 사회 · 정서(40), 자조기술(40), 대근육운동(40), 소근육운동(40)	240
윤치연, 이근매, 조영미 (2005)	한국형 영아발달검사	1~36개월	인지(80), 언어(80), 사회정서(80), 신변자립(80), 대근육운동(80), 소근육운동(80)	480
김남희, 황해익 (2005)	유아기초학습 능력검사	5~6세	읽기(25), 쓰기(18), 셈하기(23), 정보처리(30)	96
장혜성, 하지영, 서소정 (2008)	영아선별진단도구 (영아발달선별 검사도구)	0~36개월	대근육 운동기술(56), 소근육 운동기술(56), 의사소통(68), 사회정서(55), 인지(57), 기본생활(52)	344
서소정, 장혜성 (2013)	온라인 영아발달 선별검사도구	0~36개월	대근육 운동기술(56), 소근육 운동기술(56), 의사소통(68), 사회정서(55), 인지(57), 기본생활(52)	344
신명선 (2008)	언어 발달검사	3~36개월	수용언어(50), 표현언어(50)	100
이경화, 손원경, 윤미숙 (2008)	유아의 주의력 검사	5~6세	선택적 주의(4), 지속적 주의(4)	8
손원경, 황해수, 차미영 (2009)	5, 6세용 유아발달검사	5~6세	인지(13), 언어(13), 운동(9), 사회정서(13)	48
곽효경 (2010)	유아의 기본학습 기능 진단검사	3~6세	듣기 · 말하기(15), 읽기(13), 쓰기(7), 수학(18)	53
김남희 (2011)	유아그림기초학습 능력검사	5~6세	읽기(24), 쓰기(16), 기초수학(34)	74

〈표 13-2〉 국외 검사를 타당화 및 표준화한 검사도구

저자명(연도)	도구명	대상연령	하위척도 구성	총문항	원도구
박주희, 심성경, 최대훈 (2005)	개정 AEPS	0~3세	소근육(33), 대근육(55), 적응(32), 인지(46), 언어(58), 사회성(25)	249	Bricker 외 (2002)
신희선, 김정미, 임성오 (2007)	한국형 영유아발달 선별검사 (K-CDR)	0~5세	사회성(20), 자조행동(19), 대근육운동(20), 소근육운동(18), 언어 발달(23)	100	Ireton (1992)
유 진, 서재성 (2007)	TGMD-2	3~10세	이동운동(24), 조작운동(24)	48	Ulrich (2000)
이신화, 이영순, 천성문 (2008)	한국유아발달검사	2.5~6세	인지(40), 언어(40), 사회정서(40), 자조기술(40), 대근육운동(40), 소근육운동(40),	240	윤치연 (2005)
방희정, 남 민, 이순행 (2019)	K-Bayley-Ⅲ (한국형 베일리 영유아 발달검사 3판)	생후 16일 ~ 42개월 15일	인지(91), 언어(97): 표현(49)/수용(48), 운동(138): 대근육(66)/소근육(72), 사회 · 정서(35), 적응행동(241)	837	Bayley (2006)
김문선, 김진경 (2010)	K-ASQ	4~48개월	의사소통(6), 대근육운동(6), 소근육운동(6), 문제해결(6), 개인-사회성(6)	30	Bricker 외 (1996)

(1) 발달 선별검사

발달 선별검사는 빠른 시간 내에 종합적 진단을 필요로 하는 아동을 조기에 판별해 내기 위해 수행되는 검사이다(McLean, Bailey, & Wolery, 1996). 진단검사에 비해 제한적인 검사이기는 하지만 추가적인 전문적 진단이 필요한지를 판단하기 위해 수행되는 검사이다. 아동이 정상적인 발달 범주에 속하는지를 확인하여 추가적인 진단검사가 필요한지를 판별하는 작업을 한다. 아동의 발달은 고정된 것이 아니며, 특히 어린 아동의 경우 발달이 매우 급속하게 이루어지는 시기이므로 특정 시점에 일회적으로 실시된 검사에 기초하여 아동의 발달을 평가하기보다는 반복적으로 실시한다.

일반적으로 발달 선별검사는 간단하여 짧은 시간 내에 이루어지며 다양한 분

야의 전문가들이 쉽게 사용할 수 있는 문항들로 구성된 검사도구이다(Meisel & Provence, 1989). 따라서 발달 선별검사는 대체로 간단한 체크리스트나 부모면담에 기초하여 이루어지며, 직접검사의 형태로 이루어지기도 한다. 발달 선별검사는 아동의 발달적 문제를 조기에 발견하여 적절한 조기개입 프로그램을 제공하기 위한 선별에 그 목적을 두기 때문에 정기적으로 검사를 수행하여 신속하게 조기개입이 필요한 아동을 선별해 내는 데 활용된다. 대표적인 발달 선별검사로는 대한소아과학회(2002)가 개발한 한국형 영유아발달검사, 한국형 Dever II, 한국형 ASQ, ESI-R 등이 있다.

(2) 발달 진단검사

발달 선별검사와 달리 발달 진단검사는 포괄적이고 심도 있는 검사문항으로 구성된다. 일반적으로 발달 진단검사는 선별검사결과에 의해 선별된 아동의 발달적 장애의 상태나 유형을 정확히 판단하기 위한 검사이다. 발달 진단검사의 결과는 아동의 발달상 문제나 특이점을 구체적으로 밝히는 데 활용된다. 그러나 발달적인 변화가 심하거나 발달과정이 불안정한 아동을 대상으로 한 검사도구의 경우, 신뢰롭고 타당한 진단용 검사도구를 개발하는 것은 매우 어렵다.

특히, 장애 아동의 진단을 위한 발달 진단검사의 경우, 검사의 실시절차 및 검사문항의 선정기준이 매우 중요하다. 진단검사의 결과가 아동 개인에 대한 매우 중요한 정보를 제공해 주는 것이기 때문이다. 따라서 표준화된 절차를 사용하여 검사결과를 다른 아동과 객관적으로 비교할 수 있어야 한다. 특히, 어린 아동의 경우, 아동의 발달적 특성을 고려하여 융통성 있게 검사를 수행하는 것이 좋다. 또한 검사문항의 선정 시 전문가 참여를 보장하고 문항 선정기준을 문항난이도, 신뢰도, 타당도에 근거하여 신중하게 판단하여야 한다.

진단검사결과를 제시할 때, 원점수와 더불어 발달연령 점수, 표준점수, 퍼센타일 점수, 발달지수 등을 사용하고 있다. 대표적인 진단검사로는 Bayley 영유아발달검사가 있다.

(3) 준비도 검사

학습준비도 검사는 학교에 입학하여 학업을 수행하는 데 필요한 기본적인 기술에 대한 아동의 준비 정도를 판단하기 위해 실시되는 검사를 말한다(Salvia & Ysseldyke, 1991). 학습준비도 검사는 주로 4~7세 아동을 대상으로 자조 기술, 소근육운동 능력, 대근육운동 능력, 수 개념, 사회적 기술 등의 다양한 영역을 포함한다.

학습자가 특정 학습영역에 대한 준비가 되어있을 때, 학습내용을 가장 잘 받아들일 수 있다. 따라서 학습준비도는 학업성취의 성패를 예측하여 학업성공의 기회를 넓히고 학업실패의 가능성을 방지하기 위해 요구되는 방안을 마련하는 데 기여한다. 그러나 학습준비도 검사를 장애 유무나 잠재적인 발달지체, 학습장애를 선별하고 진단하는 용도로 사용하여서는 안 된다. 학습준비도 검사와 발달 선별검사 및 발달 진단검사의 차이를 명확히 인식하여 검사도구의 부적절한 활용이 이루어지지 않도록 주의한다.

2) 지능검사

지능검사는 아동의 지적 능력을 평가하는 검사도구로 지능을 어떻게 정의하느냐에 따라 지능검사도구의 문항구성이나 검사방식 등이 달라진다. 대표적인 아동 지능검사도구로는 KABC와 K-WPPSI가 있다.

(1) KABC-Ⅱ(한국 카우프만 아동 지능검사 2)

한국 카우프만 아동 지능검사 2(KABC-Ⅱ)는 정보처리 이론을 바탕으로 개발된 검사로 문제해결 능력과 학습 정도를 서로 비교할 수 있도록 개발된 지능검사 도구이다. KABC-Ⅱ는 만 3~18세 대상으로 임상, 심리교육, 신경심리적 측면을 평가하기 위한 개인지능검사로 개발되었으며, Luria와 CHC 모델의 처리영역 및 광범위 영역에 해당하는 순차처리, 동시처리, 학습력, 계획력, 지식 등의 하위검사로 구성된다〈표 13-3〉.

〈표 13-3〉 KABC-II의 전체척도와 하위척도 구성

	Luria 용어	CHC 용어	KABC-II 하위척도 명칭	하위검사
	순차처리	단기기억 (Gsm)	순차처리 (Gsm)	수회생, 단어배열, 손동작
	동시처리	시각적 처리 (Gv)	동시처리 (Gv)	블록세기, 관계유추, 얼굴기억, 형태추리, 빠른길찾기, 삼각형, 이야기완성, 그림통합
	학습력	장기저장-회생 (Glr)	학습력 (Glr)	이름기억, 암호해독, 이름기억-지연, 암호해독-지연
	계획력	유동성추리 (Gf)	계획력 (Gf)	형태추리, 이야기완성
		결정성능력 (Gc)	지식 (Gc)	표현어휘, 수수께끼, 언어지식
KABC-II 하위척도 명칭	인지처리 지표 (MPI)	유동성-결정성 지표 (FCI)		

출처: 문수백(2014). K-ABC-II. 서울: 학지사.

KABC-Ⅱ는 하위요인 점수를 기초로 개별 아동의 강점과 약점을 분석할 수 있으며 이를 바탕으로 구체적인 대안을 제시해 줄 수 있다. 기존의 검사들은 검사대상자의 발달 수준을 고려하지 않은 채 모든 연령이 동일한 검사를 수행하는 경우가 많으나 KABC-Ⅱ는 검사시간과 검사대상자의 피로도를 고려하여 연령별 실시 하위 검사문항을 분리하여 제시한다.

(2) K-WPPSI-Ⅳ(한국판 웩슬러 유아지능검사 4판)

한국판 웩슬러 유아지능검사-제4판(K-WPPSI-Ⅳ, 박혜원 · 이경옥 · 안동현, 2016)은 만 2세 6개월에서 7세 7개월 유아를 대상으로 한 지능검사이다. K-WPPSI-Ⅳ는 동작성과 언어성 소검사로 구성된 기존의 K-WPPSI와 달리 한국판 웩슬러 유아지능검사-제4판(K-WPPSI-Ⅳ)은 내용과 구성의 모든 부분이 개정되었다.

한국판 웩슬러 유아지능검사-제4판(K-WPPSI-Ⅳ)은 전체 지능과 더불어 언어이해지표(VCI), 시공간지표(VSI), 유동추론지표(FRI), 작업기억지표(WMI), 처리속도지표(PSI) 등 기본지표점수를 제공하여 각 인지영역의 능력을 일관성 있고 타당하게 평가해 준다. 동시에 어휘습득지표(VAI), 비언어지표(NVI), 일반능력지표(GAI), 인지효율성지표(CPI) 등 추가지표점수를 제시하여 지체, 초기문해 문제, 학습준비도, 제한된 언어능력을 지닌 아동의 평가와 같은 임상적 상황에서 어휘습득, 보편적 지능, 인지효율성을 측정할 수 있도록 하였다. K-WPPSI-Ⅳ는 지능이론, 신경심리학, 인지신경과학, 심리측정방법 등의 이론적 발전을 반영하여, 15개의 소검사로 구성되며, 각 소검사의 약어 및 설명은 〈표 13-4〉와 같다.

〈표 13-4〉 K-WPPSI-IV의 소검사 구성

소검사	약어	설명
토막짜기 (Block Design)	BD	제한시간 내에 제시된 모형 또는 토막그림을 보고, 한 가지나 두 가지 색으로 된 토막을 사용하여 똑같은 모양을 만든다
상식 (Information)	IN	그림문항의 경우, 일반 상식에 관한 질문에 가장 적절한 보기를 선택한다. 언어문항의 경우, 일반 상식에 관한 광범위한 주제를 다루는 질문에 답한다.
행렬추리 (Matrix Reasoning)	MR	완성되지 않은 행렬을 보고 행렬을 완성시키기 위해 적절한 보기를 선택한다.
동형찾기 (Bug Search)	BS	제한시간 내에 제시된 벌레그림과 같은 벌레그림을 보기 중에서 찾아 표시한다.
그림기억 (Picture Memory)	PM	일정시간 동안 1개 이상의 그림이 있는 자극페이지를 보고 난 후, 반응페이지의 보기 중에서 해당 그림을 찾아낸다.
공통성 (Similarities)	SI	그림문항의 경우, 제시된 2개의 사물과 같은 범주의 사물을 보기 중에서 선택한다. 언어문항의 경우, 공통된 사물이나 개념을 나타내는 2개의 단어를 듣고 공통점을 말한다.
공통그림찾기 (Picture Concepts)	PC	2줄 또는 3줄의 그림을 보고, 각 줄에서 공통된 특성을 지닌 그림을 하나씩 선택한다.
선택하기 (Cancellation)	CA	제한시간 내에 비정렬 또는 정렬된 그림을 훑어보고 목표그림을 찾아 표시한다.
위치찾기 (Zoo Location)	ZL	일정시간 동안 울타리 안에 있는 1개 이상의 동물카드를 보고 난 후, 각 카드를 보았던 위치에 동물카드를 배치한다.

소검사	약어	설명
어휘 (Vocabulary)	VC	그림문항의 경우, 검사책자에 있는 그림의 이름을 말한다. 언어문항의 경우, 검사자가 읽어 준 단어의 정의를 말한다.
동물짝짓기 (Animal Coding)	AC	제한시간 내에 동물과 모양의 대응표를 보고, 동물그림에 해당하는 모양에 표시한다.
이해 (Comprehension)	CO	그림문항의 경우, 일반적인 원칙이나 사회적 상황을 가장 잘 나타내는 보기를 선택한다. 언어문항의 경우, 일반적인 원칙과 사회적 상황에 대한 이해를 기초로 질문에 답한다.
수용어휘 (Receptive Vocabulary)	RV	검사자가 읽어주는 단어를 가장 잘 표현하는 보기를 선택한다.
그림명명 (Picture Naming)	PN	그림으로 제시된 사물의 이름을 말한다.

참조. 박혜원, 이경옥, 안동현(2016). K-WPPSI-Ⅳ 실시지침서. 학지사.

K-WPPSI-IV는 〈표 13-5〉와 같이 2세 6개월에서 3세 11개월과 4세에서 7세 7개월로 나뉘어 검사가 구성된다. 2:6-3:11세의 경우, 언어이해(상식, 수용어휘, 그림명명), 시공간(토막짜기, 모양맞추기), 작업기억(그림기억, 위치찾기) 소검사의 3개 영역으로 구성되며, 전체 IQ와 더불어 3가지 기본지표(VCI, VSI, WMI)와 3가지 추가지표(VAI, NVI, GAI)를 제공한다. 4:0-7:7세의 경우, 언어이해(상식, 공통성, 어휘, 이해, 수용어휘, 그림명명), 시공간(토막짜기, 모양맞추기), 유동추론(행렬추리, 공통그림찾기), 작업기억(그림기억, 위치찾기), 처리속도(동형찾기, 선택하기, 동물짝짓기) 소검사의 5개 영역으로 구성되며, 전체 IQ와 더불어, 5가지 기본지표(VCI, VSI, FRI, WMI, PSI)와 4가지 추가지표(VAI, NVI, GAI, CPI)를 제공한다.

〈표 13-5〉한국판 K-WPPSI-IV의 검사구성

2:6-3:11세	
지표	소검사
언어이해	수용어휘 상식 (그림명명)
시공간	토막짜기 모양맞추기
작업기억	그림기억(+) (위치찾기)(+)

4:0-7:7세	
구분	소검사
언어이해	상식 공통성 (어휘) (이해) 수용어휘 그림명명
시공간	토막짜기 (모양맞추기)
유동추론	행렬추리 (공통그림찾기)
작업기억	그림기억 (위치찾기)
처리속도	동형찾기 (선택하기) (동물짝짓기)

K-WPPSI-Ⅳ 검사 결과는 규준적 관점과 개인 내적 관점에서의 해석이 모두 가능하다. 일반적으로 지능검사 결과는 동일 연령의 아동이 획득한 점수를 기준으로 해당 아동의 점수를 비교하여 아동의 인지능력을 기술하는 개인 간 비교에 기초한 규준참조검사(norm-referenced test)에 기초한다. K-WPPSI-Ⅳ는 이러한 개인 간 비교뿐만 아니라 개별 아동의 인지적 강점과 약점과 개인 내적 패턴을 개별 아동의 전체적인 수행지표(예, MIS: 기본지표점수의 평균)와 비교하거나 각 지표 간의 비교하여 아동의 인지적 강점과 약점의 패턴을 평가하게 도와준다. 따라서 K-WPPSI-Ⅳ는 다양한 이론과 실제에 기반하여 전체 IQ와 더불어 다양한 인지영역의 기본지표점수 및 추가지표점수를 제공해 주며, 동시에 각 아동이 처한 독특한 임상적 상황에 맞추어 개인 내 장단점에 대한 해석적 접근을 통해 완벽한 평가를 가능하게 해 준다.

(3) 아동행동 평가도구

아동의 행동특성을 측정하는 검사도구로는 유아 행동평가척도(K-CBCL 1.5-5)와 벅스 행동평가척도 2판(K-BBRS-2)이 있다.

유아 행동평가척도는 만 18개월에서 만 5세까지의 유아기 아동을 대상으로 주 양육자가 영유아의 정서 및 행동문제에 대한 평가하는 검사도구이다. 국내에 소개된 한국판 부모용 유아행동평가척도(K-CBCL 1.5-5; 오경자, 하은혜, 이혜련, 홍강의, 2008)와 교사 보고형 유아행동평가척도(C-TFR; 오경자, 하은혜, 이혜련, 홍강의, 2009)는 Achenbach와 Edelbrock(2000) 개발한 Child Behavior Checklist 1.5-5(CBCL 1.5-5)를 국내 영유아를 대상으로 표준화한 것으로 부모의 평가에 기초한다. 그러나 C-TRF는 부모의 평가를 토대로 하는 K-CBCL 1.5-5와 유사한 구조와 문항이지만 일부 문항은 교사가 평정할 수 있도록 유치원에서 나타나기 쉬운 행동으로 구성되어 있다. K-CBCL 1.5-5와 C-TFR는 가정과 기관에서 주 양육자와 교사에 의해 3점 척도로 평가되며, 7개 증후군이 내재화 문제행동, 외현화 문제행동, 수면문제와 기타문제로 분류된다.

〈표 13-6〉 K-CBCL 1.5-5와 C-TFR 1.5-5 척도의 구성

범주	하위범주
내재화 문제행동(internalizing problem)	정서적 반응(Emotionally reactivity)
	불안/우울(Anxious/Depressed)
	신체증상(Somatic Complaints)
	위축(Withdrawn)
외현화 문제행동(externalizing problem)	주의집중문제(Attention Problems)
	공격행동(Aggressive Behavior)
수면문제(Sleep Problems)	

한국 벅스 행동평가척도 2판(K-BBRS-2; 이경옥, 박혜원, 2017)은 벅스 행동평가척도(BBRS)의 개정판인 미국판 BBRS-2를 한국 유아와 아동 · 청소년을 대상으

로 수정 · 보완한 것이다. K-BBRS-2는 미국판 BBRS-2와 마찬가지로 유아 및 아동 · 청소년의 학교 및 지역사회 활동 적응과 관련한 아동의 행동을 평가하는 도구로, 7개 임상척도, 18개 하위척도로 구성된다. K-BBRS-2은 유아용(4-6세, 90문항)과 아동 · 청소년용(초 · 중 · 고등학교, 6-18세, 97문항)이 제공되며. 각 문항은 5점 척도로 평가된다. 부모용과 교사용의 검사문항은 동일하지만, 규준은 각각 제공된다. K-BBRS-2의 7개 임상척도와 19개 하위척도는 〈표 13-7〉에 제시하였다.

〈표 13-7〉 K-BBRS-2 척도의 구성

임상척도	하위척도
품행장애 (Disruptive Behaviorr)	분노조절문제(Poor Anger Control) 불신감(Distrustfulness) 공격성(Aggressive Tendencies) 반항성(Rebelliousness) 비순응성(Poor Social Conformity)
주의 · 충동성문제 (Attention and Impulse Control Problems)	주의장애(Attention Deficits) 충동성(Impulsivity) 비현실성(Poor Reality Contact)
정서문제 (Emotional Problemss)	불안감(Anxiousness) 자책감(Self-Blame) 스트레스(Emotional Distress)
사회적 위축 (Social Withdrawall)	위축(Withdrawal) 사회적 고립(Social Isolation)
지적 문제 (Ability Deficitss)	인지문제(Cognitive Difficulties) 학업문제(Academic Difficulties)
신체문제 (Physical Deficits)	체력문제(Poor Physical Stamina) 협응문제(Poor Coordination)
자신감문제 (Weak Self-Confidence)	의존성(Dependency) 자존감결여(Poor Self-Esteem)

가정과 기관에서 관찰되는 아동의 행동에 대한 평가에 기초한 결과는 영유아의 문제행동을 해석할 때 중요한 정보가 된다. 이러한 부모와 교사의 평가 결과가 일치하기도 하지만, 평가자 간의 평가결과가 일치하지 않기도 한다. 평가자 간의 이

견은 특정 상황에서 나타나는 아동의는 행동 패턴이 달라지기 때문이기도 하고, 평가자가 아동을 다른 방식으로 인지하기 때문에 발생하기도 한다. 따라서 다양한 정보원을 사용한 평가를 통해 영유아의 행동을 보다 포괄적으로 이해하도록 한다.

3. 아동검사 수행 시 주의사항

검사환경, 검사시행 방법, 검사자의 특징 및 검사자의 태도, 검사자와 검사대상자 간의 관계, 검사대상자의 신체적 · 심리적 상태 등은 검사결과에 중요한 영향을 미친다. 따라서 검사결과에 미치는 이러한 영향을 줄이고 신뢰로운 검사결과를 산출하기 위해서는 검사수행 시 요구되는 주의사항에 관심을 기울여야 한다.

무엇보다 검사자는 검사 매뉴얼에 제시된 실시절차에 따르는 것이 중요하다. 검사실시 전 검사에 적절한 환경을 준비하고 표준화된 검사절차에 따라 검사를 수행한다. 검사자의 태도나 검사실시 방법에 따라 검사 시간이나 검사반응의 내용에 차이가 나타날 수 있으므로 반드시 매뉴얼에 제시된 표준화된 절차를 따라 진행한다.

특히, 아동검사의 경우, 검사상황이 아동의 반응에 커다란 영향을 미칠 수 있기 때문에 각별한 주의가 요구된다. 영아의 경우, 검사상황에 따라 제한된 반응을 나타낼 수 있어서 적절한 검사결과를 얻기 힘들어진다. 따라서 어린 영유아를 대상으로 한 검사는 검사도구의 신뢰도와 타당도를 더욱 엄격하게 적용하여 개발할 필요가 있다. 또한 검사결과를 해석할 때에도 각별한 주의가 요구되며, 검사결과에 지나치게 의존하지 않도록 한다.

아동검사를 올바르게 시행하기 위해서는 다음과 같은 사항들을 고려한다(곽금주, 2002; 이순묵 · 이봉건 역, 1997; 이은해, 1985; 임창재, 2000).

1) 검사환경의 구성

검사환경을 물리적 환경과 심리학 환경으로 나누어 볼 수 있다. 검사가 실시되는 물리적 환경은 검사대상자의 심리적 환경에도 영향을 미치기 때문에, 검사의 물리적 환경과 심리적 환경 모두를 고려한다.

우선 물리적 환경은 편안한 느낌을 주면서도 검사대상자의 시선이나 주의를 끌지 않는 환경으로 벽면이나 바닥에 지나치게 자극적인 색상이나 장식은 피한다. 아동의 신체 크기에 적합한 책상과 의자를 준비하고 적절한 조명을 갖추고 소음이 없는 조용한 공간이어야 한다. 검사자는 검사대상 아동의 맞은편이나 오른쪽으로 90° 위치에 앉는 것이 바람직하다. 검사에 사용되는 자료는 검사자 옆이나 책상 아래에 두어 아동의 호기심을 유발하지 않도록 한다.

2) 검사자와 검사대상자 간 신뢰감 형성

검사를 수행하는 동안, 아동이 심리적으로 안정감을 갖고 검사에 임할 수 있도록 편안하고 온화한 분위기를 형성해 준다. 또한 불필요한 불안감이나 심리적 압박감을 갖지 않도록 아동이 이해할 수 있는 범위 내에서 검사의 목적, 진행과정, 활용방법 등에 대해 설명해 준다. 검사가 시작되기 전 아동에게 화장실에 갈 필요가 있는지 또는 다른 요구사항이 있는지 등을 점검한 후, 아동이 심리적으로 안정된 분위기에서 검사를 수행하는 것이 좋다.

검사자와 검사대상 아동 간의 신뢰감(rapport)은 검사과정 및 결과에 결정적인 영향을 미친다. 검사자는 일상적인 질문과 대화로 긴장을 풀어 주고 천천히 검사문항을 도입하는 것이 좋다. 일단 검사가 실시되면, 검사자는 아동이 검사과정에 흥미를 갖고 참여할 수 있도록 아동의 반응에 대한 격려와 칭찬을 해 준다. 또한 아동이 응답하기 어려워하는 문항에 대해서는 아동이 응답에 대한 중압감을 느끼지 않고 지나친 좌절이나 불안감을 느끼지 않도록 도와준다. 그러나 아동이 검사에 대한 응답을 거부하거나 검사과정에 비협조적일 경우에는 아동이 검사를 받기 싫어하는 이유를 알아보고, 아동의 감정을 수용해 준다. 또한 아동이 이해할 수 있도록 검사의 중요성과 검사를 받음으로써 생길 수 있는 긍정적인 결과에 대해 알려 주어 검사진행에 대한 협조를 구한다.

일반적으로 검사 도중에는 가능하다면 쉬지 않고 한 번에 계획된 검사를 끝내는 것이 좋지만 아동의 발달적 특성상 불가피하게 검사를 멈추어야 할 경우가 종종 발생한다. 이 경우에는 잠시 휴식을 취한 후 계속하는 것이 원칙이나 아동검사의 경우, 원활한 검사실시가 불가능한 경우에는 몇 회로 나누어서 검사를 수행해도 좋다. 그러나 아동이 검사를 지속하는 것을 거부할 경우 다른 기회에 검사를 재실시하거나 검사를 중단한다.

3) 검사실시를 위한 준비 및 검사의 실시

검사자는 검사를 실시하기 전에 검사도구의 지시 내용과 소요시간 등 중요한 검사절차를 재검토하여 검사실시 도중에 실수가 없도록 철저히 준비한다. 검사도구에 대한 훈련 부족이나 검사준비의 부족은 검사대상 아동과의 신뢰로운 관계를 형성하는 데 장애가 되며, 타당한 검사결과를 얻기 어려워진다.

특히, 검사자는 검사대상 아동이 지시사항을 잘 이해할 수 있도록 검사문항 및 지시사항을 아동에게 명확하게 전달한다. 또한 검사자는 예시문항 등을 통해 아동이 지시사항을 적절히 이해했는지를 점검한다. 검사자는 검사실시지침에 따라 모든 문항을 빠트리지 않고 실시하고 검사문항에 대한 아동의 반응을 주어진 검사결과지에 적절하게 기록한다. 일단 검사가 끝나면 빠진 사항이 없는지 확인한 후 검사를 종료한다.

4) 검사결과의 관리

검사자는 검사종료 후 검사결과를 재검토하고 검사문항에 아동의 응답 이외에 검사 시행과정 중에 발생한 아동의 특이점을 기록해 둔다. 아동의 사생활 보호를 위해 검사결과가 노출되지 않게 검사기록지나 검사결과를 철저히 관리한다.

14

일과운영과 영유아관찰

유아교육기관에서의 일과운영은 영유아 발달에 절대적인 영향을 미친다. 유아교육기관에서 매일 제공되는 보육 · 교육 프로그램이 어떠하며 어떻게 운영되는지에 따라 영유아의 욕구가 충족되고 심리 · 정서적으로 안정되며 신체, 인지, 언어, 사회성 발달이 적절히 이루어질 수 있기 때문이다. 교사는 영유아에게 적절한 일과를 계획하고 운영하기 위해서 자신이 담당한 학급 영유아 욕구 및 흥미와 개인적인 특성, 발달 수준을 잘 파악해야 하는데 이를 위해서는 영유아의 일과를 체계적으로 관찰해야 한다. 체계적인 관찰을 하기 위해서는 연간 보육 · 교육계획안을 작성하는 것과 동일하게 관찰계획을 수립해야 한다. 영유아를 위한 관찰계획은 교육주제와 관련된 내용을 포함하는 관찰과 시기에 따른 생활목표에 적절한 관찰을 토대로 계획하는 것이 좋다. 〈표 14-1〉과 같이 교육주제와 연관 지어 각 영역들을 집중적으로 관찰하되 1학기 동안 모든 영역이 골고루 관찰될 수 있도록 계획하는 것이 효과적이다. 1학기 또는 1년간 관찰계획을 수립하여 운영하면 모든 영역을 균형 있게 관찰할 수 있으며 학기 말에 종합적인 평가를 할 수 있기 때문이다.

〈표 14-1〉 3세 유아반 관찰계획

월	주제	기본생활습관 영역 중 관찰 내용	보육 · 교육과정 중 관찰영역	관찰항목
3	어린이집	• 인사하기 • 놀잇감 정리정돈 • 스스로 손 씻기	기본생활습관영역	• 등 · 하원 시 반갑게 인사한다. • 스스로 손을 씻는다. • 놀이 후 자신이 사용한 놀잇감을 정리한다. • 하루 일과에 즐겁게 참여한다. • 자신의 물건과 다른 사람의 물건을 구별한다.
4	봄	• 스스로 화장실에서 배변하기 • 모이는 시간에 바르게 앉기	신체운동영역	• 스스로 화장실에 배변한다. • 모이는 시간에 교사에게 집중하여 바르게 앉는다. • 감각적 차이를 구분한다. • 안정된 자세를 취한다. • 안전하게 신체활동에 참여한다. • 다양한 종류의 신체활동에 참여한다. • 신체 각 부분의 움직임을 인식한다.

월	주제	기본생활습관 영역 중 관찰 내용	보육 · 교육과정 중 관찰영역	관찰항목
5	나	• 친구 도와주기 • 자기감정적절히 이야기하기	사회관계영역	• 도움을 요청하는 친구를 도와준다. • 자신의 감정을 공격적인 행동이 아닌 언어적 · 비언어적으로 표현한다. • 자기와 다른 사람의 같은 점과 차이점을 안다. • 사람은 다양한 감정을 가지고 있음을 안다. • 자신을 긍정적으로 생각한다.
6	가족	• 적절한목소리로 이야기하기 • 다른사람의 이야기 듣기	의사소통영역	• 다른 사람의 이야기를 듣고 이해한다. • 일상생활의 경험을 문장으로 말한다. • 일상생활과 관련된 낱말과 문장을 듣고 의미를 이해한다. • 자신의 느낌, 생각, 경험을 그림으로 표현한다. • 다양한 필기구에 관심을 가진다.
7	동물	• 안전하게 놀이하기 • 바른 자세로 골고루 먹기	자연탐구영역	• 놀잇감을 안전하게 사용한다. • 음식을 골고루 먹는다. • 궁금한 점을 알 수 있는 방법을 찾는다. • 5개 정도 물체의 수량을 안다. • 주변의 동식물에 관심을 가진다. • 물체의 특성을 탐색하고 비교한다. • 반복되는 규칙성을 인식한다.
8	여름	• 자기 물건 잘 간직하기 • 약속(규칙) 지키기	예술경험영역	• 자신의 물건을 잘 관리한다. • 규칙을 따른다. • 자신이 경험한 내용에 대한 역할놀이에 참여한다. • 간단한 노래를 듣고 따라 부른다. • 주변 사물 및 자연에서 아름다움을 느낀다. • 자신의 경험을 다양한 재료 · 방법으로 표현한다.

영유아에게 풍부한 교육적 경험을 제공하는 하루일과를 운영하기 위해서 영유아의 발달 수준 및 욕구와 흥미에 대한 정보를 분석하는 것과 영유아가 생활하는 환경이 적절한지 분석하는 것이 중요하다. 따라서 환경구성과 일과에 따른 영유아 특성을 관찰하는 내용을 알아보고자 한다.

1. 영유아 실내환경구성 관찰

1) 실내생활영역 및 흥미영역 구성의 적절성 관찰

영유아가 대부분의 시간을 보내는 학급의 환경은 단순한 물리적인 시설 및 교구교재만으로 이해해서는 안 된다. 그곳에서 영유아들은 다양한 경험과 생각을 하고 다양한 감정을 느끼며 발달하기 때문이다. 보육실의 환경을 관찰하면 영유아가 호기심을 가지고 탐색하고 서로의 생각과 경험 등을 나누는 영유아의 삶을 알 수 있다. 예를 들어, 역할놀이영역이 다른 영역보다 큰 면적으로 구성되어 있고, 다른 영역에 비해 다양한 교구교재가 비치되어 있는 것으로 관찰되었다면 현재 영유아들은 역할놀이에 매우 활발하게 참여하고 있다는 것을 알 수 있다. 또는 영유아가 흥미를 가지고 적극적으로 참여하기 시작한 영역이나 놀잇감을 관찰한 결과를 기초로 하여 보다 확장된 교육적 경험을 제공하기 위한 물리적 환경을 재구성할 수도 있고, 영유아들 간의 분쟁을 예방하기 위한 물리적 환경으로 재구성할 수 있기 때문이다.

보육실의 환경구성이 영유아에게 적절한지 알아보기 위해서는 먼저 보육실을 관찰하고 흥미영역 등에 대한 보육실 평면도를 그린다. 그리고 어떤 흥미영역으로 구성되었는지, 어떻게 배치되었는지 등에 대한 특성을 관찰하여 기록한다. 그 다음 흥미영역 구성에 대한 지침에 따라 관찰한 보육실의 환경구성을 분석해 볼 수 있다 〈표 14-2〉.

〈표 14-2〉 실내생활영역 및 흥미영역 적절성 관찰 예

관 찰 자	○○○	관찰일시	년 월 일 요일
관찰기관	○○ 어린이집	관찰학급	○○반/ 4세

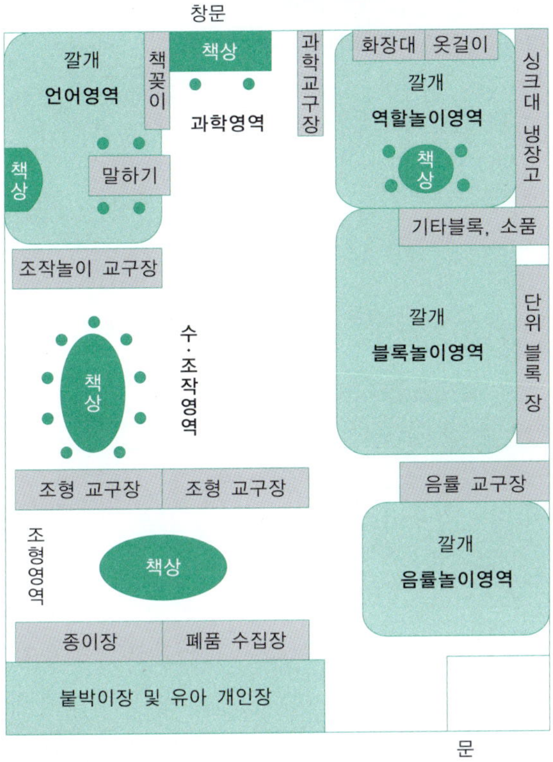

관찰 내용	• 언어영역, 수 · 조작영역, 조형영역, 음률영역, 블록놀이영역, 역할놀이영역, 과학영역 7개 흥미영역으로 구성되어 있음. • 언어영역, 수 · 조작영역, 과학영역은 조용하고 건조한 곳에 배치되어 있고, 역할놀이영역, 블록놀이영역, 음률놀이영역은 활동적인 곳에 배치되어 있음. • 물이 필요한 조형영역은 물을 사용하기 위해 교실 밖 화장실로 이동하기 쉽도록 문 근처에 배치함. • 다른 영역에 비해 과학영역이 다소 협소함.
해석 및 교육적 적용	• 5세 유아 자유선택놀이에 적절하게 7개 흥미영역으로 구성되어 있으며 각 흥미영역은 활동성의 높고 낮음과 연계성에 따라 적절히 배치됨. • 5세 유아는 다양한 물체를 관찰하고 비교해보는 과학활동 욕구가 높은 발달시기이므로 다른 영역에 비해 협소하게 배치된 과학영역을 조정하는 것이 더 적절함.

실내흥미영역 배치 적절성	매우 그렇지 않다	보통 이다	매우 그렇다
1. 교실의 활동 영역이 개인장과 책꽂이, 교육장으로 구분되어 있는가?	□	□	□
2. 각 영역이 어떤 영역인지 알리는 메시지가 분명한가?	□	□	□
3. 각 영역은 영유아에게 안정감을 느끼게 하며 활동에 적극적으로 참여하도록 구성되어 있는가?	□	□	□
4. 자유선택활동에 적절하게 개방적이면서 단순하게 구성되지 않아서 개별적 활동, 소집단 활동을 할 수 있게 구성되어 있는가?	□	□	□
5. 각 영역이 다른 영역의 소음을 통제할 수 있도록 구분되어 있는가?	□	□	□
6. (영아의 경우) 신체영역, 탐색조작영역, 음악 및 미술활동이 운영되는 영역이 흥미영역에 포함되어 있는가?	□	□	□
7. (영아의 경우) 영아의 발달 특성에 적절하게 생활영역(기저귀 갈이, 수유, 낮잠 등)이 구성되어 있는가?	□	□	□
8. (유아의 경우) 언어영역, 쌓기놀이영역, 역할놀이영역, 미술영역, 수 · 과학영역이 흥미영역에 포함되어 있는가?	□	□	□

영유아 보육실의 영역 구성이 어떠한지 다음과 같은 절차에 따라 관찰하고 분석해 볼 수 있다.

- 각 학급의 실내평면도를 그림으로 그린 후 관찰하는 것이 효과적이다.
- 어떤 영역으로 구성되었는지 영역의 명칭을 적고 각 영역이 적절히 구성되었으면 ○, 보통 수준이면 △, 부적절하면 ×로 표시하되 부적절한 요소를 관찰 내용에 기록한다.

〈표 14-3〉 0~1세 영아반 실내생활영역 및 흥미영역 구성 적절성 관찰 예

관 찰 자: 관찰일시: 년 월 일 요일

관찰기관: ○○ 어린이집 관찰학급: 반/ 만 0세

영역	수유 및 이유	낮잠	기저귀 갈기	신체	언어	탐색	기타
관찰결과	×	○	○	○	○	○	
관찰 내용	• 언어영역의 매트와 쿠션에서 수유가 이루어지고 있음. • 평소엔 이유 식탁의자가 교실 문 입구에 위치해 있음. 이유가 이루어지는 경우에만 언어영역으로 이동함. • 신체영역이 언어와 탐색 영역보다 2배 정도 큰 면적으로 구성됨.						
해석 및 적용	• 독립된 수유영역을 구성할 수 있도록 환경구성을 재배치하는 것이 적절함. • 신체영역이 다른 영역보다 크게 배치된 것은 0세 영아의 발달 특성에 적절한 것임. 신체영역 일부에만 매트가 깔려 있어 안전성이 염려됨. 바닥에 매트나 카펫이 보완되어야 함.						

〈표 14-4〉 2세 영아반 실내생활영역 및 흥미영역 구성 적절성 관찰 예

관 찰 자: 관찰일시: 년 월 일 요일

관찰기관: ○○ 어린이집 관찰학급: 반/ 만 2세

영역	간식	낮잠	대소변 가리기	신체	언어	감각·탐색	역할·쌓기	미술	음률
관찰결과	○	○	○	○	○	○	○	○	○
관찰 내용	• 학급과 화장실이 연결되어 있어 교사가 2세 영아의 배변지도를 하기에 적절함. • 신체영역에 붕붕차를 미끄럼틀 옆 벽에 정리하고 있으나 정리하는 위치가 정확하게 표시되어 있지 않음. • 감각·탐색영역과 미술영역이 함께 구성되어 있음.								
해석 및 적용	• 붕붕차를 정리할 위치에 붕붕차 그림이나 주차표시를 제시하고 차 크기와 유사한 면적을 표시하여 영아가 쉽게 정리할 수 있도록 보완해야 함. • 신학기 초이므로 감각·탐색과 미술영역을 같은 공간에 배치하였으나 감각·탐색 활동이 활발한 연령이므로 독립된 영역으로 구성하고 보다 다양한 놀잇감을 추가해야 함. 또한 미술활동 시 물을 사용하는 경우가 많으므로 화장실 사용이 용이한 위치에 배치하는 것이 적절함.								

영아반의 경우 수유 및 귀저기 갈기 등과 같은 일상생활 활동이 중요하고 많이 이루어지므로 일상생활영역과 흥미영역이 적절히 배치되어야 한다. 또한 구성된 각 영역의 크기, 위치, 안전 등이 적절한지 관찰하면 보다 효율적으로 영아반 실내 환경구성을 할 수 있다.

〈표 14-5〉 유아반 실내흥미영역 구성 적절성 관찰 예

관 찰 자: 　　　　　　　　　　관찰일시: 년 월 일 요일

관찰기관: ○○ 어린이집 　　　　관찰학급: 반/ 만 5세

영역	쌓기놀이 영역	역할놀이 영역	미술 영역	언어 영역	수 · 조작 영역	과학 영역	음률 영역	컴퓨터 영역
관찰결과	○	○	○	○	○	○	○	○
관찰 내용	• 위생 및 안전: 각 흥미영역의 가구 및 바닥이 청결하고 유아들의 동선이 편리하게 구성되어 있음. 뒷면이 없는 교구장 등으로 영역이 구성되어 있어 교사가 어떤 위치에서도 교실 전체를 볼 수 있음. 쌓기놀이영역과 음률영역에 카펫이 깔려 있음. • 공간의 크기: 상상놀이가 활발하게 이루어지는 학급 특성상 역할놀이영역과 쌓기놀이영역이 가장 크게 배치되어 있음. • 영역 위치의 적절성: 역할놀이, 쌓기놀이가 이웃하고 있고 미술영역도 바로 옆에 위치해 있음. 수 · 조작영역과 과학영역이 이웃해서 위치해 있음. • 교구장: 미술영역에 교구장 외에 재활용품 수납장이 비치되어 있는데, 불투명한 서랍장에 수납되어 있어 물건을 확인하기 위해서 매번 서랍을 열어야 함. • 놀잇감 접근 및 정리정돈: 놀잇감이 바구니에 담겨 교구장에 배치되어 있고 교구장의 높이가 유아의 눈높이에 맞아서 놀잇감 사용이 용이함. 각 교구장 칸에 놀잇감의 이름이 부착되어 있음. 12색 색연필 5세트가 비치되어 있어 사용 후 정리정돈이 다소 어려울 수 있음.							
해석 및 적용	• 현재 다루는 '이웃사촌' 주제에 대한 유아들의 흥미와 욕구가 반영되어 3월보다 역할놀이와 쌓기놀이가 활발하게 이루어지도록 2개 영역을 크게 배치하였음. • 서로 연계되는 흥미영역끼리(예: 역할, 쌓기, 미술) 인접하게 배치하여 유아의 놀이활동이 통합적으로 이루어지도록 구성되었음. • 미술영역에 수납되어야 할 재활용품의 수가 많고 크기가 다양해서 서랍장을 활용하였으나, 속이 비치는 서랍장으로 수납하거나 각 서랍 칸에 수납되어 있는 물건의 사진이나 이름을 부착하여 유아가 활용하기 용이하도록 해야 함. • 색연필이 담겨진 통을 그대로 비치하기보다는 큰 연필통에 한꺼번에 담아서 유아들이 사용하고 정리하기 쉽도록 하는 것이 적절함.							

유아는 영아와 다른 발달특성을 가지고 있으며 흥미와 욕구도 다르므로 흥미영역의 구성이 다르게 이루어져 한다. 또한 영아보다 활동에 적극적으로 참여하고 오래 집중할 수 있으므로 각 흥미영역들이 구분되어 서로 다른 영역에 영향을 미치지 않도록 구성되었는지 등을 관찰하는 것이 적절하다〈표 14-5〉.

실내흥미영역 관찰 내용 분석 기준

실내생활영역 및 흥미영역 구성 관찰 시 다음 사항을 참고로 관찰한 내용을 분석하면 효과적이다(김희진 · 박은혜 · 이지현, 2014. p.70-71).

- 위생 및 안전: 각 영역에서 영유아가 안전하고 위생적으로 생활할 수 있는지 관찰한다. 또한 각 영역에서 교사가 학급 내 모든 영유아를 볼 수 있도록 구성되어 있는지 확인한다.
- 공간 크기: 같은 영역에서 활동하고 있는 영유아들의 간격이 충분한지, 영역 밖으로 나와서 놀이하는 영유아가 많은지 등을 관찰한다.
- 영역 위치의 적절성: 조용한 구역과 활동적인 구역을 나누어 각 영역 특성에 적합하게 배치하였는지 관찰한다. 또한 가림판, 교구장, 러그 등을 활용하여 다른 영역과 분리되도록 배치하였는지 관찰한다.
- 교구장: 각 영역에 적절한 크기, 수의 교구장이 준비되어 있는지, 교구장이 견고하고 안전하게 이동 가능한지 등을 관찰한다.
- 놀잇감 접근 및 정리정돈의 용이성: 영아가 원하는 놀잇감에 쉽게 접근할 수 있도록 배치되었는지, 사용한 놀잇감을 쉽게 정리할 수 있도록 밑그림 등이 있는지 관찰한다.
- 기타: 관찰 표에 제시되지 않은 흥미영역이나 기준 등이 있으면 기록한다.

2) 실내흥미영역별 놀잇감 구성 관찰

영유아가 다양한 교육적 경험을 하기 위해서는 각 연령과 현재 경험하고 있는 교육 주제에 적합한 놀잇감이 준비되어야 한다. 또한 주기적으로 각 흥미영역 놀잇감을 관찰하면 영유아의 흥미와 욕구 변화에 대한 정보를 획득할 수 있으며, 영유아 흥미를 고려한 다양한 놀잇감을 제공하여 놀이 활동을 확장시킬 수 있다. 놀잇감을 주기적으로 관찰한 결과는 다음 해 동일한 시기에 동일한 연령을 위한 놀잇감 구성 시 기초자료로 활용할 수 있다.

〈표 14-6〉 영유아 흥미영역별 놀잇감 현황 관찰 예

관 찰 자: 관찰일시: 년 월 일 요일
관찰기관: ○○ 어린이집 관찰학급: 반/ 만 4세
주 제: 우리나라와 세계 여러 나라
※ 보육실에서 나간 교구: 교구명에 밑줄

흥미영역	놀잇감	새로 추가된 놀잇감
언어영역	종이 · 색연필 · 스티로폼에 철사를 꽂아 만든 글자 화분, 부직포로 만든 자음과 모음 조각 글씨, 도깨비 눈을 보세요. '누구일까요?' 카드게임 2세트, 옛날 것과 오늘날 것 게임판, <u>우리나라에 관한 그림과 글씨가 있는 카드 2세트</u>, 먹물과 붓글씨 도구, '해님 달님', 슬라이드동화 '흥부와 놀부'	동화 '귀여운 레오', '진도기와 밟기' 녹음자료 '강강술래'
역할놀이영역	요리(송편 빚기 순서도, 찹쌀반죽, 솔잎, 건포도), 바느질(털실, 돗바늘, 망사, 우리나라 물건그림), 요리(빈대떡 만들기 순서 표, 믹서기, 녹두, 국자, 팬, 식용유) 엽전모형, 복주머니, <u>옛날물건</u>, 한복, 밀가루반죽, <u>여러 가지 떡 모형, 대바구니</u>.	세계 여러 나라 민속의상
쌓기놀이영역	링턴블록, <u>끈블록</u>, 여러 나라 사람인형, 붉은색 천, 황소가면, 우리나라 옛날 기와집, 오재미	탑이나 고궁 사진, 초가집 그림을 붙인 단위적목
미술영역	색종이 접기 순서 표(치마, 저고리 접기, 딱지 접기), 그리기(색모래, 우리나라 지도본, 먹물, 한지, 붓), 만들기(복주머니, 장고, 갓, 버선모양 도화지, 종이컵, 우유갑, 침핀, 빵끈, 고무줄 10원짜리 동전이나 둥근 쇠판)	꾸미기(여러 나라 국기본, 검은색 도화지, 색화지, 비닐끈, 여러 가지 색지, 두꺼운 도화지)
음률영역	노랫말(세계 여러 나라, 지구마을, 종달새, 쾌지나 칭칭나네, 숫자풀이, 도깨비나라, <u>애국가, 태극기, 무궁화</u>, 들강달강, 이거리저거리각거리) 음악녹음자료(쾌지나 칭칭나네, 진도아리랑, 이거리저거리각거리, 춤곡 전통음악, 발레, 플라멩코)	노랫말(진도아리랑) 비디오녹음자료(여러 가지 춤, 부채, 한삼, 북, 장고)
수 · 조작영역	게임(만국 기기카드, 뒤집기카드, 대한민국 방문하기 게임판, 주사위, <u>숫자가 적힌 삼각형 카드</u>, 거리 좁혀 맞추기 게임판과 카드, <u>무궁화 그림판과 가리개</u>, 숫자카드와 숫자판, 1~3 숫자 주사위 3개), 퍼즐(색깔도깨비 찾기, 우리나라 지도, 태극기)	게임(여러 나라 국화가 그려진 카드 2세트)
과학영역	지구본, 고무줄, 못판, 다양한 크기의 되, 맷돌, 콩	

※ 흥미영역별 놀잇감 관찰 내용 분석기준

1. 각 흥미영역의 놀잇감은 교육주제와 관련되어 있는가?
2. 각 흥미영역 놀잇감 중 주제와 관련이 적은 것들의 목록을 작성하시오.작성된 놀잇감 목록은(주제와 관련이 적은 놀잇감) 현재 영유아의 어떤 흥미 또는 욕구와 관련이 있는 것인지 해석해 보시오.
3. 파손되거나 짝이 맞지 않는 놀잇감이나 교구교재는 없는가?
4. 영유아들이 쉽게 접근할 수 있고, 놀이 후 쉽게 정리정돈 할 수 있도록 배치되어 있는가?
5. 영유아들 간의 분쟁이 일어나지 않는 정도로 놀잇감의 수는 적절한가?

2. 일과운영 관찰

영유아들의 하루일과가 개별적으로 적합하게 운영되도록 하기 위해 교사는 일과 시간대 별로 영유아를 관찰하여 그 결과를 토대로 각 영유아를 배려하고 적절한 활동을 제공해야 한다. 일과운영 시간대 특성에 따라 활용할 수 있는 관찰방법은 다음과 같다.

1) 등원

대부분의 영유아는 가족과 헤어지는 것을 힘들어하기 때문에 등원시간에 나타나는 영유아의 행동특성을 관찰함으로써 안정적으로 부모 및 양육자와 헤어지고 일과를 시작할 수 있도록 지원해야 한다. 영유아는 하루일과의 시작인 등원시간이 안정적으로 이루어져야만 이후 시간에 안정적으로 지낼 수 있기 때문이다. 또한 교사는 등원 시 각 영유아의 신체적, 행동적, 심리적 특성을 관찰함으로써 개별적인 욕구를 하루일과에 반영할 수 있다. 교사는 다음 〈표 14-7〉과 같이 등원 시 영유아의 기분, 병색 등에 대해 관찰하고 독특한 행동특성을 관찰 · 기록하여 활용할 수 있다.

〈표 14-7〉 등원 시 영유아 관찰 기록 예

관 찰 자:		관찰일시:	년 월 일 요일
관찰기관:		관찰학급:	반 (세), 이름: ○○○

표정	☐ 밝은 얼굴 ☐ 웃는 얼굴 ☐ 활기찬 얼굴 ☐ 우는 얼굴 ☐ 화(짜증)난 얼굴
병색	☐ 기침 ☐ 콧물, 코막힘 ☐ 눈곱 ☐ 눈의 충혈 ☐ 피부의 상처 ☐ 입술의 상처 ☐ 열(37° C 이상) ☐ 멍자국 ☐ 창백한 안색 ☐ 두통 ☐ 코피 ☐ 귀의 통증
청결	☐ 얼굴, 손, 머리 등 청결 ☐ 손톱의 길이 및 청결 ☐ 입 냄새 ☐ 의복 청결 ☐ 기저귀 상태(영아의 경우)
행동특성	☐ 부모와 잘 헤어지는가? ☐ 자세나 행동이 정상인가? 부자연스럽지 않은가? ☑ 피곤하거나 지쳐 보이는가? ☐ 눈을 자주 비비거나 귀를 자주 만지지 않는가? ☐ 오전 간식을 평소처럼 잘 먹는가?
관찰 내용	오늘 아침 출장 간다며 인사하는 엄마와 헤어지지 않으려고 많이 울었다고 함. 손가락을 빨며 할머니 품에 안겨 슬픈 표정으로 등원함. 할머니 품에 안겨 다른 또래들의 놀이를 5분 정도 지켜보다가 교사가 오전 간식을 권하자 교사의 손을 잡고 간식 테이블로 와서 간식을 먹음. 간식을 1/2 정도 먹었을 때 교사가 할머니와 헤어지기를 시도하자 유아는 할머니에게 손을 흔들며 인사함.
해석	지난번 어머님 출장 시에도 이와 유사한 행동특성을 보임. ○○이는 어머님 부재 시 불안이 높아지고 짜증이 많아지는 경향이 있음.

적응이 끝난 영유아가 등원할 때마다 부적응 행동을 보인다면 등원 시 나타나는 영아와 부모 및 양육자의 행동특성을 관찰하여 안정적으로 헤어지기 위한 전략을 수립할 수 있다. 다음 〈표 14-8〉에 나타난 등원 시 관찰한 내용에 따르면 대상 영아는 등원 시 어머니와 헤어지기를 거부하는 행동이 자주 나타났고 어머니는 급하게 영아와 헤어지기를 시도하는 행동이 자주 나타났다. 반면에 아버지와 함께 등원하는 경우 대체로 긍정적인 정서를 나타냈고 아버지와 헤어지기도 안정적으로 이루어졌다. 교사는 지속적인 관찰을 통해 어머니는 영아와 급하게 인사하며 헤어지므로 영아가 불안해한다는 것과 아버지는 영아의 반응을 살피며 헤어지기를 시도한다는 것을 알 수 있었다. 교사는 이러한 관찰 내용을 토대로 어머니와 영아가 안정적으로 헤어질 수 있도록 지원할 수 있다.

〈표 14-8〉 등원 시 부적응 행동을 보이는 영아 관찰 예

일시	관찰 내용
3월 10일	엄마 품에 안겨 울면서 등원함. 어머님이 급하게 ○○이를 교사 품에 안겨주며 헤어지자 엄마의 옷을 잡으며 크게 울음을 터뜨림.
3월 12일	엄마에게 안겨 등원함. 엄마와 함께 교실에서 그림책을 본 후 얼굴 표정이 밝아짐. 이때 엄마와 헤어지기를 시도함. 엄마가 회사에 가야한다고 말하자 ○○는 울면서 엄마에게 손을 흔들며 헤어짐.
3월 14일	엄마 품에 안겨 울면서 등원하였고, 등원하자마자 엄마와 헤어지게 되자 엄마와 헤어지는 것을 거부하며 크게 울기 시작함. 엄마가 간 후 교사가 안고 달래면서 복도, 현관 등 교실이 아닌 다른 곳에서 진정시킴. 30분쯤 후에 진정됨.
3월 19일	아빠와 손잡고 웃으며 등원함. 아빠가 헤어지기 위해 인사를 하자 아빠에게 손을 흔들고 웃으며 인사하고 교실로 들어와 자동차 놀이를 시작함.
3월 20일	아빠에게 안겨 피곤한 표정으로 등원함. 아빠가 ○○에게 '그림책을 하나 본 후 아빠와 인사하는 거야' 라고 말하자 고개를 끄덕임. 아빠와 함께 책보기를 하며 웃기도 하는 등 즐거운 표정을 지음. 책보기가 끝나고 아빠가 인사하자 손을 흔들며 인사함. 아빠가 가신 후 오전 간식을 먹기 시작함.

2) 실내자유선택활동

영유아가 참여하는 자유선택활동 시간에 교사는 목적에 따라 다양한 방법으로 영유아를 관찰할 수 있다.

- 영유아들이 많이 참여하는 흥미영역이 무엇인지 관찰하여 개별 영유아의 놀이선호도를 분석할 수 있다〈표 14-9〉. 각 영유아가 선호하는 흥미영역과 관심이 없는 흥미영역에 대한 정보를 알아봄으로써 개별적인 특성을 이해하는 데 기초자료로 활용할 수 있다.

〈표 14-9〉 개별 영유아의 실내자유선택활동 관찰의 예

이름	월		화		수	
관찰시간	8:30	9:30	8:30	9:30	8:30	9:30
이○○	간	미	간	언	블	간
송○○	극	화	극	극	조	언
최○○	×	×	×	언	×	조
박○○	미	과	극	극	미	언
김○○	블	블	간	극	미	미
:	:	:	:	:	:	:

간: 간식 극: 극놀이 ×: 부재중 미: 미술 조: 조작
블: 블록 언: 언어 화: 화장실 과: 과학

- 일정한 시간대에 각 흥미영역에서 놀이하고 있는 영아의 수를 관찰함으로써 해당 학급 영유아의 흥미영역 선호도를 알아볼 수 있다〈표 14-10〉. 또는 일정한 시간동안(예: 10시~10시 10분) 각 흥미영역에서 놀이했던 유아 수를 관찰하여 기록할 수도 있고, 특정 흥미영역을 선정하여 일정한 시간대에 놀이하는 유아 수를 관찰하여 기록할 수도 있다.

〈표 14-10〉 실내자유선택활동 흥미영역별 놀이 참여 영유아 수 관찰 예

관 찰 자: 관찰일시: 년 월 일~ 일
관찰기관: ○○ 어린이집 관찰학급: 반/ 만 세

관찰시간	4월 3일 10:00	4월 3일 11:00	4월 4일 10:00	4월 4일 11:00	4월 5일 10:00	4월 5일 11:00
흥미영역	놀이하는 영유아 수	놀이하는 영유아 수	놀이하는 영유아 수	놀이하는 영유아 수	놀이하는 영유아 수	놀이하는 영유아 수
쌓기놀이영역	5	4	5	5	4	7
역할놀이영역	3	3	3	0	4	0
언어영역	2	1	2	2	0	1
수·조작영역	2	2	0	0	3	2

흥미영역	놀이하는 영유아 수	놀이하는 영유아 수	놀이하는 영유아 수	놀이하는 영유아 수	놀이하는 영유아 수	놀이하는 영유아 수
과학영역	0	0	3	3	2	1
미술영역	3	4	3	3	1	1
음률영역	0	0	0	1	0	0
컴퓨터영역	2	3	4	3	3	2

- 일정한 시간대에 각 영유아의 실내자유선택활동 놀이 지속성을 관찰함으로써 각 영유아의 놀이지속 특성에 대해 알아볼 수 있다〈표 14-11〉.

〈표 14-11〉 실내자유선택활동 놀이 지속성 관찰 예

관 찰 자: 관찰일시: 년 월 일

관찰기관: 관찰학급: 반(세)

이 름	흥미영역	놀이 및 놀잇감	지속시간	관찰 내용
김○○	탐색 · 조작	까꿍 놀잇감	1분 12초	열려진 까꿍 문을 손으로 눌러 닫을 때 나는 소리를 즐거워하며 문을 닫기 위해 까꿍 놀잇감 활동을 반복함.
최○○	신체	강아지 끌차	2분 10초	강아지 모양 끌차의 줄을 당기자 경쾌한 소리가 났고 이를 즐거워하면서 줄을 당겼다가 멈췄다가를 반복함.
성○○	역할 · 쌓기	종이벽돌	1분 47초	종이벽돌 3~4개를 쌓은 후 두 손으로 밀어 넘어뜨리는 놀이를 반복함.

- 일정한 시간대에 또래와 놀이하고 있는 영유아들을 선택하여 어떤 내용의 놀이를 하고 있는지 관찰함으로써 영유아 간의 상호작용에 대해 알아볼 수 있다〈표 14-12〉.

〈표 14-12〉 실내자유선택활동 시 또래 간 상호작용 관찰 예

관 찰 자: 관찰일시: 년 월 일
관찰기관: ○○ 어린이집 관찰학급: 반/ 만 세

관찰시간	오전 실내자유선택활동 10:00~10:10	
영유아 집단	함께하는 놀이활동	영유아들의 상호작용 내용
김○○, 신○○, 전○○	나의 책 만들기	유아들은 각각 '나의 책 만들기'를 하고 있음. 김○○: 이거 봐! 내가 좋아하는 비행기야. 신○○: 나는 커다란 배 그림인데. 나 이거 타 봤어. 여기 안에는 식당도 있고 수영장도 있다. 김○○: 비행기에서도 밥 주는데. 닭고기도 먹었고 아이스크림도 먹었다. (전○○은 2명 유아를 바라보며 그들의 이야기를 잠시 들은 후, 자신의 '나의 책' 만들기에 그림을 그리기 시작함.) 전○○: 이것 봐! 내가 좋아하는 수박이야. 굉장히 큰 수박이야.
이○○, 조○○, 정○○, 우○○, 김○○	비행장 건설	5명의 유아가 나무 적목으로 비행장을 건설하고 있음. 조○○: 아이 참! 거기에 놓으면 안 된다고! 내가 안 된다고 했지! 정○○: (놀란 얼굴로 조○○을 잠시 바라본다.) 그럼 어디에 놓아야 되는데? 조○○: 여기다 놓아야 된다고! 이리 줘봐!(정○○이 들고 있는 블록을 주자 받아서 자신이 가리킨 자리에 놓는다.) 우○○: (조○○을 부른다.) 야~~ 그럼 이건 여기에 놓아야 해? 조○○: 응! 아니 아니 조금 옆으로 놓아야 해. 그래야 똑바로 된단 말이야. (이○○과 김○○은 말없이 구성물을 만들고 있다.) 조○○: (이○○과 김○○을 부르며) 너희는 뭐하고 있는 거야? 공항건물을 빨리 만들어야 한다고! 이○○: 이것 봐! 다 만들었어. 공항건물이야 이게! 조○○: 그래? 관제탑은 어디야? 관제탑이 없잖아! 이○○: 음... 여기라고 할까? 여기 높은 곳. 조○○: 그래. 그게 좋겠다. (김○○을 부르며) 너는 아직도 완성 못한 거야? 김○○: (조○○의 질문에 대답하지 않고 만들고 있는 건물을 계속 만든다.) 조○○: (김○○에게 다가간다.) 너는 어떻게 된 거냐고? 김○○: (조○○을 바라보며) 아이 참! 상관 말라고. 내가 만들 거니까! 조○○: (상냥한 목소리로) 알았어. 다 완성하면 이야기해 줘.

- 자유선택활동 시 또래와의 갈등 상황을 관찰 기록하면 갈등상황의 원인을 분석하여 적합한 중재 전략을 세울 수 있을 뿐만 아니라 부적응 행동 영유아 지도에 중요한 자료로 활용할 수 있다〈표 14-13〉.

〈표 14-13〉 자유선택활동 시 또래와의 갈등 상황 관찰 기록 예

관 찰 자: 관찰일시: 년 월 일 ~ 일

관찰기관: 관찰학급: ○○○ 반(세)

관찰일시	년 월 일
관찰장면	자유선택놀이 시간에 ○○이가 등원하여 역할놀이영역에 참여함.
일화기록	또래들이 역할놀이영역에서 중국집 놀이를 하고 있었다. 엄마와 등원한 상민이가 문을 열고 뛰듯이 들어오더니 잠시 교실을 둘러보고 역할놀이영역 쪽으로 달려갔다. 또래 2명이 테이블에 앉아 자장면 먹는 흉내를 내고 있고 종업원 역할을 하는 유아가 그릇을 테이블 위에 놓으며 "탕수육 나왔습니다."라고 말하고 있었다. 테이블 쪽으로 뛰어온 상민이가 종업원이 내려놓은 탕수육 접시를 들어서 자기 입에 음식을 쏟아 넣는 행동을 하면서 "아!! 맛있다. 맛있는 탕수육 내가 다 먹었다."라고 말하자 또래들이 "야아~~, 우리 노는데 방해하지 마."라고 했다. 상민이는 얼굴을 찡그리더니 테이블 위에 있던 그릇과 포크 등을 바닥에 던지고 의자에 앉아 있는 또래를 밀며, 주먹으로 가슴을 때리는 등 또래들을 공격했다. 교사가 역할놀이영역으로 뛰어와 싸우는 유아들을 말렸다. 상민이게 맞은 유아들은 울음을 터뜨렸고 상민이는 교사에게 팔을 잡힌 채 거친 숨을 내쉬며 교사와 또래를 노려보고 있다. 교사는 상민이와 이야기하려고 하지만 상민이는 흥분하여 "왜 나만 갖고 그러냐고!" 하면서 소리를 지른다.
관찰일시	년 월 일
관찰장면	대집단 활동 시간
일화기록	이야기 나누는 시간을 갖기 위해 모든 유아들이 블록 영역의 카펫 위에 앉았다. 상민이는 오른쪽 가장 자리에 앉는다. 교사가 다가가 상민이가 몸을 바르게 앉도록 자세를 바로잡아주자 상민이는 몸의 방향 바꾸어 또래 어깨 위에 자신의 발을 올려놓는다. 교사가 상민이의 발을 내려놓자 "에잇 씨" 하면서 발로 또래의 등을 찼고 또래는 울음을 터뜨렸다. 교사는 상민이를 독립된 장소로 데리고 가서 훈육하기 시작한다. 잠시 후, 상민이는 엎드려 손으로 턱을 받친 자세로 교사의 말을 듣다가 다시 일어나서 옆에 앉은 친구에게 몸을 기댄다. 옆자리 또래가 상민의 기댄 몸을 밀치자 몸에 힘을 주어 친구에게 더욱 기대고 또래는 상민이의 몸을 팔로 밀쳐 내면서 몸싸움을 벌인다. 잠시 후 상민이 옆에 앉은 유아가 울음을 터뜨리며 교사에게 도움을 요청한다.

출처: 신혜원(2014). 영유아교사를 위한 부적응 행동 지도. p.174~175.

갈등 상황을 관찰한 일화기록들을 다음 사항에 따라 분석하면 영유아 갈등 상황의 공통된 요소를 파악할 수 있어 부적응 행동에 대한 적절한 중재전략을 수립하거나 갈등 상황을 예방하는 데 도움이 된다.

갈등 상황 관찰 내용 분석 기준

- 유아는 하루 일과 중 언제 주로 공격적인 행동을 하는가?
  예: 하루 종일 수시로/ 전이시간/ 자유놀이시간/ 교사가 주도하는 활동 시간/ 대집단 활동시간/ 실외놀이시간/ 점심시간/ 낮잠시간/ 등 · 하원시간
- 유아가 공적인 행동을 하기 전에 주로 어떤 일이 있었는가?
  예: 다른 유아가 원하는 놀잇감을 가지고 있다./ 다른 유아들이 유아가 원하는 놀이를 하고 있다./ 친구나 교사가 "안 돼"라고 말하거나 유아의 요구를 거절한다./ 다른 유아가 화나게 만들었다./ 일상생활에 참여하기를 거부하였다.
- 공격 행동의 대상은 주로 어떤 사람인가?
  예: 모든 유아/ 특정 유아에게만/ 교사나 다른 성인들에게/ 소심하거나 위축된 유아/ 자신보다 어리거나 작은 유아/ 남자 유아들/ 여자 유아들
- 유아는 어떤 방법으로 다른 유아를 공격하는가?
  예: 매번 동일한 방법으로 또래를 다치게 한다./ 상대 유아가 자신을 공격한 방법과 똑같은 방법으로 또래를 다치게 한다./ 특정 영역이나 장소에서만 또래를 다치게 한다./ 다양한 방법으로 또래를 다치게 한다.
- 또래를 다치게 한 후 유아는 어떤 반응을 보이는가?
  예: 교사가 보고 있는지 살핀다./ 친구를 다치게 했다는 것을 인정한다./ 친구를 다치게 한 것을 인정하지 않는다./ 도망간다./ 구경하는 주변 유아들도 다치게 한다./ 다친 유아를 달래며 사과한다.

출처: 신혜원(2014). 영유아교사를 위한 부적응 행동 지도. p.176.

- 자유선택활동 시 영유아의 놀이에 개입하는 교사 역할을 관찰함으로써 영유아의 놀이를 확장하고 지원하는 교사 역할을 수행할 수 있다〈표 14-14〉.

〈표 14-14〉 자유선택활동 시 교사의 개입 관찰 예

관 찰 자: 관찰일시: 년 월 일 ~ 일

관찰기관: 관찰학급: ○○○ 반(세)

관찰장면	역할영역에서 찜질방 놀이
일화기록	역할놀이영역에서 혜미와 진형이가 찜질방 놀이를 하고 있다. '나는 찜질방 언니야, 혜미야. 찜질방에 온 손님이라고 하자. 식혜, 미숫가루, 커피가 있어요. 컵 라면도 있고요.' 라고 하자. 혜미가 '계란하고 식혜 주세요.' 라고 이야기한다. 진형이는 계란과 식혜를 만들어 주는 흉내를 내면서 '여기 있습니다. 맛있게 드세요.' 라고 한다. 혜미는 가짜로 계란과 식혜를 먹는 흉내를 내고 있다. 조금 떨어진 곳에서 진희는 소꿉 그릇을 만지작거리며 진형이와 혜미의 놀이하는 모습을 힐끔 힐끔 쳐다보고 있다. 교사가 진형와 혜미에게 다가가 '아휴 찜질을 하고 났더니 시원한데, 땀을 너무 흘렸더니 배가 고프네요. 여기 밥도 팔아요? 찜질방에 밥을 파는 식당이 있다고 하자.' 라고 진형이와 혜미에게 제안한다. 혜미가 '좋아요. 그럼 이쪽이 찜질방 식당이라고 해요.' 라고 하자, 교사는 '식당 아줌마가 있어야 할 것 같아. 우리 진희에게 식당 아줌마를 해 달라고 하자. 진희야! 네가 찜질방 식당 아줌마야. 아줌마, 저 미역국 하나 주세요!' 라고 했다. 진희는 그릇에 밥을 준비해서 가는 식당 아줌마 역할을 흉내 내기 시작했다.
해석	또래들 놀이에 참여하고 싶으나 소극적인 성향인 진희가 참여하지 못하고 관찰하기만 하는 것을 파악한 교사가 새로운 역할을 제안하여 자연스럽게 진희가 또래들 놀이에 참여하도록 하였다. 이러한 교사의 개입으로 소극적인 유아는 또래와 함께 놀이할 수 있게 되어 자연스럽게 경험의 폭이 넓어진다.

3) 집단활동

유아들은 집단활동을 통해 다른 사람들의 이야기를 듣고 이해하며 다른 사람들에게 자신의 생각과 느낌 등을 나누며 동일한 교육적 경험을 공유하는데, 이를 위해 규칙을 지켜야 한다. 주의집중 능력이 부족한 유아가 효과적으로 집단활동에 참여하도록 하기 위해서 집단활동 상황을 관찰한 결과를 토대로 효과적인 전략들을 수립하고 실행해야 한다〈표 14-15〉.

〈표 14-15〉 유아 집단활동 관찰 기록 예

관 찰 자: 관찰일시: 년 월 일~ 일

관찰기관: 관찰학급: ○○○ 반(세)

소주제	건강한 먹거리			
집단활동 유형	□ 이야기나누기 ☑ 문학활동(동화/동시/동극) □ 음률활동 □ 조형활동, □ 수 · 과학활동 □ 신체활동 □ 게임			
대/소집단	☑ 대집단 □소집단			
사용한 매체	☑ 낱장 그림 동화			
소요시간	☑ 15분 미만 □ 15~30분 □ 30분 이상			
유아참여율	19명 참여 / 22명 중			
관찰 후 점검사항		매우 그렇지 않다	보통이다	매우 그렇다
	일과표에 계획된 집단활동을 진행하였다.	□	□	□
	대집단(소집단)으로 모일 수 있는 정도로 충분한 크기이고 유아의 주의가 집중될 수 있는 곳에서 진행하였다.	□	□	□
	활동은 주제와 연관되어 있다.	□	□	□
	활동은 유아의 연령, 경험, 발달에 적절한 흥미 있는 집단활동이다.	□	□	□
	노래 부르기, 손 유희 등과 같은 것으로 유아들을 모아서 유아는 자신이 진행하던 활동을 끝내고 자연스럽게 집단활동에 참여하였다.	□	□	□
	환기를 돋구는 동작이나 활동적 노래로 유아의 주의를 환기시키며 활동을 진행하였다.	□	□	□
	교사가 지시보다는 개방적인 질문을 활용하여 유아를 격려하고 활동을 확장한다.	□	□	□
	교사는 유아가 활동에 어떻게 반응하는지를 관찰하고 유아의 행동에 따라 적절하게 활동을 운영하였다.	□	□	□
	교사는 유아에게 기대되는 집단행동이 어떤 것인지 알게 하기 위해 행동 모델을 보였다.	□	□	□
	활동내용에 적절한 매체를 활용하였다.	□	□	□
	활동시간이 적절하다.	□	□	□
	또래와 의미 있는 상호작용이 있다.	□	□	□

4) 정리정돈

영유아들은 자신이 참여한 활동을 마무리하면서 혹은 일과활동을 정리하면서 놀잇감을 제자리에 정돈해야 한다. 정리정돈은 자신이 사용했던 놀잇감을 정리하는 습관을 형성할 뿐만 아니라 놀잇감의 위치를 기억하고 놀잇감의 속성에 따라 분류하기, 또는 서로 협력하기 등의 다양한 교육적인 효과가 있다. 따라서 정리정돈을 거부하거나 참여하지 않는 영유아가 있는지를 관찰하고 그 결과를 토대로 정리정돈 활동을 계획할 수 있다.

- 영유아가 정리정돈 활동에 얼마나 참여하는지, 정리정돈 활동 참여 빈도가 증가하는지 등을 알아보는 관찰방법의 예는 다음과 같다.

〈표 14-16〉 영유아의 정리정돈 관찰 예

관 찰 자: 　　　　관찰일시: 년 월 일 ~ 일

관찰기관: ○○ 어린이집 　　　　관찰학급: 반/ 세

관찰시간대 유아이름	오전 실내자유선택활동			실외자유선택활동		
관찰일시	1회(월 일)	2회(월 일)	3회(월 일)	1회(월 일)	2회(월 일)	3회(월 일)
이○○	/	///	//		/	/
김○○		/	//			
서○○			/			/
최○○		/		/		
오○○			/			/
관찰 내용	이○○은 학기 초보다 정리정돈에 참여하는 횟수가 늘어나고 있음. 특히, 자신의 놀이가 끝나면 놀잇감을 제자리에 놓고 다른 놀이를 선택하는 행동이 나타나기 시작함. 서○○은 정리정돈에 참여하지는 않으나 다른 친구가 놀잇감을 치우지 않는 상황을 보면 '선생님, ○○가 안 치워요' 라고 말을 함.					
해석 및 적용	학기 초와 비교하여 정리정돈에 참여하는 횟수가 점차 증가하므로 유아들이 정리정돈 습관이 형성되기 시작함. 아직 정리정돈에 참여하지 않는 유아들을 격려하여 참여할 수 있는 새로운 전략 수립이 필요함.					

- 〈표 14-16〉과 같이 관찰학급의 유아 중 무작위로 5명을 선정하여 자유선택 활동 시간 중 혹은 오전 일과를 마치고 정리정돈 시간에 정리정돈 하는 행동을 관찰하여 빈도를 표시하고, 참여하지 않는 유아가 정리정돈 시간에 어떤 행동을 하는지 면밀히 관찰하면 유아를 위한 효과적인 전략을 수립할 수 있다.

5) 간식 및 식사

영유아 간식 및 식사는 즐겁고 편안하게 이루어져야 한다. 이를 위해 간식 및 식사 시간이 어떻게 운영되지는 관찰한 결과를 활용하여 보다 효과적인 간식 및 식사 지도 계획을 수립할 수 있다〈표 14-17〉.

〈표 14-17〉 영아 간식 및 식사지도 관찰 예

관 찰 자: 　　　　관찰일시:

관찰기관: ○○ 어린이집 　　　　관찰학급: 　반/ 　세

관찰한 간식 메뉴: ______________ 　　　　관찰한 식사 메뉴: ______________

계획된 식단표와 동일한 메뉴인가? (○/×)

1. 간식 및 식사 전에 테이블을 행주질(소독)한다.	○ / ×
2. 간식 및 식사 전에 영아는 손을 씻는다.	○ / ×
3. 간식 및 식사할 때 교사는 영아와 테이블에 함께 앉아서 상호작용한다.	○ / ×
4. 교사는 영아 스스로 먹을 음식을 선택하도록 한다.	○ / ×
5. 간식 및 식사 전에 '잘 먹겠습니다' 와 같은 감사 인사를 한다.	○ / ×
6. 교사는 영아가 먹고 있는 음식의 냄새, 맛, 혹은 다른 영아와 공유할 수 있는 활동 및 경험에 대해 이야기한다.	○ / ×
7. 교사는 영아에게 먹는 모습, 도구 사용 등의 모델링을 보인다.	○ / ×
8. 교사는 영아가 음식을 남기지 않고 다 먹기를 강요한다.	○ / ×
9. 영아들이 다 먹은 그릇을 정해진 장소에 갖다 놓는다.(50% 이상 영아들이 실행한 경우엔 "○" 표시)	○ / ×
10. 교사는 모든 영아들이 다 먹을 때까지 다른 영아와 이야기를 나누며 자리에 앉아 있는 영아들을 격려한다.	○ / ×
11. 교사는 먼저 먹은 영아가 놀이하기를 원하는 경우, 다른 영아들이 모두 먹을 때까지 조용한 놀이를 하도록 안내한다.	○ / ×

관찰 내용	교사가 오전일과 시간에 진행되었던 '달님 안녕' 활동에 대한 이야기를 시작하자 간식을 다 먹은 영아들도 자리에 앉아 교사의 질문에 반응을 보이며 활동에 참여하였다. '달님 안녕' 활동에 대한 이야기가 끝나자 2명의 영아는 블록 영역으로 가서 블록 놀이를 시작했고 다른 영아들은 교사가 시작한, 지금 먹고 있는 어묵국의 어묵 모양에 대한 이야기에 참여하였다.
해석 및 적용	먼저 먹은 영아들도 함께 간식 시간에 참여하도록 하기 위해서는 영아들이 흥미를 가질 수 있는 '경험', '사물' 등에 대한 이야기를 사전에 준비하는 것이 효과적이다.

6) 낮잠 및 휴식

낮잠 및 휴식 시간은 오랜 시간 유아교육기관에서 생활하는 영유아에게 매우 중요한 시간이다. 건강하게 성장할 수 있는 재충전의 시간이기 때문이다. 따라서 낮잠 및 휴식 시간을 관찰하여 개별 영유아의 특성을 이해하고 이를 토대로 편안한 낮잠 및 휴식이 이루어지도록 해야 한다.

- 신학기 초 적응중인 영아가 낮잠 자기를 힘들어 하는 경우 다음과 같이 지속적으로 영아의 잠들기 과정을 관찰함으로써 효과적인 전략을 수립할 수 있다〈표 14-18〉.

〈표 14-18〉 영아의 낮잠시간 관찰 예

관찰학급: ○○○ 반/ 1세　　　　　　관 찰 자:

관찰일시:　　년　3월　12일

이 름	낮잠시간 (　분)	특이사항
이○○	12:10-1:00(50분)	교사가 등을 쓸어주면 잠들기 수월함.
선○○	12:50-1:10(20분)	처음 낮잠 자기 시도함. 낮잠을 거부하며 교사 무릎에 안겨 있다가 교사 품에 기대어 잠이 듦. 다른 영아가 일어나는 소리에 잠이 깸.
박○○	11:50-1:10(80분)	자신의 베개로 이불을 보고 웃으며 눕더니 손가락을 빨며 쉽게 잠 들었음.

관찰학급:　　　　　　　　　　　관 찰 자:

관찰일시:　　년　3월　12일

이 름	낮잠시간 (　분)	특이사항
이○○	12:10-1:00(50분)	1주일 전보다 누워서 잠드는 시간이 짧아짐.
선○○	12:20-1:10(50분)	낮잠을 거부하는 행동은 지속됨. 애착물건(코끼리 인형)을 품에 안고 교사 무릎에 앉아 있다가 졸린 듯이 눈을 감았을 때 등을 토닥이면 잠이 듦. 처음으로 잠이 든 다음에 이불에 눕혀도 깨지 않고 계속 잠자기가 이루어짐.
박○○	11:50-1:10(80분)	

〈표 14-18〉에 제시된 바와 같이 지속적으로 낮잠 자기를 관찰한 내용 2개를 비교해 보면, 영아가 낯선 교육기관에서 점차 적응되어 낮잠 들기가 이루어지는 과정에 대한 정보를 알 수 있다. 또한 이런 사례에 대한 관찰 기록은 이후 유사한 경우에 적용함으로써 보다 효과적인 낮잠시간 지도를 할 수 있다.

7) 하원

하원 시 교사와 부모 및 양육자는 가정과 유아교육기관에서의 영유아 건강상태, 기분, 식사 및 투약의뢰 등에 대한 정보를 각각 교환할 수 있다. 교사와 부모는 하루일과에 대한 정보를 서로 주고받음으로써 영유아에 대한 정보를 공유할 수 있다 〈표 14-19〉.

〈표 14-19〉 하원 시 영아 관찰보고 예

○○반 2세 날짜: 년 월 일 요일

종류 / 이름	대변	소변/기저귀	식사	낮잠 시간	투약 시간	기분	보호자에게 전달사항	교사에게 전달사항
이○	/	///	△	12:00 ~ 13:10	14:00 감T	△	감기증세가 있어서 그런지 기운 없는 모습을 종종 보였습니다. 활발히 움직이는 놀이에는 참여하지 않고 조용히 책을 보거나 인형을 안고 쿠션에 자주 기대어 있었습니다.	
서○		//	○	12:00 ~ 13:00		○	친구가 넘어져서 울기 시작하자 친구에게 다가가 등을 토닥이며달래주었습니다. 넘어진 친구 다리를 '호~~' 하고 불어 주었습니다.	
남○		//	○	12:20 ~ 13:10		○	동물 소리 듣고 동물 카드 찾는 놀이를 즐거워했습니다. 동물 이름과 동물 소리, 동물의 특성을 정확히 표현하였습니다.	
정○		//	△	12:20 ~ 13:30		○	평소와 달리 간식, 점심을 조금 먹었습니다. 친구와 놀잇감 분쟁이 있었으나 친구가 양보해 주어서 기분 좋게 놀이했습니다.	

종류/이름	대변	소변/기저귀	식사	낮잠 시간	투약 시간	기분	보호자에게 전달사항	교사에게 전달사항
전○	/	/	○	12:00 ~ 13:00	14:00 김T	○	설사기가 있는지 대변이 묽습니다. 콧물이 많이 났지만 평소와 다름없이 놀이에 적극적으로 참여하고 식사도 잘하고 낮잠도 잘 잤습니다.	

/ : 1회
식사: ○ 잘 먹음 △ 조금 먹음 ×안 먹음
기분: ○ 기분 좋음 △ 보통 × 안 좋음

출처: 선릉삼성어린이집.

8) 일일 보육계획에 따른 하루일과 관찰

매일 수립한 보육계획대로 일과운영이 이루어졌는지, 계획된 활동에 참여한 영유아의 반응은 어떠했는지 혹은 계획과 다르게 운영된 점은 무엇인지 등을 관찰하고 관찰한 내용을 일일 계획과 비교하여 분석한 결과는 다음 보유계획 수립에 효과적으로 활용된다. 또한 이와 같은 관찰 내용을 토대로 전체 하루일과가 연관성 있게 운영되었는지 알아볼 수 있어 효과적이다〈표 14-20〉.

〈표 14-20〉 영아반 일일 보육계획안에 따른 하루일과 관찰 기록 예

관 찰 자: 관찰일시:

관찰기관: ○○ 어린이집 관찰학급: 반/ 2세

소 주 제: 엄마, 아빠가 좋아요

목 표: 엄마, 아빠와 관련된 경험을 놀이로 즐기면서 엄마, 아빠를 좋아하는 마음을 표현해 볼 수 있다.

일과시간	활동내용	실행내용 및 평가
등원 및 통합보육	• 반갑게 영아와 보호자 맞이하기 • 엄마, 아빠에게 인사하기 • 어린이집에 누구와 왔는지 이야기하기	• 등원: 엄마, 아빠에게 인사하기 • 엄마, 아빠에게 인사하기를 거부하던 ○○이, 손 흔들기만 하던 □□가 다른 친구들이 인사하는 모습을 보고 고개 숙여 인사함.
대소변 가리기 및 손 씻기	• 대소변 가리기를 도와준다. • 영아 스스로 손 씻기를 시도할 수 있도록 도와준다.	• 대소변: 바지 내려 보기 • 교사가 도와주지 않아도 □□는 혼자서 바지를 내렸다.
오전간식	• 다 먹은 그릇 스스로 치우기	• 간식: 다 먹은 그릇은 지정된 장소에 치우기
오전자유 선택활동	• 미술영역: 엄마, 아빠 얼굴 꾸미기(준비물: 크레파스, 테이프, 콜라주 재료) • 역할놀이영역: 빨래 널기 흉내 내기(준비물: 빨랫줄, 세탁물 등) • 언어 영역: 융판동화 '곰 세 마리'	• 미술영역: 엄마, 아빠 얼굴 꾸미기 • 종이접시에 그려진 엄마, 아빠 얼굴에 스티커, 털실, 색종이 등으로 꾸미기를 하였음. 테이프 커터기로 빨간색, 파란색 테이프를 손으로 떼어서 종이접시 꾸미기를 즐김. 테이프 커터기의 테이프를 떼어 종이접시에 붙이는 활동을 좋아함(기존의 스티커를 떼고 붙이기는 행동을 어려워함.). • 역할놀이영역: 엄마, 아빠 전화하는 모습 흉내 내기 • 빨래 널기 활동을 소개했으나 영아들이 흥미를 갖지 못함. 역할놀이영역에 준비한 모형휴대폰에 흥미를 갖고 모형휴대폰을 들고 다니거나 가방에 넣어 다니면서 휴대폰으로 전화하는 흉내 내기 놀이를 함. • 언어영역: 융판동화 '곰 세 마리'의 소품인 아빠 곰, 엄마 곰, 아기 곰 모양에 관심을 가졌으나 동화 이야기 보다는 각 등장인물 모양을 융판이 붙였다가 떼기 놀이를 함. 영아들이 찍찍이로 된 각 등장인물을 융판에 붙이고 뗄 때마다 가장 큰 아빠 곰, 가장 작은 아기 곰에 대해 이야기해 주었음.

일과시간	활동내용	실행내용 및 평가
오전자유 선택활동	• 탐색조작영역: 빨래 널기 • 쌓기놀이영역: 와플블록으로 구성하기 • 음률영역: 곰 세 마리 • 신체영역: 한 발로 서서 거울보기	• 탐색조작영역: 한조각 퍼즐 맞추기 • 영아들이 빨래 널기 교구에서 사용된 실제 플라스틱 빨래집게를 혼자 조절하기 어려워서 흥미를 갖지 못함. 영아들이 즐겨하던 한 조각 퍼즐 활동에 1~2명의 영아가 참여함. • 쌓기놀이영역: 와플블록으로 집짓기 • 간단한 ㄷ자 모양으로 구성하고 자신의 집이라고 함. 커다란 집을 짓고 함께 들어가도록 격려하였으나 영아들은 커다란 집보다는 각자의 집을 원함. 음식을 만들어 집에서 먹는 흉내놀이도 연결 지어 실시함.
실외자유 선택활동	• 여러 가지 그릇에 모래 담아보기	• 비눗방울 잡기 놀이를 아주 좋아함. 그러나 영아들이 너무 흥분하여 잡는 행동이 과격해질 수 있으므로 주의해야 함. • 그릇에 모래 담고 쏟기를 즐겨함. 손이나 숟가락을 담기도 함. 그릇의 크기를 비교하여 '큰 그릇 안에 작은 그릇 넣기' 또는 '그릇 쌓기' 놀이로 확장시켜 진행할 수 있음.
점심식사 및 이 닦기	• 식사 전에 스스로 손을 씻기 • 입안의 음식 다 먹고 이야기하기 • 낮잠 자기 전에 대소변 가리기	• 점심: 입안의 음식 다 먹고 이야기하기 • 꼭꼭 씹어 꿀꺽 삼키고 이야기하자는 교사의 지시에 즐거워함. 의성어와 의태어가 들어간 교사 지시문에 흥미를 보이는 영아들의 반응에 따라 점심식사 지도 시 의성어와 의태어를 사용하여 영아들과 이야기 나누기를 함.
낮잠준비 및 낮잠	• 편안한 차림으로 낮잠 준비하기 • 조용한 음악이나 자장가를 들으며 잠자기	• 영아들이 자신의 이불과 베개를 찾아서 스스로 이불에 누움.
낮잠 깨기 오후간식	• 낮잠에서 깨면 화장실에 다녀오기 • 스스로 손을 씻기 • 포크나 수저를 이용해 스스로 먹기	• 먼저 일어난 영아들의 수가 1/2이 넘으면 다른 영아들의 낮잠을 방해하지 않도록 다른 공간에서 놀이를 진행하여야 함.

일과시간	활동내용	실행내용 및 평가
실내외자유 선택활동	• 오후 실내외자유놀이는 영아들이 흥분하지 않도록 하여 편안하게 놀이하기. • 역할놀이영역: 빨래하는 흉내 내기	• 오후활동: 빨래하는 흉내 내기/엄마, 아빠 얼굴 꾸미기 • 빨래하는 흉내 내기 놀이에 영아들이 많이 참여하여 빨래 줄을 좀 더 많이 설치해야 함. 다양한 종이를 구겨서 만들어진 모양을 탐색하고 이것을 이용하여 엄마, 아빠 얼굴 꾸미기 활동이 진행됨.
조용한 놀이 및 귀가준비	• 얼굴과 손 씻기 등 하원준비하기 • 부모에게 영아의 하루일과 보고	• 갈아입을 옷과 기저귀 여분이 부족한 영아들을 확인하고 부모님께 알림.
전체평가	• 영아 주도형 활동과 교사 주도형 활동의 균형이 적합했던 것 같다. 영아들이 노래 부르기를 좋아하므로 치우는 시간 전에 일정시간을 정해 규칙적으로 음률활동이 이루어지도록 계획해야 하겠다. 영아들이 손을 배에 대고 고개 숙여 인사하는 것을 부모님들이 굉장히 좋아하셨다. 영아들에게 인사법을 구체적으로 지도해야 하겠다.	

출처: 김지은 · 문혁준 · 김경회 · 김현주 · 김혜금 · 김정희 · 신혜원 · 안선희 · 안효진 · 임연지 · 조혜정 · 황옥경(2013). 보육과정. p.227-230.

참고문헌

강숙현(2000). 포트폴리오 평가에 대한 유아교사의 인식과 실행. 영유아교육연구, 4, 1-20.

곽금주(2002). 아동 심리평가와 검사. 서울: 학지사.

곽금주 · 오상우 · 김청택(2011). K-WISC-IV. 서울: 학지사.

곽덕영 역(1986). 유아연구. 형설출판사.

곽효경(2010). 유아의 기본학습기능 진단검사 개발 연구. 충남대학교 대학원 박사학위논문.

곽효경 · 이종승(2011). 유아의 기본학습기능 진단검사의 성취수준 설정. 교육연구논총, 32(1), 1-20.

교육부(1998). 수행평가의 이해. 교육홍보자료. 서울: 교육부.

김경철(2000). 유아평가와 수행평가. 열린유아교육학회 춘계학술대회 자료집, 63-78.

김남희(2010). 유아교육평가의 구조적 문제 진단 및 방향 모색을 위한 탐색 연구. 생태유아교육연구, 9(4), 135-163.

김남희(2011). 유아그림기초학습능력검사도구 개발. 열린유아교육연구, 16(1), 205-233.

김남희 · 황해익(2005). 유아기초학습능력검사 개발 연구. 열린유아교육연구, 10(4), 277-296.

김문선 · 김진경(2010). 발달 지연아에서 K-ASQ(Korean-Ages & Stages Quest ionnaires) 발달 선별검사와 베일리 영유아 발달 검사의 비교. 대한소아신경학회지, 18(1), 49-57.

김병선 · 이윤옥(1998). 아동연구방법. 서울: 양서원.

김석우(1997). 교육연구법. 서울: 학지사.

김영아 · 이진 · 문수종 · 김유진 · 오경자(2009). 한국판 CBCL 1.5-5의 표준화 연구, 한국심리학회지; 임상, 28(1), 117-136.

김영아 · 이진 · 김유진 · 김민영 · 오경자(2011). 한국판 유아행동평가 척도 교사용(C-TRF)의 표준화 연구. 한국심리학회지: 발달, 24(2), 65-86.

김영환 · 문수백 · 홍상황(2005). 심리검사의 이론과 실제. 서울: 학지사.

김윤경(2001). 유아평가에 대한 교사의 인식 및 실태. 중앙대학교 교육대학원 석사학위논문.

김은경(2001). 발달지체 영아의 임상적 특성과 발달검사(1세용)의 임상적 타당성. 유아특수교육연구, 1(2), 139-157.

김은경(2002). 뮌헨기능발달검사(MFED) 2-3세용의 표준화를 위한 예비연구. 한국심리학회지: 발달, 15(2), 19-32.

김은영(2001). 유치원 교사의 수행평가 시행실태와 인식에 관한 연구. 경희대학교 교육대학원 석사학위논문.

김지영 · 엄용환 · 이현옥(2000). WWS의 발달적 체크리스트 타당화 연구. 유아교육연구, 20(3), 193-210.

김지은(2008). 아동관찰 및 행동연구. 서울: 학현사.

김지은 · 문혁준 · 김경회 · 김현주 · 김혜금 · 김정희 · 신혜원 · 안선희 · 안효진 · 임연진 · 조혜정 · 황옥경(2013). 보육과정(제3판). 서울: 창지사.

김지은 · 김진숙(1999). 아동행동관찰. 경기: 양서원.

김지은 · 김진숙(2006). 유아관찰 및 평가. 경기: 양서원.

김태은(2009). 해결중심단기놀이치료의 개발과 치료 기법에 대한 아동의 반응. 연세대학교 대학원 박사학위논문.

김희진 · 박은혜 · 이지현(2014). 영유아교육기관에서의 관찰(개정). 서울: 창지사.

대한소아과학회(2002) 한국형 영유아 발달검사. 서울: 대한소아과학회.

문수백 · 변창진(1997). K-ABC. 서울: 학지사.

문혁준 · 김경은 · 서소정 · 성미영 · 안선희 · 임정하 · 하지영 · 황혜정(2014a). 유아발달. 서울: 창지사.

문혁준 · 김경은 · 서소정 · 성미영 · 안선희 · 임정하 · 하지영 · 황혜정(2014b). 영아발달. 서울: 창지사.

박도순(2004). 질문지작성방법론. 서울: 교육과학사.

박영충(1997). 포트폴리오 평가가 유아와 교사의 상호작용에 미치는 효과. 열린유아교육연구, 2(2), 257-279.

박은선 · 이재창 · 이영순(2004). 유아용 학습능력검사의 타당화 연구. 상담학연구, 5(3), 693-710.

박주희 · 심성경 · 최대훈(2005). 개정 AEPS 검사에 기초한 교사용 영아발달 측정도구의 실용화를 위한 예비연구. 유아교육학논집, 9(4), 295-310.

박혜원 · 이경옥 · 안동현(2016) K-WPPSI-IV 한국 웩슬러 유아지능검사 실시지침서. 서울: 학지사.

박혜원 · 곽금주 · 박광배(1996). K-WPPSI. 서울: 도서출판 특수교육.

방춘남(1999). 유아교육기관의 비형식적 유아평가방법의 운영실태 및 요구조사. 전남대학교 대학원 석사학위논문.

배소영(2003). 영유아기 의미평가도구 MCDI-K의 타당도와 신뢰도에 관한 연구. 언어청각장애연구, 8(2), 1-14.

배혜영(2008). 선별검사도구 개발에 관한 실험연구. 한국특수교육학회 2008년 추계학술대회 자료집, 181-202.

백순근(1997). 수행평가의 이론적 기초. 한국교육평가연구회 학술세미나 발표논문집, 3-44.

백욱현(2006). 면접법. 서울: 교육과학사.

서명숙(2008). 유아의 문어능력 수행평가 체제개발. 원광대학교 대학원 박사학위 논문.

서소정, 장혜성(2013). 온라인영아발달선별검사도구(e-DEP)의 타당성 및 만족도에 관한 연구, 이화여자대학교 특수교육연구소, 12(3), 12-42.

성태제(2015). 교육연구방법의 이해(제3판). 서울: 학지사

손미경(1999). 유아평가에 관한 교사의 인식 및 실제. 이화여자대학교 대학원 석사학위논문.

손원경 · 황해수 · 차미영(2009). 5, 6세용 유아발달검사 개발 연구. 아동교육, 18(3), 5-17.

송인섭 · 김정원 · 정미경 · 김혜숙 · 신은영 · 박소연(2001). 아동연구방법. 서울: 학지사.

신명선(2008). 유아용 언어 발달검사의 표준화 연구 및 인터넷 웹기반 평가 시스템 개발. 언어치료연구, 17(1), 27-44.

신혜원(2014). 영유아교사를 위한 부적응 행동 지도. 서울: 양서원.

신희선 · 김정미(2006). 영 · 유아발달선별검사(Child Development Review)의 한국에서의 표준화 연구. 아동간호학회지, 12(3), 333-340.

신희선 · 김정미 · 임성오(2007). 0-5세를 위한 한국형 영 · 유아 발달 선별검사(K-CDR)의 타당성에 대한 연구. 아동간호학회지, 13(2), 222-229.

양옥승(1997). 유아교육연구방법. 서울: 양서원.

유진 · 서재성(2007). 유아 대근육 운동 발달 검사의 구성 타당화. 한국발육발달학회지, 15(3), 167-172.

윤치연(2005). 유아발달검사 표준화 예비연구. 정서행동장애연구, 21(2), 179-192.

윤치연(2006). 한국 유아발달검사 표준화 및 웹기반 평가시스템 개발. 특수교육재활과학연구, 45(3), 85-104.

윤치연 · 이근매 · 조영미(2005). 영아 발달검사 표준화 예비연구. 특수교육재활과학연구, 44(2), 237-250.

이경숙 · 신의진 · 신동주 · 전연진 · 박진아(2003). 한국판 영유아 행동문제 평가척도(Korean Behavior Assessment System for Children; K-BASC) 표준화 예비연구. 한국심리학회지: 발달, 16(4), 175-191.

이경옥 · 박혜원(2017). 한국 벅스 행동평가척도. 서울:마인드프레스.

이경화(2005). 유아 · 초등학생용 『한국형 개별 창의성검사』 개발. 교육심리연구, 19(4), 1023-1042.

이경화 · 손원경 · 윤미숙(2008). 유아용 주의력 검사의 개발과 타당화. 열린유아교육연구, 13(4), 263-282.

이근(2002). 이화 영아 발달 선별 검사(Ewha Infant Development Screening Test)에 대한 연구. 소아과, 45(6), 700-711.

이미화 · 이정림 · 여종일 · 김경미 · 김명순 · 이경옥 · 이완정 · 이정욱 · 최일선 · 최혜영(2012). 5세 누리과정 유아평가척도 개발. 서울: 육아정책연구소.

이순형 · 이혜승 · 권혜진 · 이영미 · 정윤주 · 한유진 · 성미영 · 권기남 · 김정민(2008). 아동관찰 및 행동연구. 서울: 학지사.

이승은 · 이영석(2004). 유아용 감성지능 척도 개발 및 타당화 연구. 교육학연구, 42(3), 519-551.

이신화 · 이영순 · 천성문(2008). 한국 유아발달검사의 타당화 연구: 유아발달선별검사와의 상관을 중심으로. 한국교육논단, 7(2), 167-183.

이영석 · 이정화(2000). 포트폴리오 평가 방법의 적용원리와 실제. 서울: 교육과학사.

이완정(1996). 행동연구 분석기법. 서울: 교육과학사.

이용숙(2000). 수행평가에서의 문화기술적 연구방법 적용의 필요성과 적용사례. 교육평가, 13(1), 21-62.

이원미(2001). 유아교육기관에서의 유아발달평가 현황 및 교사의 인식에 관한 연구. 중앙대학교 교육대학원 석사학위논문.

이은해(1985). 아동연구방법. 서울: 교문사.

이은해(1995). 아동발달 평가와 측정. 서울: 교문사.

이은해 · 이미리 · 박소연(2006). 아동 연구방법의 이해. 서울: 학지사.

이정환 · 김지영(1996). 유아교육기관에서의 비형식적 아동평가의 운영 실태 조사. 서울: 한국어린이육영회.

이정환 · 박은혜(1995). 교사들을 위한 유아관찰 워크북. 서울: 어린이육영회.

이정환 · 박은혜(2011). 유아관찰워크북. 사단법인 한국어린이육영회.

이준석(2005). 발달선별검사의 운동영역 타당화 연구. 특수교육저널: 이론과 실천, 6(3), 93-111.

이진희(2007). 질적 프로그램 평가를 이용한 포트폴리오 평가 과정의 조명. 유아교육연구, 27(5), 233-251.

임창재(2000). 유아 심리측정. 서울: 학문사.

장혜성 · 하지영 · 서소정(2008). 0-36개월 영아발달선별 검사도구의 타당성에 대한 연구. 아동학회지, 29(5), 13-30.

전경원(2001). 창의성을 중심으로 한 유아연구방법론 I. 서울: 창지사.

조광순 · 전병운 · 유재연 · 이준석(2003). 영아용 발달진단도구 개발을 위한 타당화. 특수교육저널: 이론과 실천, 4(4), 1-19.

조광순 · 전병운 · 유재연 · 이준석(2004). 유아용 발달진단도구 개발을 위한 타당화 예비 연구. 교육심리연구, 18(1), 179-196.

조광순 · 전병운 · 이준석(2004). 유아용 발달 선별도구(DIAL-3)의 한국형 표준화 연구. 정서 · 행동장애연구, 20(1), 95-121.

조광순 · 최지영(2003). 정서 · 행동장애 진단도구 BASC 4-5세 유아용 부모평정척도 국내 표준화 1차 연구. 특수교육학연구, , (1), 291-314.

조성연 · 이정희 · 황혜정 · 나종혜 · 양성은(2008). 아동관찰 및 행동연구. 서울: 신정.

주소영(2000). 활동표본평가의 타당화 연구. 한국교원대학교 대학원 박사학위논문.

황해익(2000). 유아교육평가. 서울: 양서원.

황해익 · 김남희 · 최혜진(2002). 영유아용 발달선별검사도구 개발을 위한 예비연구. 열린유아교육연구, 7(2), 83-106.

황해익 · 손원경(2002). ESI-P의 타당화를 위한 기초연구. 열린유아교육연구, 7(3), 291-306.

황해익 · 손원경(2003). 유아용 발달선별검사도구 개발 연구: ESI-R에 나타난 발달경향과 기준점 탐색을 중심으로. 열린유아교육연구, 8(2), 241-259.

황해익 · 송연숙 · 정혜영(2008). 유아행동관찰법. 서울: 창지사.

황해익 · 송연숙 · 정혜영(2011). 유아행동관찰법. 서울: 창지사.

황해익 · 송연숙 · 최혜진 · 정혜영 · 이경철 · 민순영 · 박순호 · 손원경(2001). 유아교육기관에서의 포트폴리오 평가. 서울: 창지사.

황해익 · 임재택(1996). 영유아관찰 및 평가. 서울: 양서원.

황현주 · 정옥분(2006). 영아에 대한 어머니애착 척도 개발과 타당화 연구. 인간발달연구, 13(3), 57-78.

황혜정 · 문혁준 · 안선희 · 안효진 · 이경옥 · 정지나(2011). 아동연구방법. 서울: 창지사.

Achenbach, T. M. & Rescorla, L. A. (2000). *Manual for the ASEBA Preschool Forms & Profiles*. Burlington, VT: University of Vermont, Research Center for Children, Youth, & Families.

Aiken, L. R. (1989). *Assessment of personality*. Boston: Allyn & Bacon.

Alberto, D. A., & Troutman, A, C. (2003). *Applied behavior analysis for teachers*(6th ed). Merrill Prentice Hall.

Almy. M., & Genish, C. (1994). *Ways of studying children*. 아동연구의 질적접근. 임재택 · 황해익 공역(1996). 서울: 교육과학사.

American Educational Research Association, American Psychological Association, Natioanl Council on Mesurement in Education (1985). *Standard for educational and psychological testing*. American Psychological Association, Inc. 이순묵 · 이봉건 역(1997). 서울: 학지사.

Anastasi, A. (1988). *Psychological testing*(6th ed.). New York: Macmillan.

Bell, D., & Low, R. M. (1977). *Observing and recording children's behavior*. Richland, WA: Performance Associates.

Bentzen, W. R. (2000). *Seeing young children: A guide to observing and recording behavior*(4th ed.). Albany, New York: Delmar.

Berk, L. (1994). *Child developmenmt*(3rd ed.). MA: Allyn & Bacon.

Bogdan, R. C., & Biklen, S. K. (2006). *Qualitative research for education: An introduction to theory and methods*(5th ed.). Boston: Allyn & Bacon.

Borg, W., Gall, J. P., & Gall, M. D. (1993). *Applying educational research: A practical guide*(3rd ed.). N.Y.: Longman.

Brandt, R. M. (1972). *Studying behavior in natural settings*. New York Holt, Rinehart and Winston, Inc.

Bricker, D., & Squires, J. (1999). *The ages and stages questionnaires: a parent-completed child monitoring system*. Baltimore: Paul H. Brookes Publishing.

Bricker, D., Pretti-Frontczak, K., Johnson, J., Straka, E., Capt, B., Slentz, K., & Waddell, M. (2002). *Assessment evaluation and programming system for infants and children: Volume 1: AEPS administration guide*(2nd ed). Baltimore: Paul H. Brookes Publishing Co.

Campbell, D. T. & Standley, J. C. (1963). *Experimental and quasi-experimental design for research*. Chicago: Rand McNally and Co.

Caruso, J. J., & Fawcett, M. T. (2006). *Supervision in early childhood education: A developmental perspective*(3rd ed.). Teachers College Press.

Collins, A. (1992). Portfolios in science education: issue in purpose, structure and authenticity. *Science*

Education, *76*(4), 451-463.

Cook, T. D. & Campbell, D. T. (1979). *Quasi-experimentation: design & analysis issues for field settings*. Chicago: Rand McNally College Pub. Co.

Cozby, P. C. (2009). *Methods in behavioral research*. Boston: McGraw Hill.

Cresell, J. W. (1998). *Qualitative inquiry and research design*. 질적연구방법론-다섯가지 전통. 조흥식 · 정선욱 · 김진숙 · 권지성 역.(2005). 서울: 학지사.

Dawson, C. (2002). *Practical guide to research methods*. Howtobooks.

Dichtelmiller, M. L., & Jablin, J . R. (1996). *Professional development guide*. Ann Arber: Rebus Planning Associates, Inc.

Doyle, W. (1990). Case methods in the education of teachers. *Teacher Education Quarterly*, *17*(1), 7-16.

Essa, E. L. (2003). *Introduction to early childhood education*. Clifton Park, NY: Delmar Learning.

Fenson, L., Dale, P. S., Reznick, J. S., Thal, D. J., Bates, E., Hartung, J. P., Pethick, S., & Reilly, J. (1993). *The macArthur communicative development inventories: User's guide and technical manual*. San Diego: Singular Publishing Group.

Gillespie, J. (1996) Public administration in Vietnam: The case of bureaucratic corruption, communications with/in Asia, pp. 192-193, Asian Studies Association of Australia, Melbourne.

Gullo, D. F. (1994). *Understanding assessment and evaluation in early childhood education*. 유아교육평가의 이해. 김정원 · 강숙현 · 전선옥 역(2000). 서울: 양서원.

Harris, M. E. (2009). Implementing portfolio assessment, *Young Children*, *64*(3), 82-85.

Hellbrugge, T., Lajosi, F., Menara, D., Schamberger, R., & Rautenstrauch, T. (1985). *Münchener funktionelle entwicklungsdiagnostik, erstes lebensjahr*. Lübeck: Hansisches Verlagskontor.

Heo, K. H., Squires, J., Lee, S. Y., & Lee, J. S. (2006). *KASQ: Korean ages and stages questionnaires/parent-completed development screening tool*. Seoul: Seoul community rehabilitation center.

Ireton, H. (1992). *Child development inventory, Manual*. Minneapolis: Behavior Science Systems.

Kagan, D. M. (1993). Contexts for the use of classroom cases. *Teacher Education Quarterly*, *17*(1): 7-15.

Kerlinger (1986). *Foundation of behavioral research*. Orlando, FL: Harcourt Brace Jovanovich College Publishers.

Kingore, B. (2008). Developing portfolios for authentic assessment, PreK-3: Guiding potential in young learners. SAGE Publications.

Krueger, R. A. (1988). *Focus groups*. Newbury Par, CA: Sage.

Kvale, S. (1996). *Interviews*. London: Sage.

Lidz, C. S. (2003). Early childhood assessment. Hoboken: John Wiley & Sons, Inc.

MacDonald, S. (1997). *The portfolio and its use: A road map for assessment*. Southern Early Childhood

Association.

Mardell-Czdnowski, C., & Goldenberg, D. S. (1998). *Developmental indicators for the assessment of learning*(3rd ed.)(DIAL-3). Circlepines, MN: American Guidance Service, Inc.

Martin, S. (1999). *Take a look: Observation and portfolio assessment in early childhood*(2nd ed.). Ontario, Canada: Addison-Wesley.

McAfee, O., & Leong, D. (2008). *Assessing and guiding young children's development and learning*. Simon & Schuster, Inc. 발달과 학습에 대한 유아평가. 김경철 · 이진희 · 최미숙 · 황윤세 역(2008). 서울: 학지사.

McLean, M. E., Bailey, D. B., & Wolery, M. (1996). *Assessing infants and preschoolers with special needs*(2nd ed.). Englewood Cliffs, NJ: Merrill.

McMillan, J. H. (1997). *Classroom assessment: Principles and practice for effective instruction*. Boston, MA: Allyn & Bacon.

Meisels, S. J. (1993). High stakes testing in kindergarten. *Education Leadership*, *46*(7), 16-22.

Meisels, S. J. (1996). Using work sampling in authentic assessment. *Educational Leadership*, *54*(4), 60-65.

Meisels, S. J., Harrington, H. L., McMahon, P., Dichtelmiller, M. L., & Jablon, J. R. (1997). *Observing, documenting and assessing learning*. Ann Arbor: Rebus, Inc.

Meisels, S. J., Jablon, D. B., Marsden, D. B., Dorfman, A. B., & Steele, D. M. (1995). *The work sampling system: An overview*. Ann Arber: Rebus Planning Associates, Inc.

Meisels, S. J., Jablon, J. R., Marsden, D. B., Dichtelmiller, M. L., Dorfman, A. B., & Steele, D. M. (1994). *The work sampling system: An Overview*. Ann Arber: Rebus, Inc.

Meisels, S. J., Marsden, D. B., Wiske, M. S., & Henderson, L. W. (1997). *ESI-R examiner's manual*. Rebus, Inc.

Meisels, S., & Provence, S. (1989). *Screening and assessment: Guidelines for identifying young disables and developmentally vulnerable children their families*. Washington, DC: National Center for Clinical Infant Programs.

Merriam, S. B. (1991). *Case study research in education: A qualitative approach*. Jossey-Bass.

Morrison, G. S. (2008). *Fundamentals of early childhood education*. Upper Saddle River, NJ: Pearson Education.

Nicolson, S., & Shipstead, S. G. (1994). *Though the looking glass: Observation in the early childhood classroom*. New York, NY: Macmillan Publishing Company.

Nilsen, B. (2001). *Week by week: Plans for observing and recording young children*(2nd ed.). Albany, New York: Delmar.

Oosterhof, A. (2009). *Developing and using classroom assessments*. Pearson Education.

Pellegrini, A. D., Symons, F. J., & Hoch, J. (2004). *Observing children in their natural worlds: A methodological primer*. Lawrence Erlbaum Associates.

Porter, S. R., & Whitcomb, M. E. (2003). The impact of contact type on web survey response rates. *Public Opinion Quarterly*, *67*, 579-588.

Reynolds, C. R., & Kamphaus, R. W. (1992). *Behavior assessment system for children(BASC)*. Circle Pines, MN: American Guidance Service, Inc.

Salvia, J., & Ysseldyke, J. E. (1991). *Assessment in special and remedial education*(5th ed.) Boston: Houghton Mifflin.

Shaklee, B. D., Barbour, N. E., Ambross, R., & Hansford, S. J. (1997). Desigining and using portfolios. Boston: Allyn & Bacon.

Shepard, L. A. (1991). Interview on assessment issues. *Educational researcher*, *20*, 21-23.

Shores, E. F., & Grace, C. (1998). *The portfolio book: A step-by-step guide for teachers*. Beltsville, MD: Gryphon House.

Stake, R. B. (1995). *The art of case study research*. 질적 사례연구. 홍용희 · 노경주 · 심종희 역(2000). 서울: 창지사.

Stiggins, R. (1995). Creating sound classroom assessments. [Film]. (Available from Assessment Training Institute, 503 W. 2nd Avenue, Suite 300, Portland, OR 97204, http://www.assessmentist.com/products.html)

Ulrich, D. A. (2000). *The test of gross motor development*(2nd ed.). Austin Texas: Pro-Ed, Inc.

Valencia, S. W., & Place, N. (1994). Literacy portfolios for teaching, learning, and accountability. In S. W. Valencia, E. H. Hiebert, & P. Afflerbach(Eds.), *Authentic reading assessment: practices and possibilities*(pp. 134-156). Newark, D. C.: International Reading Association.

Wortham, S. C. (1995). *Assessment in early childhood education*(2nd ed.). Upper Saddle River, NJ: Prentice-Hall, Inc.

Wortham, S. C. (2005). *Assessment in early childhood education*(4th ed.). Upper Saddle River, NJ: Pearson Education, Inc.

Yin, R. (2003). *Application of case study*. 사례연구방법. 신경식 · 서아영 역(2005). 서울: 한경사.

http://www.snu.ac.kr

저자소개

안선희　경희대학교 아동가족학과 교수
문혁준　가톨릭대학교 아동학과 교수
김양은　우송대학교 사회복지 · 아동학부 교수
김영심　숭실사이버대학교 아동학과 교수
안효진　인천대학교 유아교육학과 교수
이경옥　덕성여자대학교 유아교육과 교수
신혜원　서경대학교 아동학과 교수

제3판
아동관찰 및 행동연구

초 판 1쇄 발행 2013년 8월 23일
개 정 6쇄 발행 2019년 3월 7일
제3판 3쇄 발행 2024년 8월 23일

지 은 이 | 안선희 · 문혁준 · 김양은 · 김영심 · 안효진 · 이경옥 · 신혜원
펴 낸 이 | 김기섭
편 집 인 | 최명인 · 이혜란
펴 낸 곳 | 창지사 www.changjisa.com
08589 서울시 금천구 가산디지털 1로 83 파트너스타워 1차 9층
전화 (02)719-2211~3
팩스 (02)701-9386
등 록 | 1977년 4월 28일 · 제1-421호

ISBN 978-89-426-1438-7 (93370)

값 17,000원